*Surpassing Shanghai*

# 超越上海

## 美国应该如何建设世界顶尖的教育系统

[美]马克·塔克 主编  柯政 主译

华东师范大学出版社

Surpassing Shanghai: An Agenda for American Education Built on the World's Leading Systems

Edited by Marc S. Tucker

Copyright © 2011 by the President and Fellows of Harvard College

Simplified Chinese Translation Copyrights © 2013 by East China Normal University Press

Published by arrangement with Harvard Education Publishing Group

All rights reserved.

上海市版权局著作权合同登记　图字:09 - 2012 - 838 号

# 目录

序(一) / 1
序(二) / 7
中译本前言 / 13

致谢 / 1
前言 / 3
导论 研究其他国家的教育系统:为什么是不可少但又是棘手的,我们是怎么做到的,为什么这次是不同的 / 7

## 第一部分
**具有高绩效教育系统的国家集锦**

第一章 上海:一个发展中国家的大城市是如何跃居世界第一的 / 27
第二章 芬兰:如何招募并任用这些极优秀的教师 / 55
第三章 日本:一个长期领先的教育强国 / 80
第四章 新加坡:一步一步走向世界前列 / 109
第五章 加拿大:很像我们但却比我们好得多 / 133

## 第二部分
**美国如何才能比得过最优秀者**

第六章 成绩优异的国家是如何成功的:分析……与综合 / 159
第七章 一份给美国的行动方案 / 196

关于主编 / 204
关于作者 / 205
索引 / 206
译者后记 / 215

# 序(一)

尹后庆

(上海市教育委员会巡视员,原副主任)

中国(上海)、加拿大(安大略省)、芬兰、日本、新加坡等国家(地区)教育为什么那么好？美国教育为什么那么不好？这些国家(地区)教育真的有那么好吗？美国教育真的那么不好吗？……

一系列的问题,在2009年的PISA测试结果公布以后,不停地在美国人的头脑中闪烁。有的美国人认为其他国家的教育只是重点关注部分精英学生,而美国教育却是面向所有人；也有美国人指出,美国有很多移民,大量的学生来自于各种各样语言背景的家庭,所以取得这样一个成绩也是意料之内的；还有美国人提出,美国很多州教育做得很好,如果只安排某个州去参加测试,结果也一定会令人惊奇……

从中,我们看到了一个超级大国足够的理性,在纷繁杂乱的好奇、质疑、叹息式的问题中,人们开始反思。有的认为,美国投入了超越任何国家水平的教育经费,但是用于教师的比例不高,教师对学生的期望也不够高,所以,测试结果不好也许并不奇怪。更有人指出,在结果面前,美国人真正要问的是——如果我们要学习世界最好的教育系统的经验,并在此基础上建立一个比世界上现存的都要好的教育系统,那么我们应该怎么设计？围绕这样一个问题,这本书的研究团队选取了五个国家(地区)进行研究,分别是加拿大(重点是介绍安大略省)、中国(重点是介绍上海)、日本、芬兰以及新加坡。加拿大与美国接壤,政治环境也与美国非常类似,但却做得比美国好很多；上海在2009年是第一次正式参加PISA测试,但一下子就成为了"明星",上海提供了一个窗口用以观察一个正日益走向世界舞台的国家在教育领域是如何取得瞩目成就的；日本从PISA测试一开始就位居世界前列并一直保持着；芬兰自参加PISA测试后也一直保持在顶端；新加坡是一个比很多国家的一个城市都要小的国家,但也是一个在教育上从最差之列转移到最好之列的国家。具体分析每一个国家(地区)的案例时,一些共性的要素被列入其中,如国家历史和文化背景的描述,为更好地理解这个国家的教育系统提供一个大致背景;接下来是教育系统的基本要素的描述,这些基本要素一般包括标准、考试系统、教学系统、学校财务制度、教师素质、入学升级制度、学生动机激励方法等等。这些要素一般被认为是促进教育成功的基本内容。最后,基于对这些要素的分析,研究团队把从上述五个国家(地区)中所学到的,一条一条地与美国做了对照,据此为美国教育政策改革提供计划表。

当然,在我看来,贯穿本书的问题——"如果我们要学习世界最好的教育系统的经验,并在此基础上建立一个比世界上现存的都要好的教育系统,那么我们应该怎么设计",同样适合其他每一个国家和地区。

2009年,上海作为中国的一个省级地区参加PISA测试,第一次参与便获得令世界惊奇甚至质疑的结果。对此,上海始终保持足够的理性。因为我们最初决定参加PISA测试时,考虑最多的是把上海置于世界发达国家和地区的教育坐标中加以比较,观察我们所处的方位,而非名次,客观、准确地分析自身的优势和弱点,从而为我们改进上海教育决策提供依据。上海作为一个开放的国际化大都市,始终关注着发达国家和地区的先进经验,同时也特别注重摸索适合自身教育特点的教育政策和改革路径。早在2000年PISA首次面世后,上海就开始持续关注在PISA测试中表现优异的国家和地区。上海政府官员、校长多次到日本、芬兰、新加坡等一向表现突出的国家考察,学习他们的教育经验。期间,我本人就曾两次到芬兰做了深入的考察。即便2009年PISA测试结果公布以后,上海取得了卓越的成绩,但是依然保持着冷静、客观的专业态度,一如既往地关注着一直处在高位水平上的国家和地区,关注他们的最新教育政策和可能的走向,以为及时调整上海的教育政策提供更多的视角。

不过,我们知道,经验可以学习,但不可以复制。我们在放眼世界的同时,更加强调自身经验的探索、总结和发展。PISA测试结果,促使上海进一步思考和总结了原有的一些政策和做法。

第一,推进基础教育课程改革。新旧世纪之交,上海启动了基础教育课程改革,相对于欧美国家而言,我们的优势是基础知识扎实、擅于讲授法和进行间接学习。而在这种方式下成长的学生,其创造意识、批判性思维、探索与发现能力比较弱,同信息社会和全球化时代对人的要求不相适应。因此,上海的新课程方案,在强调基本知识和基本技能的基础上,设置了基础型、拓展型、研究型三类功能性课程。其中基础型课程,着眼于促进学生基本素质的形成和发展,体现国家对公民素质的最基本要求,是全体学生必修的课程。而拓展型课程着眼于培养、激发和发展学生的兴趣爱好,开发学生的潜能、促进学生个性的发展和学校办学特色的形成,是一种体现不同基础要求的、具有一定开放性的课程。研究型课程则是学生运用研究性学习方式,发现和提出问题、探究和解决问题,培养学生的自主与创新精神、研究与实践能力、合作与发展意识的课程,是全体学生限定选择修习的课程。三类课程的实施有利于满足学生不同的学习需要,但是课程作为学习的载体和内容,必须使全体学生的学业质量达到基本的水平,即需要制定相应的标准。上海课程改革制订的标准是一份基本标准,它规定了质量的"底线",是绝大多数学生通过适当努力就可以达到的标准。而对于优秀学生,他们达标后可以进行一些个别化的学习,从而更好地满足学生的多样化学习需要。

第二,努力办好每一所学校。学校是课程实施的基本单位,政府提供的公共教育服务主要通过学校教育作用于学生。学校质量高低,直接影响到公共教育服务的实现程度和教育公平的程度。因此,提高教育质量,促进教育公平,首先要办好每一所学校。但是由于历史和现实的原因,地区之间、学校之间,办学质量还存在一定差距。对此,上海采取的做法主要有:一是让好校长领导和管理更多的学校。中国流行一句话——一位好校长能带出一所好学校。好的校长在学校规划、教学与管理、团队建设和处理各种校内外关系上都有很高的水平,这些通常是一所学校质量提升的关键因素。我们做了一些试点,让一所好的学校就近同薄弱的学校形成学校集团(或联盟),让这所好学校的校长统一领导和管理集团(联盟)内的多所学校。上海的很多区都开展了这项工作(如浦东新区的福山外国语小学集团、明珠小学集团、建平学校集团等),实践效果比较明显。我们希望通过这种集团(联盟)办学的形式,把好学校和好校长的经验辐射到更多学校。二是推行学校委托管理。政府提供教育基本公共服务的职责不可推卸,但公共服务的实现方式可以改革,可以把学校管理这一类专业性的工作交给专业机构承担,从而提高政府公共服务的效能和资源利用的效率。基于这种认识,2005年浦东新区推出了"委托管理"机制:由政府买单,将薄弱的农村学校,委托给中心城区优质学校或教育机构进行管理。2007年上海在全市推行学校委托管理,即政府委托优质学校或教育机构管理郊区质量较低的学校。郊区农村20所义务教育阶段相对薄弱学校由中心城区的品牌中小学及有资质的教育专业机构进行委托管理,为期两年。经第三方评估机构的评估结果表明,20所被托学校的面貌发生明显变化。委托管理突破了现行管理体制下教育资源跨区域流动难的障碍,通过团队契约的方式,明确目标、途径、期限和绩效考核方式,实现了优质教育资源向郊区农村辐射。2009年和2011年,分别又有40余所郊区农村义务教育学校接受托管。三是城区和郊区结对发展。2005年,上海9个中心城区与9个郊区县(浦东新区形成区域内城郊学校间的交流互动)签署了"上海市区县教育对口合作交流协议书",9对区县本着优势互补、协作互助、改革创新、共同发展的原则,开展为期3年的教育对口合作交流计划。2008年,签订了第二轮区域结对协议。对口合作交流的实施,使得城区教育支援郊区教育在形式和内涵上都有了根本性的变化,有力地促进了郊区学校发展。

第三,大力发挥教研制度在普遍提高教育质量和教师专业水平中的作用。如何通过制度性的构建为课程实施和教师发展提供专业的服务?我们的答案是教研制度和教研体系,这是中国的特色。教研室是教育行政部门专门设置的教学指导机构,其担负的主要职能是以课程改革和实施为中心,进行教学研究、指导和服务。在中国,教研制度已有多年历史,而上海是中国最早成立专门教研机构的省级地区。60多年的教研制度推进经验表明,它对于保证基础教育的质量,发挥了不可替代的作用。我们的主要举措是:一是健全三级教研网络,即市、区和学校三级教研网络。市、区教研机构通过质量分析和监测、教学视导和研讨、教学经验总结和推广、教学能力培训和交流等分别对各区域和学校进行引导和指导,对教研员和教师进行业务培训,提升教学水平。通过整个教研网络,为广大教师的课程实施提供专业指导和服务。二是实施校本教研,即开展立足本校需要、在本校开展服务本校教学改进的教研。校本教研鼓励教师以教研组为载体,从课程教材实施中存在的问题出发,以研究为纽带,以同伴互助为主要形式,通过专业引领、行动跟进和实践反思来促进自身专业发展,形成扎根于每一堂课、关注每一位教师、促进每一位教师发展的新型教研文化。三是不断转变教研方式。传统教研工作,主要以教研员逐级召开会议,或者现场指导的方式进行。层级式的工作方式削弱了教研员与学校教师之间的信息沟通,影响了指导的效果。我们正在着力架构一个基于现代技术支撑的全市范围的新教研体系,建立基于网络的教研方式,增强教研的实时互动和在线研讨,实现对基层教研的"扁平化"指导,提高教研的有效性。

第四,加强教师继续教育。职后继续教育是教师专业发展的直接和有效的手段。上海连续多年坚持开展教师全员继续教育。当前,教师全员继续教育的实施重心在学校,中、高级职务教师每五年分别必须完成全市规定的"240"、"540"学时培训,其中校级培训的学时比例应高于50%。对校长则开展了校长培养计划、年度暑期校长全员培训计划、赴国外影子校长培训计划等。同时,针对教育相对薄弱的郊区制订教师培训计划,将郊区教师培训放在全市培训工作的优先位置加以规划和落实,投入专项支持经费,支持各郊区县根据当地需要确定培训项目和课程,选择优质培训资源。从市区选派优秀教师到郊区支教、讲学,从郊区选派校长、骨干教师到市区中小学挂职锻炼,跟岗培训。在资源上,建立了上海教师教育资源联盟。通过购买服务的办法,采取签订合同、自主选学、学分积累、社会评估和根据绩效进行资助等方式,充分调动各类教师教育机构的人力和物质资源。

可能正是这些着眼于全体学生公平接受教育的基本做法,抬高了上海基础教育的底部,进而提高了整体水平。回顾这些经验时,上海在 PISA 测试中取得较好的结果,似乎又不那么令人惊奇了。

就在我们还在讨论 2009 年 PISA 测试结果的时候,2012 年新一轮 PISA 测试已经结束了,2013 年结果很快会公布。哪些国家(地区)会处在第一集团?上海还能保持吗?会不会杀出一匹"黑马"?这些问题都不重要,重要的是参与测试的国家和地区,在 PISA 这个舞台上学到了什么,分享了什么。

透过这本书,我们看到了美国这个超级大国面对 PISA 的理性思考和进取心态,尽管书中有些观点和结论未必完全符合事实,但做法依然值得尊敬和学习。同时,美国学者对各个国家和地区的情况分析,其视角、分析方法及其结论,特别是对上海的分析也很值得我们思考、回味和借鉴。

面对新一轮的 PISA 测试,如果说我们对结果抱有期待,那么,我们期待知道的是在上一轮 PISA 中发现的问题,在过去几年解决得怎么样了?学生在保持学习水平的同时,学业负担有没有减轻?兴趣有没有增加?非连续性文本阅读水平有没有提高?

愿每一个国家和地区的教育,不断地实现理想、超越自我。

是为序。

# 序(二)

任友群

(华东师范大学副书记兼副校长,教授)

在 2010 年 12 月世界经合组织公布了 PISA 2009 测试结果后,上海教育顿时成为了人们关注的焦点。《纽约时报》等西方主流媒体纷纷在第一时间刊发讨论文章,对上海教育进行解读。其中许多观点,也经国内媒体的转载报道,为我们所熟知。

由于学术研究需要一定的时间,而且学术界相对保守,所以,西方学术界并没有在第一时间发布很多有关上海教育现象和原因的系统分析文章。但这并不表示欧美学术界不关注这个问题。相反,对于上海这样一个大城市,在社会经济发展水平并不是很高的情况下,为什么能够取得如此之高的教育质量,欧美学术界表现出了极大的研究热情。在经过一段时间的研究和综合之后,欧美学术界目前已陆续出版了一些研究成果,对上海教育的成功经验进行分析总结。最近,在学术意义上比较重要而且有影响力的是 2011 年在哈佛教育出版社出版的题为《超越上海:美国应该如何建设世界顶尖的教育系统》一书。

2011 年出版的《超越上海》一书研究了上海、芬兰、日本、新加坡、加拿大等五个被认为是教育最成功的国家和地区,对他们的成功经验做了比较详细的分析总结。《超越上海》这本书由美国"教育和经济研究中心"主席 Marc S. Tucker 主编,世界知名教育研究专家、前美国教育研究协会主席、斯坦福大学教授 Linda Darling-Hammond 撰写序言。

这本书也被哈佛教育出版社作为一本重要的推荐书,放在 2012 年 4 月于温哥华召开的美国教育研究协会(AERA)年会书展上予以展出。我在会议期间得到本书,觉得有必要把它翻译成中文,因为这样可以让更多的人了解西方学术界是如何理解和学习上海教育的成功经验的。另外,本书除了介绍上海的经验之外,也还介绍了其他一些国家的成功经验和做法。一直以来,我们对国外经验和做法的学习,主要都是由我们国人自己整理的。这次,我们也可以看看这些由美国学术界所总结出来的其他国家的经验和做法,或许可以看到一些不同的东西。

基于此考虑,在联系和谈妥了版权问题后,我就委托华东师范大学课程与教学研究所的柯政博士来负责这本书的翻译。经过几个月的努力,翻译工作已经完成。借此机会,我想谈谈我从这本书中所看到的西方学术界对上海成功经验的分析情况。

对上海经验的分析被放在这本书的第一章,文章的标题是"上海:一个发展中国家的大城市是如何跃居世界第一的",作者是被称为香港教育界名宿的前香港大学副校长、哈佛大学客座教授程介明博士。除了这一章之外,在《超越上海》一书的序言以及最后的总结篇章中,Darling-Hammond 以及 Tucker 也都对上海的成功经验进行了解读。综合起来看,这些学者认为上海教育之所以能够取得如此卓越的成绩,最主要的贡献因素或者成功经验包括如下几方面:

◆ **悠久的"重教"文化传统**

程介明在描述上海以及整个中国的教育背景时,特别强调了中国"重教"的文化传统。他指出,这种文化传统给教育带来最根本的影响就是,上海或者中国的学生在学习上的投入非常高。上海的学生不仅要在课堂上全神贯注,回到家父母还会要求他们每天晚上做家庭作业,据估计大约有 80% 的父母会把孩子送到校外补习学校去进行考试辅导。他指出,这可能是因为很多中国人都把社会看作是一个等级分明的社会,都想努力地向上爬;也可能是因为我们的文化传统向来就强调勤奋、用功。他认为,这种文化传统给上海教育带来了许多不良后果,比如学生课业负担过重,但这种文化传统对上海教育的成功起着很重要的作用。

◆ **政府对教育高度重视**

程介明认为,我们可以从上海经验中推断出来的第一条原则就是,"一套清晰的、雄心勃勃的、且能得到广泛支持的目标是至关重要的"。他认为,中国领导人意识到人力资本是社会经济发展可以依赖的重要资源,所以对教育非常重视,在教育上做了大量的投资。他说,自上世纪 90 年代,上海市政府就提出"一流城市,一流教育"的口号,致力于追求国际一流的教育质量。尽管对于什么是"一流"还有些模糊,但这个概念的提出还是能够有效地推动教育改革的进程,并让教育改革始终出现在政府的政策日程表中。他也以温家宝总理直接牵头,并最终由政治局讨论通过的《国家中长期教育改革和发展规划纲要(2010—2020 年)》为例来说明中国政府对教育改革的重视。他认为,政府给教育改革如此强大的政治支持,可以保证教育改革的强大势头,有利于教育从政府那里分配到大量的资源,也有利于教育从社会其他部门获取各种各样的支持。

◆ 关注学生学习的课程改革

程介明在介绍中国和上海教育时,都花了很大一块篇幅介绍课程改革。他说,上海之所以在中国享有"教育改革排头兵"的美誉,主要来自它的课程改革(第34页)。他认为,上海的课程改革主要涉及拓展学生的学习经验,增强学科知识的现实相关性,关注学生的能力发展而不是信息的积累。课程改革是直接关注学生学什么以及怎么学的问题,对学生学习的高度关注,也被认为是上海教育的一个重要经验,上海在理解学生的学习上做出了大量的工作。程介明指出,很多国家和地区的教育改革之所以低效,一个很重要原因就是经常在政策和制度的外围用力,很少专注具体的教与学,而在上海的教育改革中,学生的学习是改革者关注的核心内容。

◆ 有一个全面、系统、连贯的改革思路和方案

程介明认为,从上海经验中可以看出有一个全面、系统、连贯的教育改革思路和方案也是很重要的。他总结认为,上海在这方面至少有三点是值得学习的。第一,上海教育改革的内容是全方位的,而不是只关注哪一方面。例如,虽然课程教学是关键,但如果只改革课程教学,而没有其他方面的改革支持,那要全面、可持续地提升学生的学习也是不可能的。第二,上海教育改革是把学生作为一个整体的人来看待的,希望学生在各方面、各层次都得到全面的发展,而不是只关注学生的某些方面。第三,上海的教育改革也不是仅仅局限于教育系统内部,而是致力于动员全社会力量来搞教育。上海提出"一流城市,一流教育"就是一个成功的例子,因为把教育改革作为建设一流城市的内在要求来推进,这样就把政治家、家长、用人单位、媒体以及教育者都卷入教育改革的进程中。

◆ 管理机制的原因

《超越上海》一书的主编Tucker说,他们发现所有教育比较成功的国家和地区都有一个共同的特征,那就是都有一个具体的政府部门来统一管理中小学教育,而这点在美国是不具备的。他认为,有这样一个政策中心,就比较容易协调教育系统中的各项改革措施,而这些改革措施之间能否协调匹配是决定教育改革是否能够成功的很重要原因。程介明也指出,虽然当前教育文献中充满权力下放、分权等理念,但这是需要做进一步审视的。虽然集权可能不是一个优点,但在权力的集中和分散之间保持一个平衡是很重要的,教育也不会例外。

◆ 教师教育具有优势

Tucker说,如果把优秀教育体制的特征简化为最重要的两点的话,那么除了教育

系统内部的连贯匹配之外,另外一点就是有一支高质量的教师队伍。他认为,在教师教育政策上,上海很多地方要做得比美国好。首先,在上海,由于很多教师可以从家教中获取不菲的收入,而且政府对那些愿意去边远地区从教的老师会给予额外的补助。再加上,近年来已经免除师范教育的学费,而且给予那些申请读师范的学生以提前录取的机会,这使得教师职业变得非常有吸引力,尤其是对那些家境一般的优秀学生来说更是如此。其次,中国的教师教育非常强调教师任教学科知识的掌握。他介绍说,在上海,学生在职前教师教育课程中大约90%的时间都是用于学习今后从教学科的知识体系。例如,一个将来要从事数学学科教学的学生,他在大学里需要修习的数学课程,与今后要从事数学研究的学生是一样的。第三,虽然相比芬兰等国家,中国的职前教师教育在教学方法部分训练不够,但上海发明了一套非常好的师徒制来解决这个问题。通常,一个新教师入职后,学校都会给他们配备一位经验丰富的老教师,手把手地教他们如何处理教学问题,而这种方法被证明是非常有效的。第四,上海的教师有持续的继续教育和专业发展活动。程介明介绍说,上海是国内第一个要求教师进行持续专业发展的地区,政策要求所有教师每5年必须参加240个小时的专业发展活动。

◆ 中高考的作用

美国学术界也注意到,上海以及中国的很多改革者都把中高考看作是制约学生综合发展的重要障碍,但他们认为,中高考可能是一种"必要的恶",它的存在还是对上海以及中国学生的学习起着很重要的正面作用。它为学生学习提供了一个基本的结构,如果没有中高考,很多学校和学生可能根本找不到学习的方向。Tucker更是认为,像我们这样与课程标准紧密结合,由外部权威机构出题,成绩直接关系到学生是否能够进入下一阶段学习的中高考制度,是一项非常好的制度。比如他认为,在这种机制下,所有的学生都会具有强烈的动力去修习高难度的课程以及会更加用功地学习。而且,他认为,上海中高考试卷要比美国的许多标准化测验做得更好,因为前者包括许多致力于对学生复杂问题解决的开放题或者短论文,这更有利于测量和评价学生的高级思维能力,而后者常见的就是单项选择题。

在阅读和梳理《超越上海》一书中所表现出来的美国学术界对上海教育成功经验的分析过程中,我得出了如下三点认识:

◆ 收集、研究别人对我们经验和问题的分析很重要

上海在PISA测验中取得出色成绩之后,国内学术界对于今后的教育改革出现了

两种不同的观点。一种观点认为,这个结果充分说明,我们许多传统做法远不是之前很多人所想象的这么落后,而是具有很大的优势,所以今后我们的教育改革要特别慎重,不要把我们传统做法中的许多精华当作改革对象而丢弃掉。另外一种观点则认为,上海教育能够取得今日这个成绩,正是由于我们不断地改革传统做法而取得的,现在的结果也证明了之前改革完全是正确的,接下去我们需要进一步加大改革力度。

很明显,这个争论的背后,事实上就是怎么理解上海教育的成功经验的问题。这个问题是如此的重要,以至于如果我们不把它搞清楚,我们后面的改革就很可能是盲目的、"碰运气"的。而要准确地把握这个问题,了解和研究其他国家学术界是怎么来分析这些问题就是非常重要的。因为,兼听则明,多了解他们站在不同的立场和角度所作出的分析,对我们更好地定位自己很有裨益。所以,今后上海除了要继续收集、学习国外先进教育理念和方法之外,还要认真系统地去收集和研究其他国家对我们自身经验和问题的分析。

◆ 有些问题他们比我们自己看得还深刻

比如,他们在解释为什么上海会从建设世界一流城市的高度来定位教育,以及为什么上海教育改革始终关注学生学习时,就推测上海已经准确地认识到未来经济发展的趋势。那就是所有能够程式化的工作都可以被计算机或者能够承受更低工资的工人取代,而要获取高收入就必须具备高度的创造力以有效解决各种复杂问题,所以未来的公民都必须掌握在之前可能只是部分优秀学生需要掌握的高级知识,比如批判性阅读能力、综合问题分析能力等,而一个城市要保持竞争力,就必须在最短的时间内完成让大众都达到之前精英教育水平的教育标准。可能,我们很多教育改革者事实上并没能看得这么远,但他们这种分析却是到位而且是高屋建瓴的。

又如,他们在说上海在理解学生学习上做出了大量工作的时候,指出我们要有一大批研究学习科学的学者。尽管在事实上,我们严谨地从事学习科学研究的学者并不多,但他们准确地看到以促进学生学习为核心的教育改革,需要更多的学习科学的支持则是有远见的。这也提醒我们需要在这些方面花大力气去加强建设。除此之外,他们对中高考、教师教育制度等分析,也有许多有别于我国主流认识的独特见解。

◆ 他们对我们的情况也存在着一些想象的成分

与我们对国外情况的介绍分析一样,美国学术界对上海教育经验的介绍分析很多也带有想象的成分。比如,他们认为包括上海在内的这些教育做得比较成功的国家和地区,在教育经费的分配上一般都是公平地分配到各地区各学校,而不是像美国那样贫富悬殊。又如,他们提到上海的外部考试是少而精的,而不是像美国一样在很多年级都搞大范围测试。还有,他们认为我们在学生全面发展上做得不错等等。显然,他们这么说可能更多地是出于理论自圆其说的需要,有意无意地对我们的实际情况进行裁剪。因此,我们在分析他们的这些观点时,不能一听到他们说我们好的,就不加批判地接受它,而一听他们说我们不好的,就想方设法寻找反例来反驳批判它,而是要本着实事求是的原则,对他们的分析进行细致严谨地分析,提取其中有价值的部分,为我所用。

　　本书的出现意味着上海教育乃至中国教育正在成为国际主流教育研究界的一个关注点,而且这种关注在深度和广度上都会越来越强。上海既应该继续坚持在教育改革上的探索,也应该加强对我们自身经验的总结。我们可能应该开始习惯在国际关注下推进我们教育的改革,同时,我们越来越需要高质量的教育研究,需要在国际学术界有话语权的研究。

　　是为序。

# 中译本前言

Marc Tucker

（美国全国教育与经济研究中心主席）

几年前，我的一个好朋友向我建议，叫我去读一读马立平（Liping Ma）写的一本书——《小学数学的掌握和教学》(Knowing and Teaching Elementary Mathematics)①。他说，看了这本书绝对不会后悔。他说对了。这的确是我所读过的有关教育的最好的一本书。在这本书中，马立平比较了中美两国在基础数学教学方面的异同。马立平对中美两国的教育都非常熟悉，所以，她来做这个事情是非常适合的。马立平在文革期间从大城市被下放到农村，在那个村里，村民们给她分配的任务是教书，因为当时她是那个村少有的知识分子。在文革结束后，她到中国西部一所师范院校读书，拿到了师范文凭。后来，她想方设法来到了美国，在密西根大学拿到了教育领域的高级学位，最后也留在了美国做教育研究。

那本书说起来非常简单，就是一页接着一页地比较中美两国教师，在向同一个年级学生教授同样数学内容时所采取的方法有哪些异同。但比较的结果非常令人震惊。中国教师在教学中非常关注概念，确保每个学生都能真正地理解内容背后的数学概念。这样，学生就有可能采用多种方法来解决某个特定的问题。更重要的是，这种教学方法为学生学习更高深的内容以及运用现有知识来解决真实世界问题，奠定了雄厚的基础。

而美国教师做法则是相反。他们向学生传授的是解决某一类问题的具体办法，而不告诉学生这些解决策略背后的概念。由于学生实际上并不了解为什么要用这些解题方法，所以他们在学习那些诸如代数等对原理性概念有很高要求的数学内容时就会感到很困难。而且，当学生们在遇到一些与教科书上的问题不大一样的真实现实问题时，就会觉得不知所措。

---

① 本书中文版已由华东师范大学出版社出版。

所以，当我有一次有机会在中国的一些学校里待了几个星期，看到很多中国数学教育情况时，我并不感到惊讶。我发现，即使在中国西部的一些农村学校，他们的数学教育看上去也是做得非常好。他们的学生在做一些在同年级的美国学生看来是比较难的数学题目时，看上去也是感到非常开心和适应。

就在几年前，我跟我的一个朋友（他当时是香港考试及评核局的负责人）聊天。当时，中国（上海）已经正式同意参加PISA的测试，所以我就问他，中国大陆的教育怎么样。他说，他们香港教育界有一个共识，那就是大陆的一些沿海城市在数学教学上可能会超过香港。而在当时（现在也是），香港在教育上是世界最好的地区之一。

而正如我们现在所有人都知道的，实际情况确实是这样。

所以，所有人都想知道，中国人是怎么做到这点的。现在，教育部以及其他部门对那些国家在基础教育方面做得最好，以及如何尽可能地从这些国家中学习到相关经验，表现出越来越大的兴趣。在过去，国家与国家之间的竞争主要是军事上的。而现在，国家一般是通过贸易以及发展本国经济生产力等方式来改善、提升本国居民的生活条件，而不再是通过征服他们的邻居，占用别国的土地来实现。每个国家都认识到，无论是生产力还是经济竞争力的提升，关键都是要依靠劳动者的知识和技能。现在，任何想长期执政的政府或党派，都必须想方设法给本国的公民提供尽可能好的生活条件，而任何想这样做的国家都必须思考怎么样去建设一套世界一流的教育系统。毫无疑问，相比以前，现在我们更为关注教育，也更积极地向其他做得好的国家学习怎么办教育。

虽然在最近几十年的学生学业成就国际比较中，美国学生的表现都相对比较差，但我们部分政府官员却很少有兴趣去学习其他国家是怎么教育孩子的。不过，在三年前，这种不喜欢学习其他国家的状况开始改变。当时，美国教育部部长阿恩·邓肯（Arne Duncan）请总部在巴黎的世界经合组织（OECD）准备一份报告，告诉美国那些教育做得最好的国家都采取了哪些措施。OECD又转而要求我们这个机构——总部在华盛顿的全国教育和经济研究中心（NCEE）来准备这份报告。一年后，我们对这份报告进行了微调，使它更适合一般读者阅读，然后请在哈佛大学的哈佛教育出版社出版了这本书，这样所有对教育上做得最好的国家一般都是采取哪些改革措施这个问题感兴趣的全世界各地读者都有机会看到它。于是，就有了本书。你们现在看到的是这本书的中文版。

看到这本书能够被翻译成中文介绍给中国的读者，我感到非常开心。你们在教育领域取得了非凡的成就。在我的朋友兼同事程介明(Kai-ming Cheng)所撰写的第一章中,我们试图对上海教育之所以能够在PISA测试中跃居世界顶端的原因作一个清晰而简洁的分析。但这些分析可能不是终结性的。我非常希望这本书能够引发我们之间更多、更深入的讨论,到底是什么让一个国家的教育做得比其他国家更好。

全世界的专家都非常认可PISA测试,它也经常被看作是学生学业成就国际比较领域最权威的一项测试。PISA没有狭隘地界定所谓的学术成就,而在如何测试学生的创造性以及创新能力等方面做出了巨大的努力。但尽管如此,我还是听到很多亚洲国家反映,亚洲学生在创造性、冒险精神或者创新性上还是不令人满意,有些学生虽然在PISA成绩上不是很好,但他们却能够不断地创造新产业,创造未来。

真实的情况是每个国家所擅长的东西是不同的。这意味着我们都有很多东西需要向对方学习。我希望你们能够发现,这本书在这点上还是有些帮助的。

# 致谢

Marc S. Tucker 是本书的主编。Betsy Brown Ruzzi 是这个项目的主任，Jackie Kraemer 和 Jennifer Craw 在数据呈现方面为本书提供了帮助。Harry Spence 对最终稿进行了评阅，Suzie Sullivan 对本书做了校勘工作。

全国教育和经济研究中心（National Center on Education and the Economy，NCEE）与世界经合组织（OECD）有一个合作研究项目，对那些在 PISA 测验中一直优于其他国家，或者进步非常显著的国家进行分析。本书就源于全国教育和经济研究中心提交给世界经合组织的一份报告草稿。

在 2010 年的夏天，在为撰写这份报告而展开的研究开始之后，NCEE 在缅因州巴尔港主持召开了一次会议。这次会议的主要目的是对前期的一些研究结论，以及 Marc Tucker 提出的理论框架作进一步的商讨。参加这次会议的除了本书各章的所有作者之外，还有来自英格兰曼彻斯特的学校培训和发展署的 Michael Day，伦敦大学教育学院的 David Hopkins，OECD 的 Richard Hopper，NCEE 的 Jackie Kraemer，墨尔本大学教育研究院的 Barry McGaw，新加坡教育部的 Elizabeth Pang，NCEE 的 David Mandel，芬兰 CIMO 的 Pasi Sahlberg，OECD 的 Andreas Schleicher，NCEE 的 Susan Sclafani 和 Suzie Sullivan，以及来自新加坡教育部的 Siew Hoong Wong。

本书的各位作者首先特别感谢美国联邦教育部长 Arne Duncan，是他向 OECD 提出展开这项合作研究的建议。其次是要特别感谢 Andreas Schleicher，是他选择 NCEE 作为合作者来撰写报告原稿。没有他们，这本书是不可能完成的。最后，我们也要感谢 Susan Sclafani，他是 NCEE 撰写报告原稿项目的主任，他还是那份报告的其中一章的作者。

我们也感谢哈佛大学教育出版社的总编 Caroline Chauncey，她对本书倾注了大量的热情和支持，也为能够在第一时间让本书付梓付出了大量的努力。

我们也感谢那些在报告原稿以及本书撰写的过程中接受过我们访谈的各位朋友。

# 前言

这是一本非同寻常的书,它来得非常及时,也非常重要。美国的公立学校系统在经历了几十年人所共知的衰退之后,近些年迎来了一场改革海啸。这场改革海啸,比历史上以往任何时候都要强大地推动着国家和州,围绕着几个有限的变革菜单进行努力。在2011年,包括在这份变革菜单里的是一组越来越短的观念。在政策制定者的对话中,这组观念成为了他们讨论的起点,并经常成为讨论的终点:

- 经常使用以单项选择题为主要形式的测验,并根据成绩给学生、教师和学校施加奖赏和惩罚。
- 推广由特许机构,契约学校,绩效学校以及教育管理企业运行管理的一次性企业化学校模式。
- 倡导弱化备课,对有关课程、教学和评价的知识也不重视的另类教学和领导方法。
- 通过削减终身教职岗位,给老师排名,实施能够煽动教师间竞争的工资支付办法,以及开除那些成绩不达标的老师的做法来提高教学质量。

这份菜单之所以值得关注,不仅仅是因为它把什么包括进去了,还因为它忽略了什么。在这份菜单里没有包括的恰恰是本书讨论最多的策略。高绩效的国家和地区就是用这些策略来显著地改变教育,提升学生的学习结果。此外,芬兰,日本,安大略省(加拿大),上海(中国)或者是新加坡,没有一个致力于追求狭隘的考试结果,基于市场的改革,一支由于受到解雇威胁而去技能化的教师队伍,或者通过让一部分学生、教师和学校胜利,而让另外一部分失败的竞争性策略。

尽管在美国教育政策圈子里,也有大量有关国际考试成绩比较的讨论,但他们却很少讨论高绩效的国家真正在做什么:

- 在财政上公平地支持每所学校,同时给为不利为学生提供服务的学校提供特别的资源支持。

- 给教师提供有竞争力的薪酬。
- 在高质量的教师和校长培养、监测以及专业发展上做投资,而且是全部从政府费用中支出经费。
- 在学校工作日程中能够特别开辟出一块时间,用于教师间的合作备课和持续的专业学习(通常是每周15—25小时)。
- 围绕着问题解决和批判性思维技能来组织课程。
- 很少组织考试,但每次考试都是精心准备的,主要都是考察学生的分析、交流和辩护观点的能力。

逐渐地,诸如有挑战性的项目任务,调查和表演等形式的评价方式就被囊括进来了。这种做法跟我们国内那些具有创造性公立学校里的最优秀教育者所做的事情很相似。但现在,这样的学校却在我们教育体制的边缘挣扎,因为我们现在的教育体制已经不看重这些严肃的学习了。

总之,正如这本书所清楚阐述的那样,那些高绩效的国家和地区都致力于建立一套相互协调支持的教和学的体系,都关注那些有意义的学习目标,并动用一切可获得的资源支持这些目标的获得。这本书很清楚地说明这点,如果我们真得想为美国的所有孩子建立高质量的学校,那么我们就必须效仿那些在公立教育中已经被证明的好经验,无论这些经验是来自于国内还是国外其他国家和地区。

在《扁平的世界和教育》(*The Flat World and Education*)这本书中,我分析了美国教育所面临的挑战,也分析了我们可以从那些在绩效上提升很快的州、学区和学校,以及那些之前教育质量相对较低而且不均等,但后来却在这两方面都有很大改观的国家和地区中汲取哪些重要的经验。我当时研究过的许多国家和地区也都再次出现在本书中,我当时所总结出来的经验也与本书很类似。

值得指出的是,无论是在美国还是国外,那些经过深思熟虑的系统的教育改革所采取的措施都是非常相似的。领导人会确立一些关注高级学习的改革目标,会为教育者之间的相互学习提供支持,改造学校使之更好地促进学生和成人的学习,在系统内部进行旨在更好地开发和分享知识的能力建设,以及处理长期存在的资源分配不平等的问题。

不过,与此同时,我们也要看到,美国教育改革和其他国家教育改革一个很不一样的地方是,由于美国的钟摆政治以及擅长观念创新的传统,那些成功的教育改革几乎没有一个是可持续到几年的。与此形成对照的,那些跃居世界前列的国家和地区,往往是能够为一个清晰的教育改进愿景而持续奋斗几十年。他们之所以可以这么做,一个很重要的原因在于这些国家都往往会有强大的、专业的教育部引导。在这些国家中,好的研究成果以及实践经验可以及时地反馈到教育部,而各种政治不确定性却可以得到很好地缓冲。

美国很喜欢"改革"。改革总是无处不在,但这些改革却经常是中途中断的或者出现功能障碍。我们需要停止"改革",更加聪明和诚实地面对到底哪些教育措施是真正有用的这个问题。我们需要停止对良方秘籍以及一些陈词滥调的追求,如果我们真的要为所有学生提供真正的教育机会的话。那些参与教育改革的人总是一次又一次地看到,这些一直在变化的、自上而下的、信息不充分的教育改革会带来多大的伤害,包括他们让老师丧失斗志,让团队沮丧,打断原有的进步历程,让参与者感受到无助而不是希望。

因此,美国政策制定者和教育者当前所面临的其中一部分挑战就是,创建一种新的教育治理结构。这种治理结构能够减少(教育改革)易受政治干预的特征,增加专业知识和研究对教育改革的指导能力。这种专业知识就包括对世界各国成功实践的理解。而这本书能够显著地增进我们在这方面的理解。

我们所面临的另外一部分挑战是去承认和处理教育不公平这个美国教育中的"阿克琉斯之踵"。相比其他工业化国家,美国有更多的学生(四分之一)处于居住贫困的状态,在住房、医疗照顾和食品安全等方面缺乏基本保障的学生也比这些国家多很多。所以,在美国处于严重贫苦社区中的学校所面临的挑战,也与其他发达国家中类似学校所面临的挑战很不相同。另外,尽管那些高绩效的国家和地区对学校的财政拨款都是集中和公平的(centrally and equally),但在美国,花在富裕学生身上的教育经费要比贫困学生多很多。无论是学校的种族隔离程度还是教育经费的不公平程度,在过去的二十年中都有所增长,这致使越来越多的非洲裔和拉丁裔的美国学生进入被高度隔离的学校。而这些学校往往缺乏合格的教师,新版的教材和学习材料,图书馆,科学实验室,电脑以及其他安全、合适的设施。正如 Marc Tucker 在本书导论一章所指出的那样:

> 那些最成功的教育系统花钱方式与我们截然不同。他们无一例外地都把绝大部分的经费,花在那些在达到高标准学业要求上会有最大困难的学生身上。不像我们,他们不会根据学校所在社区的财富程度有区别地分配教育经费。另外,

他们往往会直接把最好的老师分配到为最不利学生服务的学校,或者提供强大的动力刺激这些优秀的老师去这些学校任教。而美国做的往往是相反的。

除了一套更加深思熟虑的课程和评价系统,更强大的教师教育,以及设计得更好的学校之外,我们还需要建立一套相互问责的制度。学校要对学生学习结果问责,而教育行政部门则要向学校问责,以解释自己为学校提供的资源,在教师教育上的投入,以及提供给学校和教师的继续教育等方面,是否达到了要实现预期学习结果的需要。

鉴于在我们现在所居住的这个扁平世界,教育对个体和社会的成功具有极端重要性,学生在教育上所遭受到的不平等这个过时的传统,在美国再也不能继续下去了。如果"不让一个孩子掉队"不只是一句空话的话,那么,我们需要为所有的学生设置一套21世纪的课程,并通过设计科学合理的评价方法,高质量的教师,以及平等地享用学校资源的机制来帮助学生更好地学习这些课程。这本书解释了我们可以如何向其他国家学习,并最终构建一条能够实现这个重要使命的美国之路。

Linda Darling-Hammond
教育学院 Charles E. Ducommun 讲座教授
斯坦福大学

# 导论 研究其他国家的教育系统：为什么是不可少但又是棘手的，我们是怎么做到的，为什么这次是不同的

Marc S. Tucker

这本书就回答一个简单的问题：如果我们要学习世界最好的教育系统的经验，并在此基础上建立一个比世界上已经存在的都要好的教育系统，那么我们应该怎么设计？

这个问题很重要，那是因为现在有越来越多的国家，在最可靠的学生成就测验比赛中超过了美国，而且他们的人均教育经费更少。

有些人可能会认为，这种落差会极大地激发美国研究者的兴趣，去弄清楚其他国家是怎么做到这点的。但这不是事实。实际上，只有一小部分的美国教育研究者曾经参与过一些对美国学生与其他国家学生表现进行比较的国际研究，并分析为什么我们会如此大幅地落后于我们的对手。到目前为止，美国还是世界上有最多教育研究者的国家。但是，他们中的绝大部分就只在美国做研究。他们这是在一个错误的地方找答案。他们需要去寻找那些更好的表现是发生在哪里，哪些国家正在用更低的成本来取得更好的结果。

这本书的所有作者都跟全国教育和经济研究中心（NCEE）有关，他们要么是全国教育和经济研究中心的职员，要么是全国教育和经济研究中心下属的国际教育标杆研究中心（Center for International Education Benchmarking）的国际咨询委员会成员。已经连续22年，全国教育和经济研究中心一直在研究那些具有最优学生表现的国家的教育系统。我们曾经把我们从世界上最成功的实践和政策上所学到的东西，运用到我们自己的诸多实践中。比如，我们帮助不利学生设计技术支持方案，为很多学校设计学术标准和评估方案，以及为某些州设计政策建议书等。但令人伤心的是，我们很快就发现，如果告诉别人现在的这些做法是从其他国家那里受到启发的，这一点都不会增加他们采用这些建议的机率。直到现在，美国人都深信在教育领域，他们需要从其

他国家那里学习的东西几乎没有,很多人对从其他地方所提出来的观念和想法都持有怀疑态度。

但是,情况看起来也正在发生变化。2010年春,OECD的秘书长Angel Gurria和美国联邦教育部长Arne Duncan会面,讨论2010年12月将公布2009年PISA成绩的有关事宜。他们一致认为,如果在公布PISA 2009结果报告之外,OECD能够研制出另外一份有关报告,告诉人们在历年测验中都一直位居前列以及那些进步迅速的国家都经常采用哪些策略,那将会是非常有用。

这是一个带有标志性的时刻。这在历史上是第一次,美国联邦教育部部长表示有兴趣去了解,那些在PISA考试中超过美国的其他国家和地区所采取的策略。在这次会面之后,OECD的PISA项目主任以及秘书长的教育顾问Andreas Schleicher询问全国教育和经济研究中心是否乐意与OECD总部的工作人员合作,在一个非常短的时间里研制这样一份报告。最终,《佼佼者与成功的改革者:提交给美国的PISA经验》(*Strong Performers and Successful Reformers: Lessons from PISA for the United States*)这份报告,在2010年12月7日发布。

这本书很多内容都是基于那份报告而来的。不过,那份报告没有明确地对美国与其他在教育上做得最好的国家的政策和实践进行比较,也没有提出任何政策建议,而这本书则包括这两部分内容。无论读者是否能够赞同我们给出的政策建议,他们都可以比较清楚地看到这些政策建议是怎么来的,他们也可以更加容易地理解这些在其他成功的国家和地区中所使用的政策,对美国会有哪些启发。

我们深深地感谢OECD以及Andreas Schleicher,是他们鼓励我们研制这样一个版本的报告。在研制的过程中,我们展开了非常富有成效的合作。鼓励我们研制这样一份报告,他们的目的不是为了形成一份报告好让分析人员们的书架生辉,而是想利用OECD和PISA数据库所积累起来的巨量数据资源,来激发大家对教育政策的一些中心议题进行讨论。我们判断,他们认为我们研制出的这样一份报告能够实现这样的目的。

## 什么是PISA?

PISA全称是国际学生评价项目,由OECD管理。它是一个测量和比较国际上70个参与PISA系统的国家和地区的15周岁学生,在语言、数学和科学等方面的素养的一个项目。这个评价不针对具体的课程内容,而是考察学生是否能够在真实生活挑战中应用他们所学到的知识和技能。因此,这个评价的主要目的是告知各个国家和地区,它们的教育在多大程度上给学生提供了他们未来生活所需要的知识和技能。PISA项目每三年实施一次,每次考试的结果会在次年公布。

除了正常测量学生的学业成绩之外(见图1.1—1.3),PISA还收集了大量的背景信息。通过分析这些背景信息与学生学业成绩之间的关系,我们就可以知道一个国家和地区有哪些特征会影响到成绩。比如,它可以告诉我们:哪些国家可以以较低的成本取得好成绩,而哪些国家要花费更多的成本才能取得同样好的成绩;在哪些国家中,学生的社会阶层是预测他们学业成绩的一个好指标,而在哪些国家中情况则不是这样;哪些国家的学生既能很好地掌握固定的课程知识,又能很好地把这些知识应用到他们

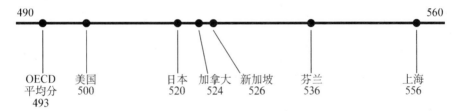

**图1.1　PISA 2009 阅读成绩**

来源:OECD 2010. PISA 2009 Results: What Students Know and Can Do. Vol. 1.

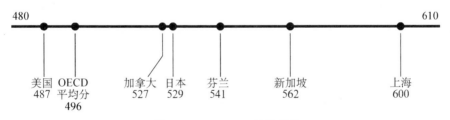

**图1.2　PISA 2009 数学成绩**

来源:OECD 2010. PISA 2009 Results: What Students Know and Can Do. Vol. 1.

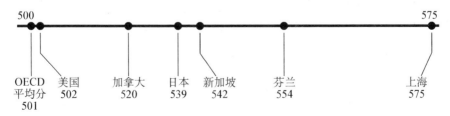

**图1.3　PISA 2009 科学成绩**

来源:OECD 2010. PISA 2009 Results: What Students Know and Can Do. Vol. 1.

之前没见过的陌生情境中,而哪些国家的学生则无法做到这点。通过分析这些数据,各国就可以把自己的情况与其他国家的情况做一个比较,尤其是在自己认为是最重要的方面,与那些做得最好的国家进行比较。

由于 PISA 的测验是定期的,所以各个国家可以看到,哪些国家是在不断进步的,而哪些国家是没有这些进步的。也因为这些测验在各个国家和地区都是统一的,所以各方都会比较认可 PISA 的数据以及分析的公正性。由于参与这个测验项目的国家有很多,所以任何国家都可以找到与自己类似的国家。

## 为什么国际比较是重要的

就在不久以前,我们还经常从经济实力上来比较一个人,一个地方,一个省,或者一个州。但现在,正如 Thomas Freidman 在他一本重要的书《世界是扁平的:21 世纪的简史》(The World IS Flat: A Brief History of the Twenty-First Century)中所说的那样,一个国际性的劳动力市场正在迅速形成。很有可能,与我们竞争的不是某个州或者某个省的人,而是那些来自世界各地但掌握着跟我们类似知识技能的人。在这样一个全球劳动力市场中,那些在高收入国家工作的工人,将直接面临那些在低收入国家工作(这意味着他们愿意拿的更少)但却具有差不多技能水平的工人的竞争。对那些低技能要求的工作岗位来说,道理也同样如此。一个非常实在的问题是,为什么雇主一定要给这个地方的工人更高的工资呢?为什么雇主不能雇佣那些水平差不多但工资要求更低的员工呢?

这种情况所带来的结果就是,它提升了不发达国家的工资水平,同时也降低了发达国家的工资水平。但是全球市场中的这种变化,对不同工人的影响是不同的。比前面所说的"离岸工作"(雇主把工作机会从一个地方转到另外一个工资水平更低的地方)的发展趋势还要快的是工作的自动化进程。工作的自动化,更宽泛地说是日新月异的技术进步,所造成的一个后果就是,一方面,那些只能从事固定机械劳动的人越来越难以找到工作,而另外一方面,那些能够从事 Peter Drucker 所说的"知识型工作"的人才则越来越受欢迎。因为,如果某项工作是常规的,缺乏变化的,那么工程师把这样的工作变成某种程序,交由机器人来完成是完全可能的。当然,某些工作,无论它是否机械化都必须是由人来完成的。但是对其他大部分工作来说,他们都可能面临着被自动化操作所取代的问题。

自动化工作的成本正在稳步下降。工作机会将在全球范围内流动,而且最终会流向那些具备足够的技能水平来完成某项特定工作同时对工资要求最低的国家。但工作机会真的流向这些国家之后,这些国家的工资也会慢慢变高。于是,把这些工作自动化就变得越来越合算,因为把这些工作进行自动化的成本与他们聘请工人的工资成本差距越来越少。直到有一天,聘请一个机器人要比一个工人更便宜。

慢慢地,越来越多的常规工作将会被机器取代,而越来越多的人将会去从事那些无法常规化的"知识型工作"。在这些非常规的知识型工作中,其中一大部分是专业工作。所以,将来会有越来越多的人去从事各种专业工作。在这种情况下,那些工资水平高的国家会发现,只有一个办法才能维持他们现有的工资优势,那就是让他们的国民达到大部分都能从事知识型工作的水平。不过,对那些生活在工资最高的国家里的员工来说,知道很多知识,掌握很多技能,也还是不能够保证他们就能获取高工资。因为,那些生活在其他国家,能够承受更低工资但知识技能水平差不多的员工,会与他们竞争这些工作机会。所以,如果他们想获得世界级的工资水平,那么他们就必须具备创造未来的能力。而要创造未来,就要求他们不仅要有世界级的知识和技能,还要有世界级的创造力和创新能力。

这不是在描述一种可能的未来,而是现实已经发生的事情。就是现在,在高收入国家,社会对高技能人才的需求速度已经超过了供给的速度,而对低端劳动力的需求却在以同样的速度在减少。于是,就出现了高技能人才工资越来越高,低技能工人工资越来越低的情况。工作机会也越来越多的流向那些工资水平相对较低,但又具备相应技能水平来完成这些工作要求的国家。无论在高工资国家还是低工资国家,被自动化机械所取代的工作也都在逐步增加。

这些变化给各国政府带来了越来越多的压力,逼迫他们想办法提升教育质量,给本国的公民和学生提供相应的知识和技能,让他们能够在这种国际化劳动力市场竞争中获取一份能够让他们过上体面生活的工作,至少是一份能够糊口的工作。这就意味着各国政府要建立这样一套教育系统:它要面向所有的人(而不是仅仅面向一部分人),它的质量水平是具有国际竞争力的,而且每个阶层的学生都有公平的机会获得这样高质量水平的教育。当然,所有的这一切,都要建立在这个国家所能承受的成本范围内。知识型的工作对劳动者的素质要求越来越高。它要求员工具备解决从没见过的复杂问题的能力;具有创造性;能够迅速地对各种不同来源渠道的信息进行综合,并从中看出一般人看不出的规律;能够高效地与人合作,也能够在需要的时候承担起领导职责;而且无论在什么情况下都能自始至终地恪守高要求的道德标准。所以,从目标上来说,为所有学生提供基本的教育,这已经不够了。而是要为学生提供这些高水平的素质,这样他们才有机会来获得这些工作。

有些人认为,如上所描述的技能是21世纪的技能,但事实并非如此。在英国的一些顶尖学校中,如伊顿中学和哈罗公学,由于他们一直致力于培养英国未来的领导人,所以自1890年以来就一直是这么来教育他们的学生的。所以,关键的区别不在于这些技能本身,而是对象已发生变化。在之前,我们只需要把这些技能教给一小部分精英即可,而现在,一个国家如果要提高本国工人的整体工资水平,那么就必须把这些技能教给所有的学生。

也正是因为大家在这点上都能有高度的认同,所以这70个国家才会聚集在一起,同意采用这样一种标准对他们的学生进行评价。也正是因为有这种认同,所有参与的国家都会迫不及待地想知道,对照这样的标准,自己做得怎么样,其他国家又做得怎么样。

## 美国做得怎么样

作为一个曾经在排行榜中领先了一个世纪的国家来说,美国现在做得只能说是"不好"。

在人均教育经费投入上,除了卢森堡,美国比其他所有参与比较的国家都要高,但美国学生在阅读和科学上的成绩仅处于平均水平,数学甚至是在平均水平以下。很多在人均教育经费上不足我们一半的国家,他们的成绩却要比我们高(见图1.4—1.5)。

**图 1.4　生均 GDP(美元)**

来源:OECD 2010. Strong Performers and Successful Reformers in Education: Lessons from PISA for the United States.

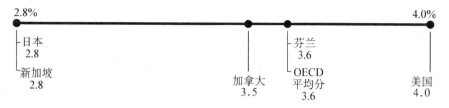

**图 1.5　小学、初中以及非第三级教育经费占 GDP 比例**

来源：OECD Education at a Glance 2010, year of reference 2007 (U.S., Finland, Canada, and OECD everage). UNESCO Institute for Statistics: Statistics in Brief year of reference 2008 (Singapore).

很多美国人不相信这些数据，认为其他国家教育的只是部分精英学生，而我们却教育所有人。但这并非事实。我们高中阶段有约 25%—30% 的学生辍学，在其他高绩效的国家中，这个比例要小很多。逐渐地，倒是我们美国是在教育部分精英，而我们的竞争者却在教育所有学生。

美国的老师会指出，我们有很多的移民，我们有大量的学生是来自于各种各样语言背景的家庭，所以，我们取得这样一个成绩也是可以预期的。但是，加拿大的移民比例比我们还要高，但他的总体平均成绩却高出我们很多，包括他们移民子女的成绩也要好于我们。实际上，在美国，那些没有移民背景的学生的阅读成绩也只是略微优于平均水平。事实也证明，像加拿大、新西兰、澳大利亚和香港，这些国家和地区的移民比例跟我们差不多甚至比我们更高，但他们学生的阅读成绩都要比我们高（见图 1.6—1.7）。

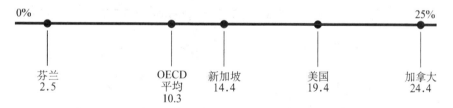

**图 1.6　第一和第二代移民的比例**

来源：OECD 2010. PISA 2009 Results: Overcoming Social Background. Vol. 2.

**图 1.7　在家说另外一种语言的移民背景学生比例**

来源：OECD 2010. PISA 2009 Results: Overcoming Social Background. Vol. 2.

我们不断听到这样的说法：如果不是因为大城市中的这些贫困和少数民族学生，美国学生的成绩会跃居前列。他们认为，除去那些主要在大城市中为低收入家庭背景学生服务的学校，美国学校总体上是不错的。但这也不是事实。相比国际基准，我们的低收入和少数民族学生的成绩，的确是要差一些。但即使就只计算我们郊区学校的成绩，那么它也只是略微高出 OECD 的平均成绩而已。

即使是我们最好的学生，相比其他国家，其实也并不是很好。PISA 把阅读成绩分成六个等级，我们有 1%—1.5% 的学生进入最高等级，要好于 OECD 平均 0.8% 的水平。但是，澳大利亚、加拿大、芬兰、日本、新西兰、新加坡以及上海都要比我们做得好，他们有 1.8%—2.9% 的学生进入最高等级。我们只有 2% 的学生在数学上进入最高等级，而 OECD 的平均值是 3%，上海更是达到了 27%。在科学上，我们只有 1% 的学生进入最高等级，跟 OECD 平均水平差不多，但是新加坡的比例是 4.6%，芬兰是 3.3%，新西兰是 3.6%，上海是 3.9%，澳大利亚是 3%（见图 1.8a—c.）。

有人可能会想，我们在教育那些不利学生上，可能会比其他国家做得更好。但这看起来也不像是真的。PISA 把那些身处于最不利家庭的学生（家庭背景在最后四分之一），但其成绩却处于最好四分之一的学生，叫做"抗逆学生"（resilient student）。抗逆学生的比例，美国要比 OECD 的平均水平低，共有 27 个国家在这方面比我们好，其中就包括墨西哥、土耳其。

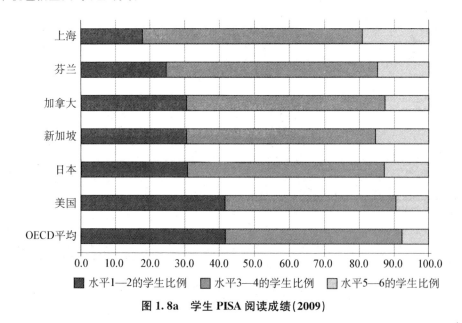

图 1.8a　学生 PISA 阅读成绩（2009）

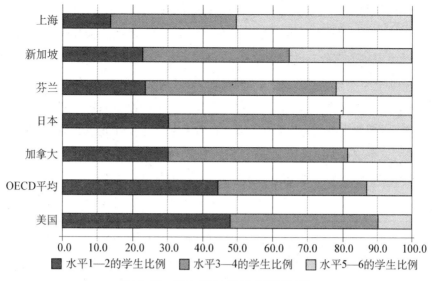

**图 1.8b 学生 PISA 数学成绩(2009)**

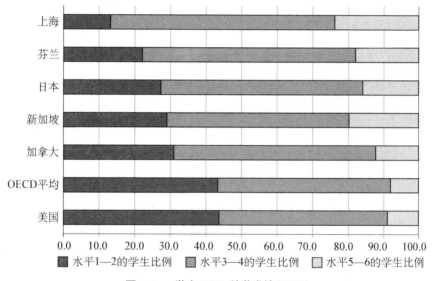

**图 1.8c 学生 PISA 科学成绩(2009)**

来源:OECD 2010:PISA 2009 Results:What Students Know and Can Do. Vol. 1.

另外还有一个观点就是认为,我们美国有很多州做得很好,可以达到其他最好国家的水平。但这也不是事实。主要居民是"斯堪的纳维亚人"的威斯康辛州,是美国最好的州之一,但它却显著地差于芬兰。

的确,美国有许多贫困的学生,这对他们的学习确实造成了很多不利影响,而且这种贫困状况近些年也在不断的恶化。这些都不是我们学校所能控制的,也是不属于学校应该负责的范围。但事实却证明,在美国,学生的社会经济地位对学生成绩的预测比例,要大于其他大部分 OECD 国家。在美国,学生的社会经济地位可以解释 17% 的学生差异,而在日本和加拿大,这个比例只有 9%。这意味着在美国,贫困对学生造成的影响要比其他国家要大。而这是我们学校所要负责的范围(见图 1.9)。

在解释美国学生成绩为什么会这么平庸的理由中,有一个观点是说我们对学生的期望不高。这个观点倒能得到 PISA 数据的证实。在芬兰,只有 6% 的校长认为"老师的低期望影响了学生的学习",而美国则有 23% 的校长这么认为。

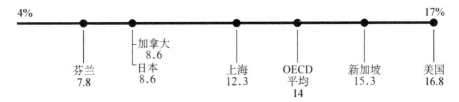

图 1.9 社经地位所能解释的学生表现百分比

来源:OECD 2010. PISA 2009 Results: Overcoming Social Background. Vol. 2.

期望是一个很奇怪的东西。虽然美国教师对学生期望不高,但 PISA 数据却显示,美国学生认为自己做得不错的比例,比其他国家的学生都要高。OECD 推测,这可能是因为我们的学生,虽然成绩不好,但仍然能够经常得到赞扬的缘故。当学生能够考得更好,但实际上考得并不好的时候,通过降低要求,我们让学生感到很舒服。

有人可能会认为,既然我们在教育上投入这么大,那么我们给教师的薪酬会比其他国家高。但事实也并非如此。如果把教师的薪酬与其他需要同等教育水平的专业人员的薪酬做一个对比,并以此作为指标来看的话,在 OECD 国家里,只有三个国家付给教师的薪酬比我们低。所以,这些钱并不是花在教师身上。很多钱看起来好像是用于盖房子了,因为只有三个 OECD 国家在基建投资上比我们高。

OECD 发现,总体上来说,唯一与学生成绩有关的资源性要素就是教师的工资。研究也发现,那些把教师工资看作是比班级规模大小更重要的国家,都普遍要做得好一些。而我们美国却刚好相反。我们是首先想到降低班级规模,而不是提高教师工资。

虽然我们在教育上的投入很大,但我们却没有为那些弱势学生提供他们成功所需要的足够资源。在 OECD 国家中,超过一半的国家在生均师资配备上,都优先满足弱势学生，他们的生均师资数量普遍要高出正常学生。在所有 OECD 国家中，学生主要来自富裕家庭的学校，比那些学生主要来自贫困家庭的学校，还得到更多教育经费支持的国家，只有以色列、斯洛文尼亚、土耳其，以及另外一个国家。而这个另外的国家就是美国。

这只是我们这种令人不安的学校财政资助方式中的一个方面。那些最成功的教育系统花钱方式与我们截然不同。他们无一例外地都把绝大部分的经费，花在那些在达到高标准学业要求上会有最大困难的学生身上。不像我们，他们不会根据学校所在社区的财富程度有区别地分配教育经费。另外，他们往往会直接把最好的老师分配到为最不利学生服务的学校，或者提供强大的动力刺激这些优秀的老师去这些学校任教。而美国做的往往是相反的。

## 研究方法

前面部分的分析主要是基于 OECD 的 PISA 调查项目所获得的数据而进行的。PISA 项目的数据库是世界上在教育表现、政策和实践等方面最大、也最为精致的数据库，是教育研究领域的独一无二的资源。

但与所有其他数据库一样，这个数据库也有其不足之处。比如，它不能告诉你，对一个特定的某个国家来说，它想获得什么目标，它遇到了哪些困难，它采取了哪些措施来解决这些困难，当时的政治气候是什么，某种联盟是怎么增强的而某些反对力量是怎么被弱化的，哪些假设被证明是对的而哪些则是错的，一些意料之外的事情是怎么处理的，在整个过程中目标发生了哪些变化，作出了哪些妥协以及为什么，政府换届了之后哪些东西改变了，目标的连续性是怎么实现的，有哪些文化方面的因素是可利用的而哪些不利因素是必须克服的等等问题。这类问题一般都是在以某个国家作为案例，进行国别比较的时候才回答的。但是这些研究，直到最近，才有它自己的局限性，那就是各个相互比较的国家的许多重要变量都是不一致的，比如没有统一的成绩变量，也很少有详细的中间变量的数据，如教育政策制度，教学制度，或者问责制度等。由于没有一套统一的学业测量结果，这些国别性的个案研究经常只是对某个国家或者某些国家的某个教育方案进行一些描述分析，但这样就难以分析到底是哪些因素在起决定性的作用。

在这本书中，我们结合了不同的但能够相互补充的两种研究技术。一种是 PISA

所用到的调查研究方法,另外一种研究技术叫行业标杆(industrial benchmarking)。

行业标杆这种方法是在20世纪70年代末80年代初期间开始流行起来的。当时,美国的许多跨国企业面临着来自日本企业的激烈竞争,其中很多企业被打败,但也有很多企业因为采用了行业标杆这种技术而在竞争中存活了下来。这些美国企业之所以采用这种方法,其目标就是想从竞争对手中学习尽可能多的东西,然后反过来击败他们。要做到这点,首先,他们需要确定本行业中最厉害的竞争者是谁。同时,他们也圈定了一些在各个业务领域,比如在会计、销售和库存管理等方面最优秀的企业有哪些。他们广泛地阅读有关商业出版物,各个大学商学院所做的一些学术研究成果,以及报纸,尽可能地从中寻找到有关竞争对手的所有信息。当收集到了一切可能收集到的信息后,他们又想尽一切办法去实地考查竞争对手的工厂,派遣最优秀的工程师去研究对方的生产设备和技术、工作的组织方式以及培训方法等一切他们认为可能有用的东西。

当这些研究完成之后,他们就开始对这些信息进行分析。他们的目标不是把这一切复制过来,而是把他们从其他地方所学到的好的东西,与自己的想法做法结合起来,从而设计出一套比任何他们现在已经看过的都要好的东西。

他们在研究过程中当然都会发现,他们所了解到的任何的方法、方案、技术和策略,都是为了解决特定情境下所出现的问题而提出来的,而自己并不一定会遇到这些问题。所以,在很多时候,他们会发现,在自己的企业里不需要引入一些在其他企业里可能是必须的东西。当然,同样可能的是,有些问题和情境在其他企业是不存在的,而在自己的企业里却是存在的,而且也是必须要解决的。对于这些做标杆研究的企业来说,一件重要的事情是,他们不是去模仿他们所学到的,因为他们的目的是要做得比他们所学到的还要好,他们也不会把一些没有必要的办法吸收进来。

在教育研究领域,主流研究方法不是建基于行业标杆模型,而是建基于医学研究中的临床研究模型。在医学研究领域,研究的目的是确定对某种既定存在的疾病来说,哪种药或者哪种治疗方案是最好的。在这些研究中所常用到的研究方法是把被试随机分配给各处理组的实验设计方法。这种方法有很多优势,因为它可以保证各不同处理组的被试,除了接受不同医学处理之外,没有其他任何系统性差异,这样观察者就能够把不同组之间在最终结果上的差异归因为医学处理的不同,从而在A和B之间建立因果关系。

在本书中所呈现的这些研究,都有一个目的,那就是试图把不同国家之间的学生成绩差异,归因为这些国家教育系统中的某些特征差异,或者是整个教育系统的问题。可能,有人有信心做到这点,那就是根据其他国家的教育系统或者某些特征设置一些处理组,然后把一部分国人随机分配到这些处理组当中,从而比较不同系统特征对成绩的影响。但没有一个国家的人民能够允许这样做。所以,随机分配在这里并不是一个可能的选项。

即使它是可能的,它也没有任何实际用处。因为,对于那些管理某个国家、州和地方教育系统的决策者来说,他们更像是在相互竞争的企业,而不像是一定要弄清楚到底哪种药更好的医生。教育具有明显的价值负载的特点,家长、学生、行政管理人员、政治家以及其他群体的偏好和价值观,必然会对教育产生影响,而这些东西却是经常变化的。所以,管理教育的人总是会像管理企业的人一样,他们从这里学习一点,从那里学习一点,然后再加上自己的一些想法。他们根本不可能去完全复制一种做法,然后在这个区域里大规模地忠实实施这种做法。所以,这样一种模式不管在理论上还是现实中都是不可行的。

鉴于这种情况,所以本研究的目的不是去全面地详述其他国家的方法,而是想为需要作出有关决定的政治家、教育者、家长和其他人提供一些有用的资源。我们想提供一些方向性的建议,那就是在政策制定时,我们应该如何借鉴一些在其他国家已经被证明运行非常好的措施。

但是,读者可能会问,这些政策建议的基础是什么呢?因为,如果严格的实验研究不能用的话,那么做行业标杆研究的研究者是如何知道,那些做得很成功的国家之所以有这个结果是因为这些措施造成,而不是其他原因造成的呢?

答案就在于我们运用了多种能够相互验证、强化的研究方法。PISA把高级的教育测量方法与精致复杂的调查研究方法很好地结合起来,于是我们可以做大量的相关研究,看看哪些因素会与学生的学习结果存在相关,尤其是那些我们认为可能会影响的因素。在这过程中,我们也可以用各种复杂的统计方法来计算,各种不同因素对学生学业成绩的影响大小是多少。

当然,正如我们在前面指出的那样,这些分析难以揭示这样的一些事实。比如,某个新领导认为原有的教育政策是糟糕得难以为继了,而他们所提出的改革方案可以解决目前所遇到的问题。在这种情况下,他们往往不会留下任何记录,说原来的许多做法被认为是不错的,而在一夜之间就全都变掉了。要挖掘这些事情,我们必须亲自到访那个国家,通过阅读他们的报纸,与他们的政策制定者、专家、普通百姓、记者以及教育者交流,询问这个国家的历史,分析这个国家的经济背景等等方法来获取信息。

而PISA数据库可以为我们如何做这样的调查提供了很多有用的线索。例如,如果数据显示一个国家的发展趋势突然出现了中断或者异常,那么这可能就需要我们做出一些解释。同理,虽然某个国家的发展趋势一直没有中断和异常,但这个发展趋势却与其他处于相同情境的国家是不一样的,那么也提示我们需要对此作出某些解释。所以,这些方法是相互补充的。PISA数据不仅可以引导研究者去关注那些有意思的问题,而且也可以防止他们走进一些看似合理的但其实没有多大意义的方向。同样,对某个国家具体深入的考察研究,也可以提出一些新的问题,以供后续的PISA研究可以采用。

在准备这本书的过程中,我们都用过这些形式的研究方法,而且这本书所呈现出来的研究结论,也都是通过了这些不同研究方法的验证。

## 理论框架

本书体现了经验和理论有相互影响的特征。在做类似研究的时候,研究者总是要做出选择,那就是这项研究要回答哪些问题,而不回答哪些问题。对研究问题的选择,是受到我们对一些因果关系猜想的引导的。而这些猜想,是植根于我们对世界是怎么运行的观念或者模型之上的。而这些模型就是一种理论。有了这些理论,我们才能够理解各种社会现实。当我们的这种理解与经验数据不相吻合时,我们就认为这种理论是不对的,而会去寻找一种更好的理论。所谓更好的理论,那是因为它能够更好地匹配我们所观察到的经验事实,而且能够更加准确地预测未来。

在本研究中,我们最初只是粗浅地基于几十年的研究经验而构建了一个理论框架。但后来,研究本身又反过来影响了这个理论框架。在这个研究项目大约进行到一半左右,我们开了一个三天的会议,在这个会议上,我们这些研究者以及外面的专家共同讨论一个问题,那就是我们现在已经学到了哪些,已经可以得出哪些结论了。我们试图在此基础上构建一个理论框架,用以指导后续的研究。由此可见,理论框架的提出不仅是为了指导研究,其本身也就是研究的产物。

正如前述,本书的目的是想弄清楚,造就这些高绩效的国家主要有哪些影响因素。但根据什么标准来认定他们是高绩效国家呢?

我们的标准有四方面。第一,学生到了适当年龄,基本都进入高中就读。第二,学生掌握了现代经济社会所需要的复杂思维和技能,以及在陌生情境中运用这些复杂思维和技能的能力。第三,学生的家庭社会经济背景只能很小地预测学生的成绩。第四,生均教育经费不能列居排行榜前列。也就是说,我们所说的高绩效国家是高参与,高质量,高公平以及高效率。

也许有人会认为,对于一个国家或者一个州的教育来说,要取得世界一流的教育,存在着一种最好的方法。但从现有证据来说,情况并不是这样。首先,任何国家,像学生一样,都有一个发展过程,而不能从这端突然跃居另外一端。一个处于经济发展早期的国家,它的学生和教师的素养一般都是比较低的,在教育上的投入也不多。在这种情况下,要在教育上取得成功,它必然会把很大一部分资源都投入到一小部分精英学生上,而对于剩下的大部分学生,他们的教师可能只是比自己多了两年学历而已。由于教师素养低下,这些国家只能清晰地告诉教师,他们具体要做什么,怎么做,并且需要采用泰勒主义的行政管理和问责方式来监督教师这样做。

而对那些处于经济发展另一端的国家来说,为了在今后的全球竞争中获胜,他们需要为所有的学生提供之前只提供给精英学生的教育。而要做到这点,他们就需要与其他专业一样想办法招聘到最优秀的人才。而这些人才一般都不愿意在一种崇尚泰勒主义管理模式的环境中工作,所以为了吸引这些优秀的人才,他们就必须把学校从之前的官僚和行政控制为主,转变为专业控制为主的学习型组织。

大部分发达国家的教育系统都是处于这两者之间的某个中间位置。当他们的目标从简单的知识传递、死记硬背发展到高级、复杂技能的习得时,他们就会发现,他们需要有更多受过良好教育的教师,而要招聘到这些优秀的教师,他们就需要相应地转变学校的组织方式,使学校的工作组织更加专业,问责制度更加专业,专业实践也更加高级。这是两种完全不同的教育系统设计,在教育系统的各个方面,它们之间的不同都会体现出来。

我们或许可以把如上的观点用以下的方式来表示出来:

经济发展维度线

⟵─────────────────────────────────────────⟶

贫困的、前工业期的低工资　　　　　　　　　　　高附加值的、高工资

教师素质维度线

⟵─────────────────────────────────────────⟶

比初中多两年　　　　　　　　　　　　　高级别的专业知识人员

**课程、教学和评价维度线**

基本素养,死记硬背 ←————————————→ 复杂技能、创造性

**工作组织维度线**

等级分层的、独裁主义的 ←————————————→ 扁平的、权力分享的

**问责维度线**

行政的 ←————————————→ 专业的以及家庭式的

**学生接纳维度线**

只有一部分学生需要或者能够达到高水平 ←————————————→ 所有学生都需要或者能够达到高水平

用这种方式来表达,有一个优势,那就是它可以较好地表达这样一个道理:对某一个国家来说,它在某一个维度上的发展,至少在一定程度上,可以脱离其他维度而发生。但这种脱离,也会给它带来很多麻烦。比如,如果某些国家试图在课程教学维度上走向复杂技能学习和创造性这一端,而他们却没有在教师素养这一个维度上移到相应的一端,那么他们就会陷入麻烦之中。同样的,那些试图在教师素养这一维度上走向另外一端,但却没有相应地在工作组织这一维度上走向另外一端,那也会遇到麻烦。在这个理论框架中,我们可以看到,从左边移到右边,没有什么是必不可少的,也不是在任何时候都要让各个维度上都会保持一致。不过,如果各个维度上缺乏协调,那么我们还是要会为此付出一些代价。

在接下来的章节中,读者会找到这样的证据。与此同时,读者也会发现,本书描述的有关国家和地区,在各个纬度线上都是基本呼应的。

## 本书结构

在接下来的五章,我们将分别讨论五个符合高绩效国家要求的案例。每章都会首先对这个国家的历史和文化进行描述,这为我们更好地理解这个国家的教育系统提供了一个大致背景。然后,我们会继续描述各个教育系统的基本要素。这些基本要素一般包括标准、考试系统、教学系统、学校财政制度、教师素质、入学升级制度以及学生动机激励方法等等。这些要素一般被认为是促进这些国家教育成功的基本内容。这些国家教育系统的最近发展趋势,是我们关注的重点。最后,我们会提出一些有关我们可以从这个国家中学到什么的结论。

我们所选取的这五个国家是：加拿大（重点是介绍安大略省），中国（重点是介绍上海），日本，芬兰以及新加坡。这些国家可以从不同角度为我们提供许多成功策略。加拿大与我们接壤，政治环境也与我们非常类似，但却做得比我们好很多。上海在2009年是第一次正式参加 PISA 测验，但一下子就成为了一个"明星"。上海为我们提供了一个窗口去观察一个正日益走向世界舞台的国家，在教育领域是如何取得令人印象深刻的成就。在日本这一章中，我们可以看到日本为什么能够从一开始就位居世界前列并一直保持在那里。当早些年 PISA 报告芬兰是世界上教育做得最好的国家时，芬兰人民比世界上其他所有人都感到奇怪。但是，他们却一直保留在顶端，那一章会告诉我们，这背后的能量是从哪里来的。新加坡是一个比很多国家的一个城市都要小的国家，但也是一个在教育上从最差之列变成最好之列的国家。

在最后一章，我们将从这五个国家中所学到的，一条一条地与美国做一个对照，并据此为美国的政策和实践提供一份改革计划表，期望我们能够赶上，甚至超越目前的这些领先者们。

## 参考文献

Drucker, P. 1968. *The Age of Discontinuity: Guidelines to Our Changing Society.* New York: Harper & Row.
Organisation of Economic Co-operation and Development (OECD). 2010. *Education at a Glance 2010.* Paris: Author.
Organisation of Economic Co-operation and Development (OECD). 2010. *PISA 2009 Results: Overcoming Social Background—Equity in Learning Opportunities and Outcomes.* Vol. 2. Paris: Author.
Organisation of Economic Co-operation and Development (OECD). 2010. *PISA 2009 Results: What Makes a School Successful?* Vol. 4. Paris: Author.

# 第一部分

# 具有高绩效教育系统的国家集锦

# 第一章　上海：一个发展中国家的大城市是如何跃居世界第一的

程介明（Kai-ming Cheng）

尽管中国现在已经是世界上最有影响力的经济体之一，但西方社会对于中国的教育以及中国学生是如何学习等方面的了解却很少。在人们的一般印象中，中国学生的学习主要是死记硬背，中国的学校主要是强调记忆和应试。

本章试图以上海为例，对中国教育做一个描述和介绍。学生的学习是我们关注的焦点，其他诸如教学和教师、学校设施、系统性策略等方面内容，都将作为背景来介绍。当然，我们需要清楚的是，在中国，各种各样的经济形态、社会形态以及文化类型都有。所以，虽然概括是可能的，但我们要充分认识到它的多样性和不一致性。上海的情况可以为我们提供一个了解中国的很好机会，但我们要知道，它无法代表整个中国的情况。

## 文化背景

中国有悠久的重教传统。早在公元603年，中国人就发明了一套科举考试制度。后来这套制度也传入了日本和韩国。这是一套竞争非常激烈但却是有效率的官员选拔制度，它以严格和公正著称于世。这套考试制度历经多个朝代，直到1905年才被取消。

这套考试制度包括三个层级的考试：乡级、省级和国家级。考试形式一般是这样的：考生连续多日待在分配的"号舍"里，撰写与政治相关的文章，直至考试结束。在此期间，政府会一直提供考生食物。考生必须对一些经典文献非常熟悉，尤其是"四书五经"，才能够写出这样的文章。因为他们所有观点都必须援引自这些经典文献。因此，对考生来说，死记硬背就是一项很重要的能力。好多文章除了观点，也对书法和写作风格等方面都有一定的要求。最后的考试是殿试，主考官一般是皇帝。得到皇帝最高认可的人成为"状元",之后是"榜眼"和"探花"。这些在考试中胜出的人,国家会根据他们的考试成绩,安排他们相应的官员岗位。

这套制度有几个重要的特点,这也是它之所有能够延续几个世纪的主要原因。第一,它足够的简单。它只要看考生在考试中的成绩,不需要一套独立的学校教育体系。只有富裕家庭请得起教师,所以,除了考试机构,再没有其他类似于学校这样的机构。所以,它基本上就是一个自学系统,或者用现在的术语来说,就是自主的远程教育系统。因此,无论对于政府还是家庭,它的成本都是很低的。他们只需要支付有关考试的成本即可,至于教材,就是几本经典文献,各家各户基本上都有。除了有性别门槛(女生不能参加考试)之外,考试也没有其他任何限制。所以,从这点上来说,家庭背景可以说是不重要的。实际上,几个世纪以来,在中国的各种小说、戏曲以及其他形式的艺术中,都经常流传着这样的故事和传说,那就是一些家境贫寒的青年,经过多年的寒窗苦读,在金榜题名之后,被国家委以重任,成为驸马,最终衣锦还乡。

但实际上,要在科举考试上获得成功是非常难的。在成千上万的竞争者中,最终只有极少数的人获得了成功。开放性的试题文章以及没有可供模仿的标准答案,都使得这样的考试具有很大的不确定性。这些也都给考生带来了巨大心理压力。考生唯一可以做的事情就是,不断地理解和消化这些经典文献,并揣测出题者的兴趣、意图。所以,备考的过程是极其困难的,而且这种困难没有尽头。

但即便如此,科举考试还是给所有的家庭带来了希望。无论他们现在的经济和社会地位如何,他们的孩子(男孩)都有可能通过这样的考试而获得一个辉煌的前程。这种希望也被转化为勤奋和适应性。这样的文化传统属于所有中国人。但是,这样的传统也导致人们过于强调考试的结果,而不重视真正的学习和知识。从某种程度上说,几千年下来,一代又一代的年轻人都只学会了如何应试。

在中国,重视"教育"的文化传统,带有某些特别的意思。教育(其实是备考)长期以来都被看做是学生向上层社会流动的主要渠道,也是改变学生未来的唯一希望。这种思维方式所带来的后果就是:

- 教育被看做是进入上层社会的主要手段。因为科举制度的存在,只有读书人才能成为官员。而官员是具有显赫的社会地位的。于是,这里就出现了一个因果循环。社会地位、当官、学问和教育,在中国人的眼中,都是指同一个意思。

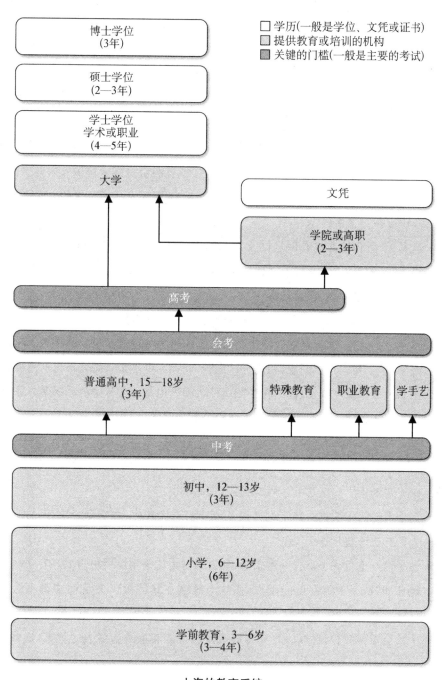

**上海的教育系统**

- 尽管最终通过考试进入上层社会的机会很少,但这种希望以及"还是有成功机会的"信念,却把全国人民都动员起来投身到考试和教育当中去。大家都相信一种说法,那就是"功夫不负有心人"。他们觉得,家庭背景以及天生能力是不可控的,唯一能做的也是应该做的,那就是刻苦努力。

如下的一些推论性观察或许可以对当代中国的一些教育文化做一些解释。这些解释在其他"筷子"文化圈①中也适用。

- 在中国,只有在考试上取得成功,才能够得到世人的尊重。而不像在其他国家,人们可以通过军事能力(比如武士在日本)或者经济财富来获得社会尊重。②
- 一个学生在教育上的成就是通过他的考试结果或者文凭来衡量的,而不是看他知识掌握得怎么样。
- 读书、学习和教育被看做是同义词。读书被认为是唯一有效的学习和记忆方法。"万般皆下品,唯有读书高。"死记硬背有很长的传统。
- 而现实是,考试成绩的高低是由皇帝或者主考官主观决定的。因此,那些被认为是好的文章,都必须在观点上能够取悦权威。这或许就可以解释中国文化的其中一个内容,那就是把政治正确看做是比科学真理还要重要的东西。
- 教师、学生和家长都同意,相比考试成绩,课程本身是否有用是不怎么重要的。
- 正如大部分研究都发现的,在中国(日本、韩国也是),教育中的动机基本上都是由家庭或者社会期望所推动的。在绝大部分时候,内在动机或者对学科的内在学习兴趣都是没有的。
- 这也是考试压力增大的基本原因。在所有的"筷子"社会,各种私立辅导学校,除了帮助学生应试之外,基本不会做其他事情。
- 科举考试的传统也解释了刻苦以及容忍困难的文化。"吃得苦中苦,方为人上人",有谚语就是这么说的。
- 这个传统也巩固了这样一种信念,那就是努力比天生能力更重要。在中国,"勤能补拙"是一个很常见的观点,而这个观点在其他很多文化圈中都不会得到认同。

整个社会重视教育,民众一直支持那些让教育能够惠及更多人的政策,这就使得

---

① "筷子"是指韩国、日本、中国(大陆、香港、澳门)、越南以及朝鲜。
② 在古代中国,对社会地位从高到底的一般顺序是士、农、工、商。

大陆、香港和澳门等华人地区发展教育相对比较容易。但是,在这些地区,怎么让大家真正重视素质教育,则是改革者经常会面临的一个难题。

## 国家背景

上海是中国最大的城市,有1900万人口。其中1400万是当地永久居民,另外500万是暂住人口。除此之外,还大约有700万流动人口。上海是中国四个省级直辖市之一,另外三个是北京、天津和重庆。在2009年,上海的人均GDP是11593美元。尽管上海的人口和土地面积仅占全国的1‰和0.06%,但它却贡献了全国八分之一的财富。在2009年,上海服务产业对经济增长的贡献率达到60%,这一比例在全国是最高的。

尽管就教育来说,上海要比国内其他地方做得更好,但其本身还是国家整个教育系统中的一部分。中国整个教育系统经历过了好几个阶段的发展:20世纪50年代是全面学习苏联模式,60年代早期开始了大跃进时期,接着是十年"文革"时期,"文革"后迎来了80、90年代的高速发展时期,到了21世纪又进入了大众化的高等教育发展时期。[①] 除了文革时期,中国的教育总的来说,无论是在规模上还是质量上都是处于一直上升的状态。

### "文化大革命"(1966—1976)

我们需要先了解一些有关20世纪80年代开始教育改革时的基本背景。1976年毛泽东逝世,这标志着"文化大革命"的结束。"文化大革命"是毛泽东在1966年发动的,这项政治运动的目的是把盘踞在国家上层建筑中的资产阶级清理出去,以保证无产阶级意识形态的牢固性。所谓上层建筑是相对于经济基础而言的,它包括音乐、戏曲、歌剧、小说以及其他艺术形式。在这些艺术领域,所有活动全部都从零开始,只保留一些基于无产阶级意识形态创作的"样板"。它很快变成了一场社会运动,而知识分子在其中遭受到了最大的冲击。

在"文化大革命"给中国社会带来的灾难中,其中一条就是它关闭了传统的学校。这些学校在文革期间由工人、农民和军人政治小组领导。为了反映阶级斗争的需要,

---

① "大众化"是录取比例达到25%或以上。2009年的录取比例是23%,非常接近大众化的水平。

他们也对课程进行了重新设计。这期间也有一些试图恢复传统学校的做法,但这些努力都没有取得什么效果。高等教育机构也被吊销,而代之以新的机构,这些机构只录取工人、农民和军人,而不考虑他们的学术能力。教授和知识分子则被送往工厂、农村和遥远的地方接受"再教育"。因为他们之前接受的是资产阶级的教育,所以现在需要由无产阶级对他们进行再教育。这些都反映了一种乌托邦式的平等主义思想。但事实上,后来人们发现,那是一个经济发展停滞,社会处于集体贫困的时代。所以,毫不夸张地说,在经过文革的破坏之后,70年代后期和80年代早期的中国,是在完全重建一个新的教育系统。

**教育的重建(20世纪70年代后期—80年代)**

1978年,在"文化大革命"末期,邓小平的经济改革把土地分给农民,允许他们保留剩余的粮食。商业活动开始再次恢复,学校也恢复了正常活动。其中一个里程碑式的事件是,在1977和1978年恢复了高考。那时录取的学生,大多都是在"文革"期间被剥夺了学习机会的成年人。

在同一年,那些有适当收入的农民就希望在他们自己的农村建造学校。这直接导致政府在1980年出台了一个决定,允许一些地方非政府单位和个人出资办学。这也为后来的重大教育改革以及1985年的教育分权做了一些铺垫工作。在这过程中,重教的文化传统对于教育发展的重要性表现得异常明显,学校开始在各地遍地开花的兴建起来。结果没用了几年时间,就基本普及了小学教育。

1986年,中国实施了义务教育法,规定每个儿童都需要完成6年小学和3年初中,总共9年的义务教育。① 到90年代中期,中国基本实现了这个目标。

1982年,模仿西方的做法,中国第一次在高等教育中确立了学位系统。在几乎同一时间,像上海等拥有很多非公企业的城市里,出现了一种新的不保证分配工作的职业学校。在计划经济体制中,国家对毕业生的工作分配,属于人才资源的分配和控制的其中一个重要内容,所以出现这种情况标志着改革迈出了重要的一步。到1997年,给毕业生分配工作的做法在各级教育中都基本取消了。

在中国,教材一直以来都是全国统一的。教材是学生学习的最重要资源,都是由

---

① 尽管有些地方可能会有小小的改变,但6+3+3一直是小学、初中和高中的主要学制模式。职业学校主要在高中阶段。

国家提供(基本上是免费的)。直到1988年,才开始多种教材的实验。教材的多样化,也为各地对统一教学大纲的多样化解读提供了一个重要的机会。

**量的扩张**

最近,中国已经完成了基础教育的普及。2009年的官方统计数字显示,在小学阶段的净入学率已经达到许多国家都非常羡慕的99.4%。初中阶段的毛入学率已经达到99%。高中阶段的毛入学率,包括普通高中和职业高中,已经达到79.2%。[①] 其中52.5%的高中生是进入学术性的普通高中就读。但各个地方在这方面可能有很大的差异。

1985年的改革把学校的经费和管理权限下放到各个地方,导致各地的教育出现了巨大差异,因为各地经济基础相差很大。经过几轮来来回回的调整,2006年出台的新义务教育法规定,中央政府要根据各地经济情况提供相应的教育经费补贴。[②] 这体现了政府的决心,那就是要继续维持基础教育的全面普及,这也为后续更多有力的教育改革奠定基础。

如果80年代和90年代的重点是基础教育的扩张和普及的话,那么21世纪头十年的重点是高等教育的扩张。从1998年开始,中国开始打破一直以来都只为部分精英学生提供高等教育的政策传统。1999年,政府要求高等教育机构增加50%的录取率。2000年继续增加25%,2001年再增加22%。

尽管政府在此之后想暂停这种大规模扩张的做法,但趋势已经形成,高等教育已经有了自己的动能,各种民办机构以及自费项目开始遍地开花地出现。这个结果就是大学生数量从1998年的不足六百万迅速发展到了2009年的2980万。尽管录取率依然保持在较低的24.2%,但中国已经成为世界上大学生人数最多的国家。印度是1100万,而美国差不多是中国的一半,1150万。

这种情况产生了巨大的影响。一方面,出现了大量的毕业生失业的情况,尤其是在大城市。分析者经常说,失业主要是因为大学毕业生不愿去从事低工资的工作,或者不愿意到不发达地区去工作,而不能怪罪于高等教育扩张。[③] 而实际上,这种工作

---

① 这里用"毛入学率"的概念,那是因为在这阶段存在"年龄交错"的情况。
② 中央政府向不发达地区提供最多80%的补贴,向一般发达地区提供60%的补贴,向发达地区则不提供补贴。
③ 北京大学党委书记,知名的教育经济学家闵维方在世界银行2007年北京会议上就这么说。

难找的状况似乎没有妨碍到家长和学生希望获得更多高等教育的热情。另外一方面，高校招生急剧扩张之后，人们对学术性学业似乎更加渴望了，普通高中的招生越来越多，而职业学校的招生越来越少。

在扩张过程中，私立教育机构的扩张是最多的。虽然以所占的比例以及学生人数来说的话，它们依然还是少数，但它们的这个发展趋势却是不可逆转的。需要提及的是，在中国大陆，私立教育机构一般都被称作是民办教育，指的是"社团"学校，或者更准确地说是"非政府"学校。这种命名法也是有道理的，因为在中国，公立学校和私立学校这两个概念是模糊不清的。比如，许多私立学校的校长就是前政府官员，或者政府部门为了收入可能也会去办私立学校。

如果不把中国异常复杂的终身教育体系包括进来，上面所提到的量的问题依然是不完整的。终身教育体系包括很多的项目，其中有全职工作但假期学习的项目，也有在晚上学习的项目，有远程学习的项目，还有自学考试项目。通过这些课程的学习，学生经常最终可以拿到文凭，有时候是学位。这些项目的主办方也是很多样的，它可能是某个大学的有关机构，也可能是一些盈利机构。而在学龄的另外一端，最近发布的一份对2020年之前教育发展进行规划的文件指出，中国正在准备普及学前教育。由于中国各地情况很不相同，以及对儿童早期发展有不同的理解，普及学前教育将会带来许多新的挑战。

**教师和教学**

在中国，教师总是一个主要的话题。在20世纪80年代的教育发展之后，马上就出现教师严重不足的局面。在文革时期，很多刚刚完成了小学或者初中学习的年轻人就被认为是知识分子，从而被派到农村作为民办教师。在这些地方，他们已经是受过最多教育的人了。尽管其中一部分是能够胜任的以及受欢迎的，但大部分民办教师都是没有经过训练的，不合格的。他们的收入也是低下的。为了留住这些民办教师，80年代国家出台了一项政策，把这些教师转为公办教师。这项政策在这方面上是成功了，但却导致了另外一个问题，那就是大批的教师为了更好的生活和工作条件，纷纷走到城市教书。

在这种情况下，农村学校经常需要聘请一些比原来民办教师素质更差的"代课教师"来授课。这是一个结构性问题，直到现在还没有解决。中国教师之间素质的巨大差异可能就是组织教学系统发展(development of organizing teaching)背后的驱动力。

城市的情况则要好很多。自从1997年大学开始收学费以来,国家政策就赋予师范大学相应的特权,以吸引更好的学生。在北京、上海等主要大城市,经济更加的开放,收入波动也更大,由于教师有着稳定的收入,因而它是一份不错的工作。也由于教师工资的不断提高,教师对很多人来说,已经变成了一项优先选择的工作。

尽管如此,中国大陆的教师工资依然不能说是很高。教师可能从辅导班、家教等"副业"中获取一些额外的收入。有些学校也向学生收取了一些择校费或者赞助费,这些钱也可能作为学校的奖金成为教师的额外收入。

在中国大陆,班额经常是很大的,一般是50人左右。但是在农村地区,好学校比较少,一个班的学生超过80人或者100人也是比较常见的。家长更在意的是好学校和好教师,而不是班额大小。但是,在大城市,近些年的人口下降迫使地方政府开始实施小班教学,以防止教师大批下岗。小班会明显降低老师的工作量,也会为学生提供了很多活动空间,很多活动在大班中基本上是不可能的。

中国有一套非常严格的教学框架和系统。在最基层,教研组每天都会从事一些教学研究,共同探讨教学问题。比如,高二年级的物理老师,一般会每周教12—15节物理课。他们会经常开会讨论,共同规划下一周的上课内容和进度。讨论时也经常邀请其他诸如实验室的管理员等相关人员参加。所有的物理老师一般都会遵照这些讨论过的方案进行教学,一些老师可能也会根据这些方案和要求编写详细的教案。

教案不仅仅是作为老师在课堂中演出的剧本,而且也是教师专业表演的记录。官员们在考虑提拔或者奖励某个老师的时候,经常都要观看这个老师的上课。某个老师的课,可能要被很多人观察。比如,同事可能会来观察(比如看看他是怎么教一个新内容的),新教师可能会来观察(向老教师学习上课的经验),更资深的教师可能会来观察(监督),校长也可能来观察(促进发展)。有时,学校也要求教师开设一些公开课,让其他老师观察和评论。总而言之,中国教师把一堂课看做是一场约45分钟的表演(performance),需要花很多时间来准备。这种结构化的组织不仅仅是一种行政管理的手段,而且也是所有基层单位提升专业水平的主要平台。

类似的做法,在全中国都被看做是理所当然的。有些人可能把它看做是一种质量保证,但它也服务于专业发展和教学提升。教案、上公开课是贯穿于整个教师职业发展生涯的。教师的职业阶梯有四级,每一级晋升一般都需要满足这么一些条件:能上一堂满意的公开课,对新教师的成长有贡献,在杂志或期刊上发表有关教育教学的文章等等。

几乎所有在市县层面的教育官员,都有当老师的经历,而且都是因为他们在这方面做得很优秀而得到提拔的。这或许就能够解释,为什么他们能够在从事各种琐碎的行政和政治事务时,依然这么关注教与学。而且他们还要设法在克服一般教师的思维惯性以及在政策领域摸索的同时,维持这样一种关注。

**持续的课程改革**

在20世纪80年代早期之后,改革就成了中国教育的一个主题词。其中,里程碑式的改革举措就有:1985年的财政和管理权限下放,1988年鼓励各地编写教科书(而不是全国统一使用一套教科书),1999年开始的高等教育大扩张,2002年立法鼓励民办教育,2006年出台政策缩减在教育财政支持上的差距。

最近,中国正在开始一场大规模的全国性改革运动,目标是改进未来十年的教育。它要求普及学前教育,克服教育差距,尊重多样性和个体独特的需要。它被看做是一份带领中国教育进入质量、公平和个性化时代的战略性规划方案。

但是,考试一直是所有改革都无法忽略的焦点问题。教学,尤其是中学的教学,依然是根据考试大纲而转,学校的各项活动也依然是指向应试。音乐、美术,甚至是体育等学科,由于考试不考,所以很多学校索性就不开。学生每天学习很长时间,周末还经常去参加各种辅导班。中国遍地都有这些绝大部分都是盈利机构所举办的辅导班,让孩子参加辅导班几乎已经成为家庭的必需品了。在过去的二十年,国家政策一直想改变这种应试教育体系,但直到现在还没有取得任何成功。最近的努力是想减轻学生的负担,这也会是今后十年的一个主要任务。

有些省份禁止学生在周末参加各种正式的补课。人们普遍相信,过于强调应试,会危害学生的成长,也会因此影响到整个民族的未来。但是,怎么解决这个问题,却一直没有什么好的办法。教育者经常用一句话来调侃现在的状况,那就是"素质教育轰轰烈烈,应试教育扎扎实实"。现在,人们又把希望寄托在一场规模宏大的基础教育课程改革上。在2001年颁发的一份政策文件里是这么来描述这次改革的目标的:

- 改变过于重视知识传授的倾向,使获得基础知识与基本技能的过程同时成为学会学习和形成正确价值观的过程。
- 改变过于强调学科本位知识的学习现状,让课程更多地体现综合性和均衡性。
- 改变过于注重书本知识学习的现状,增强课程内容与现实的相关性,提升学生的学习兴趣。

- 改变重复性死记硬背的学习方式,增强学生主动参与,获得真实生活体验,增强获取新知识,分析和解决问题以及交流与合作的能力。
- 降低评价的甄别和选拔的功能,强调评价的形成性和发展性功能。
- 改变管理过于集中的现状,让课程能够更好地适应地方情况和需要。

这次课程改革带来了许多具体的变化。例如,根据现实相关性与学生学习特点,重新编排学科知识;提出整合课程,加强自然科学和人文科学的联系;开设艺术类选修模块,并作为学生的必修课程;改变过去那种主要是事实记忆的做法,更加强调问题分析和解决的能力等等。

学生学习是这次课程改革的一个主要口号和话语。它所提出的学生学习,带有很浓厚的建构主义学习观。建构主义学习最初是由认知心理学家提出来的,主要的观点是,任何个体都有一套相应的知识体系,他们用这套知识体系来理解和解释外在世界。但这套知识体系是学习者在外在信息的帮助下自主建构起来的。学习者利用从外界获取的信息(包括从老师那里获得的),慢慢地完善自己原有的知识体系,而这就是学习的本质。基于这个观念下的课程与教学重建,就意味着新课程不可能是对原有课程的改进,而是要超越原有的对课程的理解。因此,它也对一些传统的基本教学假设和观念提出了挑战。所以,它不是寻求如何把现有的事情做得更好,而是想采取另外一种做事情的方式。

所以,可以想象,这种做法就会不可避免地遭到学术界的强烈反对。反对者认为,这样做会削弱学科的整体性,从而对新一代科学家的培养造成危害。建构主义的学习观也引来了许多的争论,不是所有的人都赞同要把这种理念作为课程改革的核心。很多一线教师也抵制这些改革理念,他们发现用这种方法教出来的学生并不能在一些公开考试中获得好成绩。不过,总的来说,这些改革还是一步一步地取得进展。

## 上海的教育

如果说北京是中国的政治中心,那么上海就是中国的商业中心。上海也是中国最开放和国际化程度最高的城市。这有历史的原因。在1949年之前,上海是一个非常兴旺发达的殖民地,也是19世纪中期外国势力逼迫开放的第一个港口。[①] 1978年之

---

[①] 中国在鸦片战争中被打败之后,于1842年中英签订了《南京条约》。

后,在中国的改革开放和建设社会主义市场经济的过程中,上海几乎在各方面都走在前面,这也包括教育。所以,在我们这项研究中,上海是一个很合适的例子。

**文化传统**

上海可能是中国最大的大都市,国际性色彩很浓。但中国的重教文化传统在这里依然表现得很明显。大众对教育的高度支持,意味着政府在普及教育上并不会遇到什么大困难。而遇到的麻烦是,怎么处理考试压力过大的问题。

上海是中国第一个实现小学和初中教育完全普及,高中教育也基本普及的城市。在2009年,上海学前教育的入学率是98%,这个比例已经高于预期的2020年的国家标准。适龄儿童接受各种各样高等教育的比例也已经达到80%,全国平均水平是24%。也就是说,基本上学生只要想读大学就有得读了。

2009年,上海共有61所官方的高等教育机构,以及还有一些被官方认可的私立高等教育机构。如果这些大学只招收上海学生的话,那么大学教育已经是供过于求了,但上海的大学也向全国各地招收学生。① 实际上,除了北京之外,上海也一直能够吸引到全国其他地方最优秀的学生。所以,如果很多名额不是专门预留给上海籍学生,那么上海还可以从全国其他地方招收到更多更好的学生。无论学生最初的籍贯在哪里,只要他们在上海大学毕业就允许留在上海以及寻找工作。由于上海在教育方面的优势,使得很多人愿意为子女的教育而移民上海。②

虽然对上海本地学生来说,他们有很高的录取比例,但他们的压力依然很大。改革者曾经认为,当整个系统的升学率提高了之后,学生的竞争压力也会随之下降。但现在看起来,这种事情并没有发生。

这种现象,在其他"筷子"社会里也非常普遍。对此,有许多不同的解释。其中一种解释是认为,中国人一直是习惯以等级的观点来看社会,他们总是想进入最好的大学,而无论总体的大学录取率有多高。③ 出于同样的原因,父母也都期望他们的孩子

---

① 这个比例可以与韩国和日本相比较。在日本和韩国,高等教育的学位已经超过了高中毕业生。不过,日本和韩国是一个国家,而上海是一个城市。
② 外来人口子女可以在上海完成基础教育,但是他们必须回原籍去参加高考。换言之,这些学生无法争夺那些为上海学生预留的名额。
③ 上海不同的高等教育机构与中央政府和上海市政府的关系结构不同,经费来源渠道也不同,录取本地和全国生源的比例也各不相同。

在班级里能够进入最高等级,任何达不到100分的都是不满意的。① 另外一个解释是,中国文化传统一直是鼓励人们要辛勤劳动的,而这对学生来说,就是要努力读书。如果学生有很多空余时间,那么老师和家长都会觉得不是非常习惯。

这些文化传统也有积极的一面。上海是许多素质教育改革的发源地。在中国文化中,考试具有极端的重要性,上海非常巧妙地利用这个特点,使之为教育改革服务。都说考试是指挥棒,那么与其取消指挥棒,还不如利用这样的指挥棒来把"音乐"演奏好。

在1985年,上海得到了独立的高考命题权。总的来说,上海的考试变化是符合改革预期的。举例来说,上海现在出现了跨越各学科界限的综合卷,要求学生解决真实生活的问题;有些考试题目也提供了一些在教材中没有的信息,用来测试学生的理解能力以及运用已知的知识来解决没见过的问题的能力。单项选择题基本上也已经消失了。

**学生投入**

中国文化传统所带来的一个主要影响,就是中国学生在学习上的投入很高。在典型的上海教室里,学生都是全神贯注的,那些开小差的学生是不能被容忍的。在笔者旁听过的一堂课中(绝不是特别安排的),初二学生要在45分钟里学习15个有关抛物线的问题,还包括要让一些学生上黑板演示。在中国,大家都理所当然地认为,学习就应该这样认真和负责。

作业也是中国学生在学习以及课后生活中不可或缺的一项内容。家长都觉得学生应该每天晚上都要做作业,而且也愿意牺牲家庭时间来监督学生做作业。这也是一项古老的传统。实际上,作业给学生造成了很大的学业压力,以至于地方教育行政部门往往都对学校有规定,不允许向学生布置超过多少小时的作业量。上海是中国第一批做出类似限制的城市。

学生对学习的高投入,不是仅局限在学校里,在学校之外也是如此。在中国,有一个很庞大的家教或者辅导班系统,它们的主要目的就是应试。尽管没有官方统计数

---

① 把这点阐述的最清楚的是费孝通。费孝通是马利诺夫斯基的学生,也是中国第一个知名的人类学家。他说,中国人在"阶层架构"中来看社会,认为社会是垂直分布的,而且是有结构的。而西方人是在"联盟架构"来看社会的,认为社会是扁平的、临时的。这个观点在费孝通的《乡土中国》中阐述得非常清楚,但不幸的是,这是费孝通很少没有被翻译过来的其中一本书。

字,但据估计,有超过80%的家长会把孩子送到这些辅导机构。这些机构绝大部分都是盈利取向的,它们往往是采取小班制教学,上课主要是在周末或者放学后。教师对这些课外辅导班也不完全都是排斥的,毕竟怎么提高学生考试成绩是他们的首要目的。有些家长,虽然口头上反对这种应试做法,但实际上也经常送孩子去这些辅导班,以确保自己孩子不因此落后于其他学生。甚至一些成绩已经很好的学生,为了获得更好的成绩,也参加这些辅导班。

除此之外,学生也还要参加其他各种各样的活动。上海市规定,所有的学生每天都必须至少从事一小时的体育运动。每天上课之前,有一段时间的早操。在上午两三节课之间,还有一个大课间的体育活动时间。放学后,还有一些其他的体育活动。有些学校还要求学生做一种通过按摩眼部穴位来防止近视眼的眼保健操。

学生还要参加各种课外的体育和艺术活动,以培养他们的组织和领导能力。他们也还轮流"值日",负责打扫教室和走廊。学校也会组织他们参观贫困农村或者一些困难群体,作为社会实践或者社区服务的内容。所有的这些活动都统一由市教育局协调安排。

除了补习辅导之外,中国还有很多兴趣班,这些兴趣班主要是学习那些在学校里不教的音乐、艺术、运动、武术等内容。这些兴趣班非常赚钱。虽然开销很大,但家长们仍然不断往里投资。其中最受欢迎的是钢琴、笛子、芭蕾以及中国书法。

如此之多的活动经常会让学生感到不堪重负。这可能也是国家2020年规划纲要提出要"减轻学生负担"的原因。上海在这方面,应该说已经比其他地区要好很多。好学校一般晚上都不上自习,周末也不补课,家长也不大会给学生增加很多的负担。所有这些活动的逻辑结论是学生可以学得更多,尽管学什么以及怎么学还有争论。批评意见指出,这样是以一种系统的方法来把知识"喂"给学生,而没有提供机会让学生自己学习。他们很少接触自然,也缺乏社会实践经验。尽管这样学生学会了一些知识技能,但他们并没有学会如何学习。

**课程改革**

上海是中国教育改革先锋,上海之所以能有这个声誉,很大程度是因为他们在课程改革方面的作为。由于中国学生对学习非常的认真和投入,所以,课程改革主要考虑学什么以及怎么学的问题,主要目的是从应试教育转变为素质教育。改革从三方面入手:重新编排课程和教科书;改革课堂教学;重新设计考试。

**重新编排课程和教科书**是从1988年开始的,当时的主要目的是把学科本位的课程做一些改动,允许学生根据自己的兴趣来选择一些课程。改革之后,构建了一套由必修课程、选修课程和课外活动等三个模块组成的课程体系。相应的,也配套出版了新的教材和教辅材料。到1997年,所有上海学生都拿到了新的教科书。

1998年上海又开始了第二阶段的课程改革。这一阶段改革的主要内容是加强三方面关系的整合与协调:一是自然科学与人文社会的整合协调,二是国家课程与校本课程的整合协调,三是传统知识习得方式与主动探究形式的整合协调。这样做的目的是为了把学生从过去的被动学习者转变为主动学习者。传统的科目被重新组织,最后形成八大领域:语言与文学、数学、自然科学、社会科学、技术、艺术、体育以及综合实践活动。改革也鼓励学校根据本地具体情况开设一些自己的课程。用于拓展学生学习经验的博物馆以及其他一些青少年教育基地,也成为了新课程的一些重要实施场所。

改革把课程分成三类。一类是面向所有学生的基础课程,这类课程大多是必修课程。第二类是为了提升学生潜力的拓展课程,这类课程主要是选修课。第三类课程是探究课程,主要由一些课外活动构成。探究课程是在教师的指导下,学生基于他们的真实生活经验确定一个探究课题,并完成相关的探究活动。这样一种独立的项目学习可以帮助学生创造性和批判性地参与到社会生活中去。

为了分享和交流彼此在课程设计、开发和实施过程中的经验,政府还设计了一套网络平台。这套平台在2008年新课程在上海全面实施之后也同时启用。这个网站收集了许多有关课程开发和学习的资源,以及一些成功案例和相应的一些论文。

**课堂教学改革**的目的是改变课堂生活。课堂教学改革的一个重要口号就是"把课堂还给学生"。它要求老师在课堂中要给学生更多的活动,而不是老师"满堂灌"。这也意味着对什么是一堂好课的定义发生了根本性的变化。之前,教师教得很好就是一堂好课,课堂录像时也都是把镜头对准教师的行为。而现在,示范课的录像都会装两个镜头,一个关注教师而另外一个关注学生在课堂的表现。现在,教师安排多少时间给学生活动,以及教师是如何组织这些活动的,都是人们用来评价教师课上得好不好的一个方面。课堂教学改革的另外一个口号是"任何问题都不止一个答案"。这就推翻了教师是绝对权威这样一个古老的正统观念。这些各种各样的变化加起来,就导致课堂教学发生了翻天覆地的变化。

中国在传统上就喜欢利用口号来推动改革。这些口号是精心设计的,一方面它们能够基本准确地抓住改革的基本精神和意图,另外一方面它们又是非常通俗易懂。那些基层的老师一听这些口号就能够大致理解改革的内容和意图。这对于那些在落后地区的老师来说,尤其重要,因为对他们来说,这些理念都像是外国理念一样陌生。通过这种方法,改革就能把老师们动员起来。用口号来推动改革,也还基于另外一个思考,那就是改革需要建设性的一致(constructive conformity)。老师们不会认为模仿其他老师的一些好做法有什么不妥,而且实际上,在他们看来,具有创造性的做法本身就意味着它能够被复制和借鉴。这种观念与美国人对创造性的理解很不一致。在美国,只有那种与众不同的做法才叫创造性的做法。

**对考试进行重新设计**是上海教育改革的第三个关键要素。正如前面提到过的,在1985年,上海获得了高考自主命题的权利。这也预示着考试命题逐渐走向地方,这对于课程的地方化是非常重要的。有自主设计高考的权利之后,上海也就有了全面改革课程的空间。

从2001年开始,高考开始采用"3+X"的模式。"3"是指语文、数学和外语等三门主科。"X"是指某个大学或者院系所规定的科目。"X"科目的考试形式是多样的,可能是传统的纸笔测试,也可能是口试,也可能是一场实践能力的测试等等。"X"科目的考试内容可能涵盖一门学科,也可能是一种能力,也可能是多个学科和多种能力。而且,相应的大学可以决定这四个考试科目的权重。比如,上海交通大学就规定,这三门主科的成绩占总分40%,而"X"科目占总分的60%。

为了进一步降低学生的考试压力,上海允许一些学校可以推荐入学,也允许一部分好大学可以设计自己的考试和录取标准。最近,也允许学生自荐。

总的来说,课程改革拓展了学生的学习经验,通过广泛地联系人文和社会议题,学科知识的现实相关性也有了很大的提升,而且也非常重视学生能力的发展,而不仅是知识的积累。这些年,教师的入职条件有了很大的提升。教师对任教学科知识的掌握情况,在这些年中被前所未有的强调,哪怕是小学老师也是如此。所有中学老师都要求至少是所教学科的本科毕业生。在小学,教师要么教数学和自然,要么就是语文和社会,而且要求老师至少精通一门。所有的中学老师都有专业证书,很多老师甚至有硕士学位。上海是中国第一个要求教师必须要有继续教育的地区,每个老师都需要在五年内必须参加240个学时的专业发展活动。

**克服差距**

近些年,中国也充分认识到了克服教育乃至整个社会的差距和不公平的重要性。

这点非常的重要。因为最初,教育改革的一个重要目的就是要打破绝对的平均主义。改革的设计师邓小平说过一句很有名的话,那就是"让一部分先富起来"。在他看来,差距是国家财富增长的动力,也是脱离贫困的良方。但是,在连续多年的发展之后,差距不断扩大的问题在近些年表现得越来越明显,已经引起政府的高度重视。上海也是第一批察觉到这个问题并试图去解决这个问题的地方。

**重点学校**。中国一直以来就有一个重点学校的说法。政府根据一定的标准把一小部分学校认定为重点学校,从而给予最好的资源和最好的师资。全国重点学校现在已经非常少了,但省级和地区级重点学校依然很多。一些具有特权资源的大学仍然存在,但重点大学这个称号已经不用了。重点学校能够招收到那些最有可能升入上一级重点学校或大学的优秀生源。家长不会质疑这个制度,他们只关心自己的子女是否能够进入这些重点学校就读。因为所有的家长都想进入重点学校,所以公开考试的成绩就成了决定哪些学生能够进入重点学校的主要标准。这也是考试压力很大的另外一个原因。国家政策是一直想取消重点学校这个说法。上海也是第一个响应这种要求的地区之一,它早在80年代就已经取消了重点小学这个称号。

**就近入学**。早在1994年,上海就是全国第一个在小学阶段和初中阶段采取就近入学的城市。就近入学政策的实施也淡化了小学和初中阶段的重点学校制度。但这也让一部分家长感到不安,因为他们觉得自己的孩子将因此没有机会通过竞争来进入好学校。于是,就产生了一个折中的办法,那就是政府规定学生可以通过支付赞助费等形式选择另外学区的学校。择校在美国是一个热点问题,而这就是中国版的择校。中国家长认为,这些额外的费用是公平的,因为如果不是这样,那么这些名额就会给其他有权或者有关系的人。

就近入学意味着每个学校,每个班级都会有能力不同的学生。这给一部分不适应同时教不同能力水平学生的老师,带来了很大的麻烦。但现在,老师们也都以自己能够有效处理学生背景各异的问题而感到自豪。他们意识到在其他社会,这是很正常的现象。由于是就近入学,所以小学升初中的考试也就不需要了,这就让老师、家长和学生从考试压力中解放出来。小学的创新精神和创造性也因此得到了很大的发展。政策制定者经常把这看做是上海在课程和教学改革方面做得最好的一个主要原因。

**外来人口子女教育**。就近入学让学校面临着如何处理外来人口子女入学的问题。在上世纪90年代以后,这已经成为一个全国性的大问题。在80年代,大批的农民工涌入城市来找工作。他们大部分都是从事一些低工资的工作,但也有一部分人来城市做生意。这些外来人口为城市的经济发展做出了巨大贡献。但是,城市却不愿意用纳税人的钱来教育这些外来人口的子女,城市里的父母也不愿意让自己的子女与外来人口子女一起读书。

现在大约有三千万学龄儿童是属于这类外来人口子女,占到所有学生人口的20%。其中大约两千万的儿童是跟随父母在城市里生活的,而剩下的一千万是留在农村里生活,缺乏父母的照顾。无论是哪种情况,都已成为重大的教育和社会问题,也是政府在2020年教育规划纲要中提出要重点解决的重大问题。

上海是一个工商业大城市,所以它肯定是一个外来人口的主要接受地。在2006年,80%的外来人口子女是在学龄范围内。在基础教育阶段,他们已经占到上海所有学生人口的21.4%。自从2002年开始,国家政策提出了两个基本原则。一是外来人口子女的教育问题主要由输入城市承担,二是外来人口子女的教育主要由公立学校承担。但各个城市对这个政策的落实情况并不相同。

上海在外来人口子女教育问题的处理上是理性而且是热情的。他们认识到,上海辉煌的经济增长离不开这些外来人员的贡献,对他们的子女也应该热心对待。一位被访者就这么说:"上海历史上就一直是一个移民城市。他们的孩子们最后也都会留在上海,成为真正的上海人。我们今天怎么来对待他们,就会决定他们对上海未来的感知和贡献。"

在最近一期《上海教育》这本教育杂志上,有一篇文章指出让城市孩子和外来人口孩子一起读书对双方都有好处。外来人口子女节俭,有毅力,而城市独生子女可能在思维的敏捷性和知识视野上有优势,但他们往往由于溺爱而在人格上有一定的不足。这种双向融合,彼此学习,对各方都有好处。大量外来人口子女的到来也缓解了由于计划生育政策所带来的城市户籍孩子急剧减少的问题。

**弱校的改造。**尽管在上海,基础教育是免费而且是义务的,但公立学校内部教育质量差异仍然很大。上海采取了好几种策略来减少这种校际差距。第一种策略就是把弱校改造成强校。从20世纪80年代开始,上海首先在学校物质环境上进行了好几轮的更新。在90年代中期,独生子女政策所带来的一些人口学后果已经逐渐体现出来了,这也给政府一个改进学校办学的机会。在上海,当时共有1569所学校被重组或者关闭,占到当时学校数量的四分之三。第三轮的改造从2002年开始,有三分之一的初中从中直接受益。

第二种策略是采用财政转移支付的方式来减少差距。自从2006年开始,所有接受义务教育的学生都减免了学费和杂费。2007年开始,他们的课本和练习册也不需要自己购买。但是统计数字显示,郊区学生的生均经费只有城区学生的50%—60%。所以,政府就为所有学生生均经费设定一个最低标准,并对那些困难地区采取转移支付的方式帮助他们完成这个目标。在2004年到2008年之间,通过这个方式转移给郊区的教育经费就超过5亿美元。郊区学校用这笔钱建造和更新学校设施和实验室,购买图书和视听教学材料,以及增加教师工资。

第三种策略是对教师进行流动。一般来说,郊区学校要招聘到并留住好的教师比较困难。为了改变这种情况,政府从城市公立学校中派遣了一大批老师,甚至是一些有名的校长去郊区学校任教任职。同时,也会把一批郊区学校老师送到城市学校里任教学习。从理论上说,这批老师在学习到了许多好的教学经验和方法后,会回到郊区学校,并把这种经验和方法带回去。

第四种策略是让城区与郊区"结对子"。在2005年,9个市区分别与9个郊区签订了一份为期三年的合作协议。他们之间相互交流教育发展规划,讨论诸如教师能力建设等共同问题。不同地区的教师进修学校相互分享课程,教学材料以及一些好的做法。有91所学校结对子成为"姐妹学校",一大批老师参加各种各样的交流项目。第一个三年合作协议在2008年结束,第二轮的合作也已经在进行中。

第五种策略是委托管理。委托管理是一种新型的监管方案,它的主要内容是政府委托一些好的公立学校,去接管一些比较薄弱的学校。在这种机制下,一些好的学校会派出一些有经验的领导人员(比如副校长)去另外一个薄弱学校当校长。与此同时,也会抽调一部分老师去这些薄弱学校去任教。在2007年,上海市政府要求10所好学校去监管郊区的20所薄弱学校,为期两年,监管过程中产生的所有的费用统一由上海市政府承担。这种安排不仅有利于薄弱学校的发展,也为好学校提供了培养和提拔自己学校教师的一个空间和机会。

第六种策略是组建学校联盟。好的学校和弱的学校,老校和新校,公立和私立学校组合在一起,构成一个以好学校为核心的学校联盟。由六所公立和私立学校组成的"七宝(中学教育)集团"就是这类学校联盟的一个很好例子。

## 面临的挑战

外人可能会认为上海的教育发展和实践都非常的顺利、有效。但我们所访谈过的所有人,却没有一个对现状表示满意。他们都同意,现在的学生学习发生了很多可喜的变化:学生知识基础宽广了很多,而且也学会如何把知识学习与解决真实问题统一起来;他们也已经习惯自己提出感兴趣的问题,并进行开放性的探究。这相比以往应试教育的死记硬背,学习方式已经发生了很大的改变。

但正如一位资深的教育者所说的,这些变化主要都还是靠自上而下的改革来强力推进。学生的主体性依然没有得到很大的发挥,好学校依然稀缺,考试压力也依然是很大。这位教育者对这种状况能否在近期得到改变,没有抱多大的期望。因为,他认为,在当前还存在着腐败和权钱交易的情况下,考试看起来更加的科学,也因此更加公平。但过于依赖考试,又会不可避免地带来很多不良后果,留给学生自己学习的时间和空间就会是有限的。"就时间和空间来说,这里有一个机会成本的问题",他说。"大家都在挤独木桥",学生没有为自己未来的生活和工作做很好的准备。

## 从上海那里能够学到什么?

上海属于一个组织化程度较高的社会,它的教育改革也是精心组织的。市政府不仅仅设计改革,而且也会直接插手学校办学和教学过程。但如果因此把上海的改革就描述成是完完全全的自上而下,那也是不准确的。上海教育有许多很好的做法最初就是来自于基层。不过,通过对上海经验的分析,我们还是可以从中提炼出好几条有关成功国家教育改革的基本原则。

制定一套能够得到广泛支持的、进取的以及清晰的改革目标,是取得成功的关键。力争卓越是上海教育改革的一个重要特色。早在20世纪90年代,上海就提出一个口号——一流的城市,一流的教育。尽管直到现在,对于什么是"一流"依然有些模糊,但这个概念的提出对于更好地推动教育改革,让教育改革能够一直成为政府的重要议事日程,都是非常有帮助的。

能够让各级政府持续地关注教育质量,这有很多方面的意义。首先,它能够使教育改革得到关注和支持。它为教育系统能够从政府那里分配到大量的资源奠定了基础,也能够帮助教育系统更好地动员各种社区资源。另外,认识到办好教育不能只依靠教师这个事实之后,"创办一流教育"这种口号本身也能够帮助教育争取到社会各界资源。

最近的一个例子就是中国制定《国家中长期教育改革和发展规划纲要(2010—

2020年)》。2010年2月发布的是这份纲要的公开征求意见稿。为了制定这样一份征求意见稿,国家就花了18个月。在制定过程中,参与的专家和有关专业人士有上千位,举办的各种各样会议、论坛就超过了23000次。如果算上技术报告,总共有500多万字。即使是征求意见稿,它从第一稿到最终稿也修改了40多次。在征求意见过程中,它收集了社会各界210多万条建议和意见。

这项工程由国务院总理温家宝这位享有盛誉的发起人担任主席。《教育发展纲要》首先在国务院得到通过,最后提交中共中央委员会甚至政治局审议,并得到通过。这就确保这项改革能够获得最高的政治权威以及合法性,从而让这项改革拥有强大的动力。

**改革必须要触及文化传统。**如果我们现在一定要问,哪些东西是由中国的文化传统造成的,而哪些是由政策干预所造成的。那么我们的答案是,实际上,这两个因素是交织在一起的。如果我们把所有的都归结为中国文化,那么我们能够学到的东西就很少。因为文化是一些很难改变和迁移的规则、信念和假设。尽管不能否认中国的教育是受到了很多深层次文化的重要影响,但我们也要看到,政策干预还是产生了很多明显的效果。中国教育的很多变化,比如从精英教育到大众教育,从对"教"的重视到对"学"的重视,从关注事实的记忆到强调学习能力,从强调教育的经济需要到个体的需要等等,都是很难用传统文化来解释的。尽管重视教育可以说是文化传统的一部分,但整个教育系统导向的转变,却不是传统文化影响的结果。实际上,很多类似的变化都是在与文化传统做"抗争"。

这里有一个关键的问题是,改革本身也是一种文化价值。上海一直以来对有关教育的文化传统都是非常清楚的,大量的改革措施也就是源自于对这种文化的自我批判。大家都看得见上海教育有很多不好的东西,对此大家也都承认。在某种程度上说,很多改革就是为了减少传统文化所带来的一些负面影响。从上世纪90年代末期开始改革的新加坡,以及80年代中期开始改革的日本和韩国,也都有这种文化问题。这几个国家的改革成功程度各异,但有一个却是一致的,那就是都坚决抵制和改革文化传统所带来的一些不利影响。

上海对改革的这种态度也可能是"文革"遗产的一部分。上海对改变现状是从来不犹豫的。但是改革与改进并不是同一个意思。改进是指比现在正在做的要做得更好、更多一些。而改革是指向于范式转变,是采取另外一种做事情的方式,以应付变化了的外界期望和要求。改革带有这样一个意识,那就是社会在变化,教育一定要跟上这种变化,只有理解这点,教育才可能获得进一步发展。改革就意味着要设定新的目标和采取不同的行动方案。否则,那就是改进,而改进只是强化目前已经在做的东西。这可能也是其他国家教育政策所遇到的一个问题。大家的焦虑和不安都会集中在可见的领域里,如学生在语言和数学成绩上的下降,但却很少会去注意整个课程和教学系统是不是已经很陈旧了。

"教"和"学"是重要的。人们很容易忘记这样一个道理,那就是除非能够影响到学生所接受到的教学,以及他们最后学习到的东西,否则任何的结构、政策、标准和经费支持都不会产生任何影响。在上海的教育改革中,学习是它的核心概念。而在其他国家中,改革的重点可能是放在诸如系统规划、学校财政、学校管理或者问责制度等方面,不会去关注学生学习的原因、环境和过程。管理系统是很重要的,但这种重要性只有在提升学生学习的框架里才有意义。从这点来看,上海是成功地从自身的传统中获得转型。传统上,人们一直是把教育与考试过程等同起来的,对考试非常地尊崇但对学习的理解却不多的。

只有那些深刻地理解了社会的发展趋势,认识到教育也必须因此做出改变的人,才能明白把学习放在教育改革的中心的意义。在过去,教育的主要功能是为社会培养劳动力,以及提供能够帮助雇主识别哪些工人适合干什么类型和层次的工作的标签——文凭。在一个典型的工业化国家里,现有教育体系都是在这样一个历史时期出现的。但现在,教育的这种功能已经消失了,因为社会正在发生巨大的变化。原来工厂里那种常见的金字塔结构的管理模式已经倒塌了,取而代之的是各种小的工作组。在这种工作环境中,每个个体都必须面对顾客,解决问题,设计产品或方法,承受风险,同时也要面对各种道德和伦理的两难。于是,知识和人格就变成了最重要的东西。教育需要为年轻人提供这样的知识和人格,以保证他们能够适应未来社会。简而言之,关注学习并不是一种类似于清教徒般的教育理想,而完全是由于社会的需要。

关注社会变革和关注学生学习其实是一个硬币的两面。因而,出色的教育改革必须从分析社会及其变化开始。从这个角度来看,关注学习其实就是真正的"回归基础"。由于我们的工作车间是机械的,需要清晰的劳动分工,所以我们的教育也就变得很机械。在那些地方,真正的学习是可以忽略的。

为了理解人类的学习,我们需要做很多事情,而在这些方面上海都作出了巨大的努力。一是,有一大批的专门研究学习科学的学者;二是,用一套以学习为本位的理论框架来设计课程;三是,有大量的诸如辩论、工作坊、论坛、会议以及实验等供教育者进行专业讨论的机会,这样学习理论就可以向基层老师解释,并转化为基层实践;四是,能够在基层教师中进行有效宣传扩散的方法(就如上海的口号);五是,有一套印象管理技术,能够说服家长和媒体认可变革的价值。而且必须把这些不同纬度的策略巧妙地协调和整合起来。

这些策略有一个共同的要素,那就是把学习、研究和教育合并起来。这意味着分阶段来推进教育改革有时是很有必要的。自上而下改革有一个好的地方就在于,它可以划分出几个阶段并制定阶段性目标,这样改革就不会消磨在一些行政性官僚性日常事务当中。忽略这点也可能是有些国家教育改革,虽然一开始的时候轰轰烈烈,但很快就重归平静的重要原因。

一套协调而全面的改革方案是至关重要的。上海的教育改革是全面的,而不是只关注教育的某一方面。课程与教学的改革也只是整个教育改革的一部分。要让学生成绩迅速提高,不可能单靠某个因素。学生是一个复杂的个体,只有我们考虑到了他的各方面因素并让它们发生变化,学生的成绩才可能有提高。无论是教育还是学生学习,都是发生在一个整体的生态结构中。

上海的教育改革之所以是全面的,还在于上海把学生看做是一个整体的人的发展,而不是某个方面的发展。学生的学术成绩只是一个方面,它不能脱离于其他方面的发展,如情感、身体、文化和精神等等。例如,学生的课外活动经验就被看做是学生整体发展的一个不可或缺的部分,而不是被看做是与课内学习竞争时间和经费的。学校都要求学生们参与各种各样的课外活动,以获得全面发展。

上海的教育改革是全面的,还体现在它能够动员和利用社会各方面的资源来办教育。上海通过提出"一流的城市,一流的教育"这个口号,把教育的发展看做是整个城市一流竞争力建设的重要内容。这样一来,不仅让教育改革成为了政府的一个重要议程,而且还让公众都感觉到要优先发展教育。于是,政治家、家长、雇主、媒体都和教育者一样,全部卷入到教育改革中来。

一个有能力、有权威的行政中心是必需的。上海的体制是中国整个体制的一部分,都是在党的领导之下。上海分为十几个区,各个学校的运行和管理基本上都是由各区负责。但是,市政府依然保留了制定政策和协调有关事务的足够权威,而且也一直在监督各地区的教育发展,以确保它们能够大体一致。在各种教育研究文献中,都充斥着有关教育规划和管理要分权化的论述。但这是需要我们认真思考的一个问题。集权可能不是一个优点,如何在集权和分权之间保持一个平衡,选择一个权力下放的合适尺度,可能是所有政府都要认真考虑和处理的问题,在教育领域也不会例外。

门槛非常重要。与单一的治理权威并列的是上海单一的高利害公开考试(有两级)。改革者经常把这些高利害的公开考试看做是一种障碍,认为是它们让学生无法获得广泛的学习体验。但考试确实为学生学习提供了一个基本的机构,尤其是在知识传授方面。如果没有考试,上海的学校和老师,甚至家长更加会觉得不知所措。说考试是一种"必要的恶"这可能是太简单,但我们的确要想一些办法来发挥考试的积极作用。

PISA测验以及上海和新加坡对公开考试的改革,都为如何发挥考试的正面功能提供了实验基础。这些测验和考试能够监控整个教育系统的产出情况,或者确保某个教育系统中的学生的学习质量。除考试之外,没有其他很方便的替代物能够做到这点。也就是说,我们必须重新思考公开考试的目标和方式,根据我们现在已经知道的知识来改革它们。

比如,简单的单项选择题应该少用,因为它无法提供很多有关学生学习的信息;在很多时候,可以用通过/不通过、是/否的评价方式来替代等级评价的方法;公开考试应该与校本评价结合起来;可以用全面的、对时间敏感的(time-sensitive)的档案袋评价方法来补充一次性的公开考试等等。事实上,已经有很多这方面的尝试。

问责是重要的。在教育政策的文本中,"问责"这个词出现得非常多。但是有一套质量保证的程序并不等于质量就得到保证。如果我们设定了一个很低的标准,那么无论什么样的保证机制,都只能给我们一个低的质量。因此,只有在一种崇尚高质量的文化中,保证机制才是有意义的。大家都要积极地参与到创造质量的活动中去,要有一种"我要做"的积极态度,而不是等在那里让别人告诉他"你要做什么"。

在上海,类似的绩效指标和奖励机制非常多,人们对这样一个术语也没有什么厌恶之情。总的来说,这个教育系统是透明的。尽管上海的家长不是非常习惯对学校事务进行直接的干预(这点与西方的家长很不相同),但他们依然可以通过择校或者诉诸媒体等方式对学校施加强大的影响。媒体经常会发表一些有关学校事件或者成绩的报道。互联网的普及又增加了学校在教育质量上的压力,学校和家长在手机上的双向信息流动也非常的频繁。

在这种情况下,校长和教师每天都面临着如何在行政问责、客户(学生和家长)问责以及专业问责这三方面力量和要求之间寻求平衡的问题。校长和教师没有把应付这种超出学校范围的整个大环境的压力看做是额外的杂事,而是把它看做专业责任的一个内在组成部分。

## 结论

虽然上海学生在各种国际比较中一直做得很好,但这个城市依然对很多问题感到不满意,这些问题很多都是由他们的文化传统所造成的。与其他社会发展领域一样,他们在教育上也是胸怀大志,希望努力地克服这些问题。伴随着上海在财经方面的日益繁荣,他们的这种进取心也变得越来越大。在领导的眼里,人力资本是他们经济发展唯一可以依赖的资源,所以他们愿意在教育上做巨大的投资。

这是一个良性的循环。他们在教育改革上的辉煌成就,为更加辉煌的经济成功提供了重要的基础,而反过来,经济上的成功又使得教育质量的逐渐提高成为可能。在这些成功中,文化传统扮演了很重要的角色,但这些传统也一直在被逐渐的现代化。

中国很晚才进入全球经济体系中,但是却以一种前所未有的速度在发展。在中国,我们几乎可以看到任何时代的东西。从最原始的前工业时代的生产方式,到世界上最先进的工业生产基地。

在本章对中国近期的教育系统历史的描述中,我们可以看到这种压缩了的发展模式。随着经济的全球化,中国的经验看起来正在世界各地发生。如果中国的变化速度看起来要比其他地方的变化速度都要快,那么这只能说明变化还没有停止。

## 参考文献

Ji, L. 2010. "From Integration to Fusion." *Shanghai Education* 7, no.4A: 12-19.
Ke, J. *The Project of Standardization of Primary and Secondary Schools Was Completed in Three Years and 1569 Schools Were Upgraded.*
Http://sh.sina.com.cn/news/20030102/08432422.shtml.
http://wljy.sherc.net/kgpt/.
Shanghai Ministry of Education. 2001. *Guidelines for Curriculum Reform in Basic Education (Draft)*. Shanghai: Author.
Shanghai Ministry of Education. 2010. *The State Plan for Medium and Long-Term Development and Reform of Education*. www.gov.cn/jrzg/2010-07/29/content_1667143.htm.
Shanghai Municipal Education Commission. 2004. *Shanghai Education Yearbook 2004*. Shanghai: Shanghai Educational Publishing House.
Shanghai Municipal Education Commission. 2008. *Shanghai Education Yearbook 2008*. Shanghai: Shanghai Educational Publishing House.
Shanghai Municipal Education Commission. 2009. *Shanghai Education Yearbook 2009*. Shanghai: Shanghai Educational Publishing House.
Shanghai Municipal Statistics Bureau. 2010. *2010 Shanghai Basic Facts*. Shanghai: Shanghai Literature and Art Publishing Group.

Stevenson, H.W., and J.W. Stigler. 1992. *The Learning Gap: Why Our Schools Are Failing and What We Can Learn from Japanese and Chinese Education.* New York: Summit Books.

## 受访者

柏彬,语文老师、校长,文来中学;2009年PISA试测中的学校协调员。
中国浦东干部学院,多个被访者。
丁亿,静安区教育学院附属学校,上海。
顾泠沅,教授,特级教师,前上海教科院副院长。
李啸瑜,语文老师和副校长,七宝中学,上海。
陆璟,副教授、副所长,上海基础教育研究所和上海PISA研究中心,上海教科院。
仇忠海,特级教师和特级校长,上海七宝中学,上海。
沈祖芸,主任,上海教育新闻中心。
时俊,数学老师,文来中学,上海。
谭轶斌,特级教师、语文教研员、主任助理,上海教研室,PISA 2009阅读专家小组,上海。
王红,语文老师,文来中学,上海。
王洁,副教授、教师教育研究中心主任,上海教科院。
王懋功,局长,教育局,徐汇区,上海。
徐淀芳,主任,上海教研室。
徐峰,政治老师、副校长,文来中学,上海。
尹后庆,副主任,上海教委。
张民生,教授,上海教育协会,前上海市教委副主任。
张民选,教授、副主任,上海市教委,上海PISA 2009的管理委员会委员(PGB)以及全国项目主管(NPM)。
周先生,副校长,文来中学,上海。
周明军(音译),英语老师,文来中学,上海。
竺建伟,教育局局长,闵行区,上海。

## 附录 A

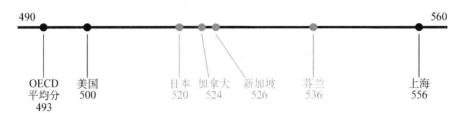

**PISA 2009 阅读成绩**

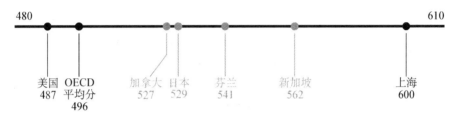

**PISA 2009 数学成绩**

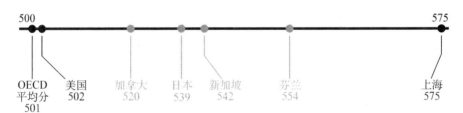

**PISA 2009 科学成绩**

**生均 GDP（美元）**

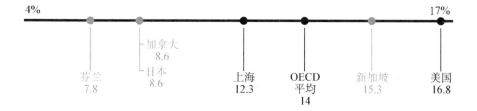

**社经地位所能解释的学生表现百分比**

来源:以上五张图也可参见本书的导论部分。

# 第二章 芬兰:如何招募并任用这些极优秀的教师①

Robert B. Schwartz, Jal D. Mehta

在 2000 年之前,几乎没有人会认为芬兰的教育系统是全世界最出色的。这其中的一部分原因在于芬兰国土面积相对较小,且地理位置偏僻。此外,芬兰的教育改革和改进不是那种由某个政治领袖或政党发起的快速变革,而是以平缓的步伐持续了 40 年。从 1962 年到 1999 年,尽管芬兰在阅读国际测试、五项数学或科学的评测中获得了较好的成绩,但所得的分数从未高于测试的平均分。

然而,随着 2001 年 PISA 测试结果的发布,芬兰如今被公认为是国际教育的领先者。在过去的十年中,芬兰一直在 PISA 的各项测试中名列前茅。而更值得注意的是,参与测试的所有芬兰学校的得分具有很显著的一致性。没有一个国家像芬兰这样,学校之间的差异这么小,同一所学校里成绩靠前的学生和靠后的学生之间的差距也很小。不论学生的家庭背景或社会经济地位如何,芬兰的学校都很好地服务了所有的学生。因此,芬兰的学校变成了旅游的景点。每年都有数百名教育从业者和政策制定者来到芬兰首都赫尔辛基,希望从中学到芬兰成功的秘密。(芬兰在主要的教育和经济指标上的排名参见附录 B)

有一种现象很常见,那就是当教育者看到其他国家或地区获得成功的证据时,一些国际观察者会只对芬兰的成功是如何与芬兰特定的国家历史或文化紧密联系在一起的这个问题感兴趣。这样一来,似乎其他国家或地区就无法从芬兰学习到什么。这些怀疑者指出,芬兰是一个文化同质的国家,与我们很不相同。这是正确的,但是如今赫尔辛基的学校有近一半的学生是移民。他们看到了芬兰的总体经济状况和繁荣发展的信息技术情况,但却忽略了芬兰的生均经费是远远低于包括美国在内的发达国家的这个事实。他们注意到,当老师是芬兰年轻人中的一个流行职业。这一职

---

① 本章由詹艺主译。

业吸引了排名前四分之一的高中毕业进入竞争激烈的教师培训项目。但他们却没有过问这一现状是否一直如此,或者芬兰是否采取了特殊措施提高教师和教学的地位这些问题。

正如我们接下去要说明的,芬兰的教育改革的进程是和整个国家自二战以后的经济、政治发展紧密结合的。而文化因素也显然是芬兰成功的另一个重要原因。然而,这些还不是故事的全部。其他想模仿芬兰成功的国家或地区可以从芬兰的教育政策和实践中获得益处。

## 历史和政治境脉

芬兰是一个相对比较年轻的国家,1917 年才独立[①]。自二战以来,芬兰为了国家的独立进行了长期艰苦的斗争。对于一个人口小于百万的国家而言,战争带来的伤害是毁灭性的:90000 人死亡,60000 人永久性受伤,50000 名儿童成为孤儿。此外,根据与前苏联签署的和平协议,芬兰被迫割让 20% 的国土面积,因而需要重新安置 450000 名芬兰公民。前苏联的军事基地就驻扎在赫尔辛基附近的一个半岛上,共产党则获得了合法的地位。

1948 年,首次战后选举产生的议会席位最终差不多分成了三个政党:社会民主党、农业中心党和共产党。20 世纪 50 年代,保守党获得了足够的支持,成为了议会的一份子。多党派的体制尤其需要达成政治共识,才能确保任何一项重要政治议程得以推进。而要建立政治共识,就需要重建芬兰的教育系统,并使之具备现代化的特征。

### 1950 年芬兰的教育系统

新议会继承的是一个非常不公平的教育系统,而且它更多地反映了农业社会的需求而不是现代化工业社会的需求。尽管到了 1960 年,芬兰仍有 60% 是农村,但城市化进程实际上从战后就已经开始。这样的进程在接下去的十年内得到了加速。直到如今,芬兰的城市化进程已经达到了三分之二。

---

[①] 本文所涉及的历史资料主要参照 P. Shalhlberg 未发表的文章《芬兰的经验:世界可以从芬兰的教育变革中学到什么?》。

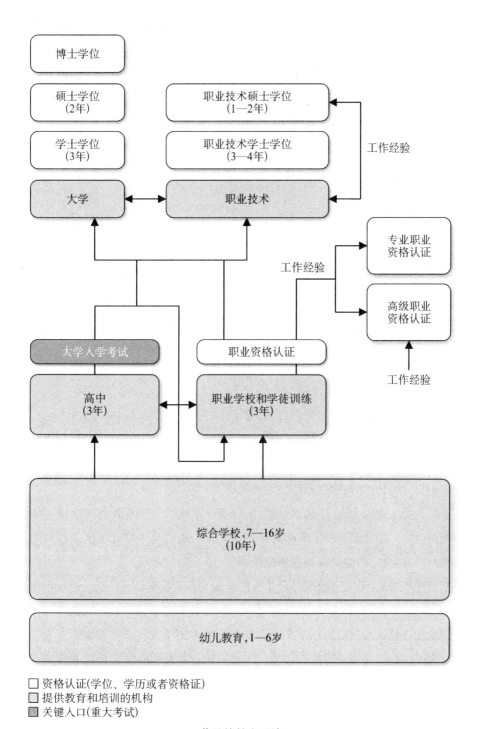

**芬兰的教育系统**

在1950年，大部分的芬兰年轻人完成六年的基础教育后就离开了学校。只有那些生活在城镇或大城市的人才会接受中学教育。那时，芬兰有两类中学教育，一种是由地方自治的市民学校，通常提供两到三年的教育。如果你有幸生活在能够支持职业学校的大城市，那么在市民学校毕业后你还可能接受进一步的职业教育。另一种中学教育是文法学校，通常提供五年的教育。学生毕业后可以进入学术高中，然后进入大学。在1950年，只有四分之一的芬兰年轻人会进入文法学校这条发展道路。而三分之二的文法学校都是由私人管理的。

**建立综合学校的推动力**

在1950年至1960年这十年内，文法学校的入学人数从34000激增到了270000。其中大部分是私立学校的学生。这些私立学校在20世纪60年代开始获得政府的补贴。公众也因此获得了更多对私立文法学校的控制权。这一增长反映了普通芬兰人对孩子获得更好的教育机会的渴望。这也正是国家政治领导所听到的。在战后的十年内，芬兰议会相继建立了三个改革委员会。这三个委员会给出了一些建议，帮助树立了创建教育系统的公众支持和政治愿望。新建的教育系统将更能满足为芬兰年轻人提供更公平的教育机会的需求。

第一个委员会于1945年建立启动，其关注的焦点是小学课程。委员会提供了一幅更加人文主义、儿童中心的学校图景，与德国式的、以大纲为中心的学校教育形成了对比。而后者存在于当时芬兰的大多数学校中。委员会还在300所学校中开展了一项田野研究，为研究如何指引政策的发展提供了示范。

第二个委员会于1946年建立启动，关注教育系统的组织并致力于1至8年级普通学校的建立。这些学校将服务所有的学生。这一报告与大学和文法学校的老师的利益相冲突，因此它的建议很快宣告流产。

然而十年之后，有关普通或综合学校的想法又在学校项目委员会的建议中重新浮出水面，并得到了发展。委员会建议，芬兰的义务教育必须在市政运行的1至9年级综合学校中开展。而现有的私立文法学校和公立市民学校将合并成综合学校。这一提议引发了一场有关核心价值和信仰的重要辩论。是否所有学生都能获得如今只有文法学校学生才能获得的教育水平？社会是否需要所有的年轻人都获得高水平的教育？是否所有的年轻人都需要学习除了芬兰语和瑞典语之外的第三语言（这是文法学校的要求）？要求他们学习第三语言是否公平？这一争论一直持续了几年，但随着芬兰越来越希望成为更具经济竞争力的国家，越来越希望社会和经济的平等发展，立法者的压力也随之增加，因此逐渐倾向于建立新的综合学校。最终，1963年11月议会颁布了建立以1至9年级普通综合学校为基础的新的教育系统的法案。该法案的书稿上有着大量的旁白注释。

## 现今芬兰教育系统的演变过程

大多数芬兰问题的分析者都清楚，之所以在是否要建立综合学校这个问题上争论这么久，一个很重要的原因是，综合学校的改革将引发其他种种后续的教育改革。正如国际移动和合作中心（Center For International Mobility and Cooperation）主任 Pasi Sahlberg（他也可能是第一个向外界诉说芬兰教育故事的人）所说的，"综合学校不仅仅是一种学校机构类型，它还包含了一种教育哲学，以及有关'所有的儿童需要什么和应得什么'的深刻的社会观点。"

从平行的学校组织形式过渡到单一综合的系统需要面临不少挑战。因此整个过渡的进程非常缓慢和小心。新的综合系统直到1972年才开始在芬兰的北部实施，而且只渐渐地蔓延到南部的一些人口更多的城市和城镇。南部的最后一座城镇直到1979年才实施新的综合系统。

Jukka Sarjala 曾在芬兰教育部工作了25年（1970—1995）。之后，他担任芬兰全国教育委员会理事长。他从个人的角度出发，这样描述他在教育部负责的规划新法案实施的工作：

> 我的任务是提出一套方案，以保证这项改革能最终在芬兰每一个社区中实施。有很多城镇不愿意改革他们现有的系统，因此需要法律的介入。对于那些习惯了旧系统的教师而言，那是一场很大的、很复杂的改革。这些教师习惯了学校里只有经过选拔的学生。而新的教育系统下，很聪明和不怎么聪明的孩子在一个班级上课，教师们显然没有为此做好准备。过了好些年，直到老教师们退休后，学校才接受了这些改革。

为了帮助老教师缓解焦虑，解决从平行学校合并到统一学校的内在困难，芬兰开展了一项措施：为综合学校开发新的国家课程。国家课程的开发涉及到数百名教师，花了5年多的时间(1965—1970)。为了减轻一些人对综合学校的批评,改革做了一项重要的决定,即允许在综合学校的高年级阶段,根据学生能力和兴趣(尤其是数学和外语)的不同,进行差异化教学。学校提供三类水平的课程:基础、中级和高级。基础课程的内容和之前的公民学校教授的内容一致,而高级课程的内容则与之前的文法学校教授的内容一致。这一按照能力进行差异化教学的方式一直使用到20世纪80年代才被废除。

也许综合学校改革带来的最大和最具深远影响的是大家形成了这样一个认识——如果要让"学校公平地服务所有的学生而不论他们的家庭背景如何"这个内在的学校愿景最终实现的话,那么我们就需要有一支拥有很高知识和技能的教师队伍。在这里我们再次引用 Pasi Sahlberg 说过的话:

> 在20世纪70年代早期,政策制定者就认识到,如果要获得综合学校改革的成功,将所有的学生带入同样的学校并希望他们学习同样的课程,那么我们所需的不仅仅是不同的支持系统,还有每一位老师具有的不同水平的理解和知识。

这一认识引发了一场大范围的改革。这场改革大幅提升了人们对教师的水平要求。之前提供为期三年教师培训项目的师范学校变成了大学。最终,所有教师,包括小学教师和高中教师,在就业时都必须具备硕士学位。本章将在后面的部分详细论述新的教师培训项目的设计和内容。

实施1至9年级综合基础学校的第三大努力是大大提高对高中教育的要求。在1970年,只有30%的芬兰成年人获得了高中文凭。如今,这一数字是80%,而在24至35岁的人群中,这一数字是90%。这一惊人的上涨现象一部分是因为1985年激进式改革的开展。在那次改革中,传统的、固定结构的学术高中被更加灵活和模块化结构的系统取代。这一结构为新的系统注入了更多选择余地。在最近几年内,芬兰将学术高中的现代化变革引入到了职业高中。现在,职业高中获得了巨大的提升和扩大,吸纳了综合学校42%的毕业生。其中的原因在于芬兰在最近建立了职业技术大学,为选择职业高中的学生提供了接触高等教育的机会。因此,有43%的20岁出头的芬兰年轻人进入了高等教育。这一数字大大超出了OECD发布的欧洲平均数25%。

## 芬兰的经济发展对教育改革的影响

在过去的 20 年中,芬兰教育系统的发展是和芬兰的经济发展密不可分的。如果说 1970 年至 1990 年综合学校的崛起必须放置在芬兰福利制度的建立和国家推动更好的社会和经济公平这一背景中来看待,那么芬兰学校在过去 20 年中发生的同样深远的变革也必须放置在芬兰的经济大变革背景中来看待。

在 20 世纪 90 年代初期发生了两件大事,直接导致了芬兰经济发展策略的重大转变。第一件大事是芬兰在 1995 年加入了欧盟。随着前苏联(主要贸易方)的解体,芬兰除了多元化其出口策略,逐渐摆脱一直以来对木材和其他传统工业的依赖外没有其他选择。第二件大事对改革的影响则更大。20 世纪 90 年代初期,芬兰经历了一次大的经济衰退,触发了财政部门的解体,令人联想起了美国当时经历的银行危机。芬兰的失业率达到了 20%,GDP 下跌了 13 个百分点,国债超过了 GDP 的 60%。

政府将这次危机视为一次机遇,用于发展新的国家竞争政策。新的政策支持私营机构的创新,并将发展重点放在以诺基亚为中心的电信行业。在很短的时间内,芬兰不仅走出了经济衰退,还降低了一直以来对自然资源的依赖,并转型成为以信息和知识为基础的经济形态。1991 年,每 1000 名芬兰人中只有 5 人供职于研发部门。到了 2003 年,这一数字上升到了 22。这几乎是 OECD 平均数的三倍。2001 年,芬兰在世界经济论坛的全球竞争力排行榜上的排名从第 15 名上升到了第 1 名。直到现在,芬兰在这份名单上一直位列前茅。

这些对创新和研发的新关注不仅引发了芬兰高校和工业的新合作,还对小学和中学教育产生了深远的影响。芬兰的从业者们为学校提供了强烈的信号,告诉学校学生需要具备怎样的知识、技能和性格才能在新的经济体制中获得成功。芬兰的工业领导者们不但推动了数学、科学和技术在常规课程中的重要性,还鼓励学校更多地关注有关创造力、问题解决能力、团队合作能力和跨课程的项目。从如下诺基亚高级经理 Pasi Sahlberg 的一段访谈对话中,我们可以看到企业领导人是如何为学校传达信息的。在访谈时,这位经理正担任国家科学课程特别小组的主席。他是这样说的:

> 如果我雇佣了一个对工作所需的数学或物理知识一无所知的年轻人,我可以找一位同事教他。但是,如果我雇佣了一个不知道如何同他人一起工作、不知道

如何独立思考或产生原创的观点、害怕犯错误的人，那我们也无能为力了。请尽你们所能保持我们的教育系统能跟上时代发展，也请保持我们的小学已经具备的创造力和开明不变。

这位 Nokia 经理给出的建议的潜台词是，他相信综合学校已经注意到要教授学生在新的芬兰经济体制中从业必须具备的特质。实际上，如果芬兰的学校没有培养出现代工业所需的灵活、开放和创新的毕业生，我们是很难想象在 20 世纪 90 年代，芬兰是如何快速地建立起以信息和知识为基础的经济形态的。这些特质的发展至少是学校文化和氛围以及常规课程的结果。

## 芬兰学校的文化

芬兰的学校到底是什么样子的呢？需要注意的是，尽管立法机构建立了使芬兰学校在过去的十年内达到世界级水平的政策框架，但这些并不是芬兰成功的全部。毕竟，芬兰不是唯一一个废除了分轨制并建立了统一的基础学校结构的北欧国家。其他国家也修改、提升了教师教育项目，做出了和芬兰类似的高中教育现代化进程。那么，是什么使得芬兰获得成功了呢？

回答这个问题的一个办法是，详细描述芬兰综合学校的突出特征。这些特征都是芬兰的消息提供者告诉我们的。首先要注意的是，芬兰的学校不仅仅提供教育。它们提供全方位的服务。它们为每一个学生提供热腾腾的午餐。它们为学生提供健康和牙科服务。它们为有需要的学生和学生家庭提供指导和心理咨询，以及心理健康等其他服务。所有的服务都无关学生的经济状况，而是对所有学生免费开放。这反映了学校强烈的社会责任感。

其次，类似的特征还包括特殊教育教师的角色。芬兰一直以全纳所有学生的承诺而自豪。芬兰有 2% 的儿童因为残疾程度较高，需要进入特殊学校。另外有 6% 的儿童需要进入特殊教育班级。但芬兰的教育者相信，只要学校注意开展早期诊断和介入，至少有 90% 的学生能够在普通班级中获得成功。能够及时地帮助有困难的学生的就是"特殊教师"的职责。这些老师接受过特殊的培训后被派到各个学校。他们的职责就是帮助教师确认学生是否需要额外的帮助。他们和有困难的学生开展一对一或小组额外帮助，支持他们赶上同班同学。

对每个学生需求的关注不只是让课堂教师去发现问题,或者提醒特殊教师要注意问题。据凯拉瓦(离赫尔辛基不远)一所360人的小学的校长Ritta Aaltio所说,每个综合学校都有学生关心小组。小组成员每个月至少集中讨论两次,每次讨论持续两个小时。校长、特殊教师、学校护士、学校心理老师、社会工作者都会参加讨论。每次讨论都会针对某些学生的问题。这些学生的任课老师也会参加讨论。讨论会开始之前,学校还会联系这些学生的家长,有时也会邀请家长出席讨论。Aaltio是这样描述这个小组的工作的:

> 在每次会议上,我们都有充足的时间来讨论两个班级的学生和他们的教师,以及任何急需解决的事件。首先,我们会讨论这个班级的总体情况如何。如果需要关注与个别学生相关的学习、教学、社会氛围等问题,我们会尝试决定要给予哪种支持。如果我们确定学生需要专业上的帮助,而我们的学校无法提供这样的帮助,那么我们就会帮助他的家长找到这样的帮助。比如说医疗方面的、心理方面的或社会方面的帮助。这项工作面向所有学生,不管他们的家庭背景如何。因为在芬兰,健康保险和教育一样都是免费的。这个帮助支持系统是我们教育系统中重要的一环。这可以帮助解释,为什么我们的学生之间的成绩差异这么小。

当我们将关注的重点从学生可以获得的特殊支持转向日常班级教师(1至6年级)或学科教师(7至9年级)时,我们发现教师们具有很高的专业决策权和独立自主权。尽管芬兰仍旧还有国家课程,但在过去的20年里,这些课程很少被细节化或规范化。它们更多地是起到一个框架的作用,教师可以自由决定教什么和怎么教,可以自己选择教材和教学资料。因为,综合学校的唯一外部测试是6年级和9年级的抽样测试。这一测试用于评价整体教学系统的作用。芬兰学校的评价主要在教室中开展。这不但要求教师使用和课程资源相匹配的评价或者自行设计的评价不断评价学生,还要求教师帮助学生学会如何进行自我评价。在Aaltio校长的学校里,从一年级开始就强调教师的评价和学生的自我评价了。

在其他人的眼中,芬兰的班级是典型的学生中心的班级。由于强调学生的自我评价,因此学生也被要求主动设计自己的学习活动。学生也被要求在项目学习中和团队成员协作。这些项目受到了学校非常务实的关注,打破了传统的学科或领域界线。当学生进入高中后(10至12年级),他们又被要求对自己的学习高度负责,并能够设计自己的学习项目。如今,芬兰的大部分高中是非常个性化的,没有年级这一结构。每个学生都按照自己的进度学习。模块化的结构允许学生每隔7—8周开始学习新的课程。

帮助学生对自己的学习负责这一观点的形成并非偶然。它反映了芬兰综合学校国家课程潜在的价值观。芬兰基础教育国家核心课程文件序言中"学习环境"部分有这样一段话:

> 学习环境必须支持学生的成长和学习。它必须具备生理、心理和社会安全性,并能够支持学生的健康发展。学习环境的目标是通过提供有趣的挑战和问题,激发学生学习的好奇心和动机,促进他们的主动参与、自我导向和创造力。学习环境必须指导学生自己设定目标并进行自我评价。学生必须获得参与创建和发展自己的学习环境的机会。

## 芬兰成功的因素

与其他所有取得好成绩的教育系统一样,芬兰教育的成功同样是依赖于多个不同因素的交互影响。这些不同因素共同创建了一套协调的支持系统,让芬兰的教育有一个持续的、全国性的优异表现。其中的一些因素是文化方面的。正如 Sahlberg 指出的,"芬兰的西边是一个大的王国,而东边则是另一个更大的帝国"。这样的地理位置以及芬兰的历史,使得芬兰成为一个以国家利益为重,不允许教育政策成为党派政策受害者的国家。

> 我们是一个小国家。我们说着其他人不能理解的语言。世界上的其他国家会觉得我们是一个奇怪的地方。在过去的半个世纪中,我们认识到作为一个小的、独立国家,我们能够存活下来的唯一出路就是教育我们所有的人民。这是我们能够与其他大国竞争的唯一希望。这些大国有着我们没有的优势。

虽然芬兰在小心翼翼地守卫着来之不易的独立,但在诸多的社会政策领域,芬兰仍旧深受它的同属斯堪的纳维亚人的邻居影响,尤其是瑞典。正如之前提到的,建立综合学校的想法是整个社会在20世纪60年代开始出现的追求社会和经济平等这个大潮流中的一部分,在此之后的 20 年,芬兰人还借鉴了瑞典福利国家的一些特征。于是,正如 Aaltio 校长对他们学校"学生关心小组"的描述所反映的,芬兰学校所处的社会环境开始具有强有力的社会安全网络,为学生的健康幸福发展提供了广泛而深层的保障。

学校对它的学生高度负责,还可以体现在芬兰学校的建设上。在二战后的一段时间里,芬兰的各个城市和乡镇都在大力重建毁于战火的学校。从那时开始,大部分的芬兰儿童都可以在一个个小的学校里读书。这些学校很小,所以学校里的每个老师都可以熟悉每个学生。学校虽然一般不追求建筑学上的更多要求,但它们需要满足采光、通风和功能上的要求。学校面积较小在一定程度上使得关注个人和个性化得以实现。这也成为了芬兰教育的一大特征。

芬兰社会的另一特征就是强烈的社会凝聚力和对政府的信任。这一部分是由于相对统一的文化,但这也反映出了国家的气质。社会凝聚力和信任是两个难以分开和量化的因素。但它们清晰地解释了为什么教师这一职业和医生、律师一样,对芬兰优秀年轻人有如此大的吸引力。Olli Luukkainen 是一个联盟的主席。这个联盟代表了芬兰所有的教师。他在讨论芬兰教学现状时,这样评价信任这一因素:

> 芬兰的教师非常独立。他们有权决定所有的事情,包括怎么教,基础课程(国家课程)中应该有哪些内容,什么时候教什么内容。教师享受到的独立性和尊重,对年轻人选择大学专业产生了影响。如果他们选择了师范专业,他们知道自己将会进入一个受社会信任和尊重的行业。这一行业对国家的未来发展起着重要的作用。

芬兰教师所享受到的社会信任可以用来解释为什么每个芬兰小学师范生名额能吸引 10 个申请人,还可以视为是芬兰教师教育质量效果的体现。换句话说,芬兰的教师在管理课堂、帮助所有学生成为成功的学习者时具备的专业判断力和决策力,使得他们赢得了家长和全社会的信任。

教师和教学的质量是芬兰教育成功的核心因素。而生产出这一质量的因素则存在于芬兰的文化和政策之中。芬兰的政策旨在使芬兰具备世界一流的教师队伍。这不仅仅体现在 1979 年将教师教育提升到大学开展这一举措中,也体现在 20 世纪 80 年代保守党政府提出的,将教育自主权和责任从教育部下放到城镇和学校的措施中。

这些举措很大程度上是意识形态的表达。在西方,人们越来越质疑中央政府角色和他们了解最佳实践情况的能力。但这些决策的效果是给予学校教育者的更大的责任和信任。

在责任下放之前,教育部有两个管理教育质量的工具:国家课程和国家学校检查员。如前文所述,随着时间的推移,国家课程越来越粗略,越来越不具规定性。对于所有基础学校的数学课程而言,国家课程只有十页纸的说明。最新版本的国家课程声明,各城镇可以根据当地的发展优势对国家课程进行改编,从而体现出社区精神和价值观。更令人吃惊的是,芬兰已经取消了国家学校检查员制度。只剩下教育部定期抽取6年级和9年级的学生进行考试,用于评价学校的教学质量。

如果一定要追问那些在综合学校建立之后负责改革设计的人,他们的设计理念和理由是什么,那么他们很可能会告诉你类似的说法::

> 如果我们的教师培训项目能够吸收更优秀的年轻人,并且能够对这些项目进行重新设计,使得入学的教师能够具备差异化教学、诊断学习问题和评价学生进展的能力;如果我们能够在学校中为教师创造条件,使他们具备专业判断和决策能力,对教学材料进行选择,根据学生需求设计教学;如果我们能够营造出一种学校文化,教师一起为学生的学习和健康发展承担责任;如果我们能在每个学校中建立机制,为儿童和家长提供最需要的外部支持;那么我们就能很有信心地认为,所有学校的所有学生都能在社会中得以生存。

鉴于这一设计理论是如此地倚重于教师队伍的质量,所以我们接下去就来关注芬兰教师教育问题。

## 教师招募和教师教育

在芬兰,教师一直被认为是一个受人尊重的职业。但是在1979年教师教育改革法案出台之前,很少有人认为教学需要丰富的知识基础,教师需要接受大量的高级培训。在完成高中学习后,这些未来的小学和中学教师就进入了进修学院(相当于芬兰的教师学院)接受2或3年的实践培训后,就直接进入课堂进行教学了。这种培养模式不是芬兰所独有的。这一模式的前提是,学生在高中已经学到了扎实的学科知识,他们只需要在2或3年内学到教学法、儿童发展和课堂管理等方面的知识,就能成为合格的教师。师范院校在筛选申请人时会关注申请人是否具备了教师所需的性格和人格特征,但他们的入选标准要比大学的松很多。

所有的这些伴随着教师教育从教师学院移至大学,尤其是要求小学教师也要获得硕士学位才能拿到教师证这些改革发生了变化。和综合学校的建立一样,这一决定也引发了不少争论。大学的领导者起初坚持教学只不过是一个半职业化的工作,他们担心其他半职业化工作者(如护士和社会工作)也会嚷着要在大学的培训项目中占一席之地。他们真正的担忧是教师培训申请人的加入会冲淡大学的学术标准,随之降低大学的地位。

然而,随着新的基于大学的教师教育项目得以设计和建立,这些担忧并未出现。事实上,基于大学的教师教育项目的选拔要求很高。在2010年,有超过6600名申请人竞争8所大学的660个小学培训项目名额。选拔过程分两个阶段:第一阶段的筛选主要看申请人的大学入学考试成绩、高中学校记录和校外成就。通过筛选的申请人需要参加笔试,阅读一段有关教学法的文本并回答问题,还要进行一次类似于教学的临床活动。考官将观察并评价申请人的互动和沟通技能。最后,他们还要接受一次访谈,用于评价他们做老师的动机强度。

小学教师培训项目和高中教师培训项目在结构上稍微有些许不同,但要求都同样的严格。小学教师的专业是教育,但他们也被要求辅修至少2门小学课程。这意味着,他们将在数学学院而不是教育学院学习数学。高中教师的专业是他们将要教的科目,但他们也要做大量有关教育的功课。他们可以在为期五年的培训中以整合的方式完成这些功课,也可以在完成专业学习后,在第五年集中完成教育方面的学习。

芬兰的教师教育至少有四个突出的特征。首先,强调教师的研究基础。教师候选人不但要熟悉教育、人类发展方面的基础知识,还要完成一项研究性论文才能获得硕士学位。高中教师通常选择所学专业的一个主题,小学教师则通常研究教学法。要求学生开展研究的理由是,希望教师能够在教学生涯中、在课堂中开展学科探究。

第二个突出的特征是强调提升教师的学科教学知识。传统的教师培训项目常常将好的教学法视为是普遍通用的。例如,认为好的提问技巧在所有学科都具有同等的作用。由于芬兰的教师教育是由教师教育团队和学科团队共同负责的,因此他们将大部分的注意力集中在未来的小学和高中教师的针对学科的教学法能力上。

第三个特点则是所有的芬兰教师都接受培训,学习如何诊断学生的学习困难,并根据学生的需求和学习风格进行差异化教学。最后,也是最重要的特点是,芬兰的教师教育非常重视临床经验。著名美国学者、教师教育实践者 Linda Darling-Hammond 这样描述芬兰教师教育的这一特征:

> 他们的教师教育开设大量教学生如何教学的课程,这些课程都是坚实地扎根于对最近实践现状的研究基础之上的,强调基于研究和现实的实践。除此之外,学生还需要有至少为期一年的在附属学校实习的经历。这些示范学校的作用是开发以及示范各种创新性实践,并促进有关学习和教学的研究……在这些示范学校中,老师会参与到问题解决小组中,与学生一起讨论如何解决问题。问题解决小组是芬兰学校的一种常见组织。问题解决小组会经历规划、实施和反思/评价循环这样一个过程,在整个教师教育过程中都会不断地强化这种做法。实际上,他们之所以这么做,主要还在于为学生提供一个范例,告诉他们今后如何为他们自己的学生设计这样的学习过程。因为他们的学生以后在学习中也会用到类似的研究和探究。事实上,在班级、学校、城镇和国家层面上,整个系统都试图在持续的反思、评价和问题解决中得以提升。

总的来说,提高教师入职的门槛使得教师成为了比以往更具吸引力的职业。这也使教师培训项目能够选择更优秀的高中毕业生。而时间和强度都有所加强的培训使得教师具备了练习并控制政府给予的、逐步增加的专业自主权的能力。教师享有的这些自主权和信任增加了他们的社会地位。因此确保了教师培训项目能够持续获得更优秀和更希望做教师的申请人。

## 教师的工作

一个令人吃惊的事实是,相比其他 OECD 国家的学生,芬兰学校的教学时间很短。这意味着,芬兰教师花在教学上的时间少于他们在其他国家的同行。例如,在初中,芬兰教师每年大约上课 600 小时,也就是 800 堂 45 分钟的课,相当于一天上 4 堂课。而美国的中学教师一年要上课 1080 小时,也就是一天上 6 节 50 分钟的课。我们暂时不考虑芬兰 15 岁的孩子是如何超越其他国家的同龄人(这些同龄人接受了更多的教学)

这一重要问题。这里涉及到的一个相关问题是,在课堂教学以外的时间里,芬兰教师在做什么?

芬兰教师享有的专业自主权,让他们承担了许多在其他国家可能由中央统一安排的事务,其中最主要的事务就是课程与评价。正如前文所述,国家课程更多是一个框架而不是路线图。这让教师有很多机会决定如何解释这个框架,选择他们自己的教材和其他课程资料,并设计自己的课堂。在一些学校中,课程的开发由教师团队共同完成。而在一些小的学校中,这一工作则更多地由每个教师自己完成。

国家课程文本中提供了有关评价的指导方针。但同样的,建立持续评价学生进展的主要责任仍旧落在课堂教师的肩膀上。教师还要和家长保持紧密的联系。一些学校还有教职工委员会组织,处理学校生活的方方面面。尽管理论上来说,芬兰教师在课堂教学时间外不需要待在学校,但教学总体来说还是一项全职工作。

而对于芬兰的教师专业发展而言,各地的情况又有所不同。这主要是因为芬兰的学校财政大多是由市级政府资助的,而各市对教师专业发展的重视程度不一。每个市必须为每位教师提供3天的专业发展,但有些市会提供更多。平均来说,芬兰教师每年花费7天的时间用于专业发展,其中的一些是在教师的空闲时间完成的。一些大城镇会为所有的所属学校组织统一的专业发展活动。另一些则允许学校自己设计专业发展项目。

根据 Olli Luukkainen 的观点,教师专业发展的巨大差异是芬兰教育系统的弱点:

> 我们的系统在持续教育和教师专业发展方面做得不够好。整个国家的不同地方,不同教师团队之间的差异太大。例如,职业学校的教师比小学教师获得更多的继续教育支持。

然而最近,教师联盟、教育部以及其他一些组织开始联合到一起开发国家项目,尝试为教师提供平等的获取专业发展的路径,尤其是那些在相对较差学校工作的教师。教育部投入了3000万美元支持这个项目,而且预计在2016年加倍投入。

## 质量保证

芬兰的政策制定者被问得最多的一个问题是"没有每年的外部评价,也没有任何形式的外部监控,你们是如何保证所有学校的所有学生都获得了高质量的教育的?"美国和英国的来访者经常问这些问题,因为他们自己的国家对外部问责系统投入了大量资金。这些系统专为保证公平的结果而设计,但相比芬兰的系统,其效果就显得苍白无力了。

除了对6年级和9年级的定期抽样评价,芬兰没有任何监控学校表现的国家机制。芬兰有国家评价委员会,但它的职责更多的是评价国家政策,而不是学校的表现。学生完成高中学习后想要进入大学学习的话,需要参加国家入学考试。但这一考试的主要职责是检测学生知道哪些知识,而不是评价他/她所在学校的质量。

对于质量保证这一问题,没有一个单一的回答。相反的,芬兰学校获得如此高的成绩,且学校内部和学校之间的差距很小是多个因素、文化和教育混合的结果。这也是本章从头到尾一直强调的。但非常矛盾的是,Aaltio校长提到的一个因素却是说芬兰教育非常倚重于评价。但实际上,芬兰人虽然不评价学校质量,但他们在课堂水平开展了大量的诊断评价和形成性评价。当问及她怎么知道某个班级的学生的学习情况时,Aaltio都会回答说她有大量的评价数据,如果有教师没有很好地开展教学,她是不可能不知道的。她还指出,至少在她的学校,家长一直关注着孩子的学习进展,如果发现问题就会提醒她。此外,还有每月两次的学生关心小组会议,用于发现班级或个别学生的问题。

芬兰系统的问责机制是从下至上的。教师候选人的选拔更多的是看他们是否具备表达自己对芬兰公共教育核心使命信仰的能力。这一使命具备深刻的道德、人文、公民、经济因素。这些候选人接受的培训旨在培养他们树立起责任心,对所有学生的学习和健康发展负责。

第二水平的问责是学校层面。社区对学校的信任使得学校对每一个学生的成功承担着共同责任。尽管芬兰的每一所综合学校都向市政当局汇报,但不同的市对学校的监管质量和强度都相差很大。他们负责聘用校长,签订6到7年的合同。但学校日常管理和确保学生进步的责任则落在教师们的身上。

鉴于学校享有的大量自主权,你或许会期望和培养教师一样,这样的系统会对招聘和培养高效的校长抱以同样的重视。然而,很少有证据支持这一观点。和很多其他国家一样,芬兰的学校校长的角色一直在变化。但芬兰教师的独立性引发了一些特殊的挑战。至少于韦斯屈莱大学负责芬兰PISA结果分析的带头研究者Jouni Valijarvi是这样认为的:

从历史上来看,芬兰的校长只是简单地领导教师。校长首先和其他老师一样,是教学人员中的一员,其次才具备代表教职工的责任。但随着学校预算的分散,校长如今既要对学生的健康发展负责,也要对学校的财务负责。由于芬兰的教师接受过优良的教育,而且全权控制自己的课堂。因此,我们没有校长进入班级听课,监控教学质量的传统。事实上,由于学校的规模很小,大部分校长自己每周也要至少上几个小时的课。所以,校长的角色是多重的混乱,有时甚至是自相矛盾的。

虽然包括约瓦斯其拉大学在内的好几所大学都设置了校长专业发展培训项目,但这一问题并不被视作是最主要或最需解决的问题。

## 面临的挑战

表现良好的教育系统需要面临的最大问题是,在一个急速变化和全球化的世界里,这些政策和实践是否能够足以维持现在的高水平状态。对于芬兰而言,这个问题更加有趣。帮助芬兰走到现在水平的政策大变革发生于40年前。和其他表现良好的国家不同,芬兰的变革发生得非常缓慢和谨慎,持续了十几年。这一过程受到了芬兰政府的大量政策支持,也和深层的文化因素交织在一起,深深地融入到了学校的日常生活中。它并不是大胆的新政策或者大型倡议的结果。这些大胆的新政策和大型倡议通常和某一个政治领袖相关。相反的,这种持续渐进的方式已经被认为是芬兰学校的固有方式。

鉴于芬兰的历史和发展情况,芬兰的教育系统将在未来遇到怎样的挑战?其一就是学校中有越来越多的移民学生。而这也是很多欧洲国家同样面临的挑战。有些国家已经非常成功地解决了这一问题。尽管如今移民学生只占了芬兰学生的3%,但这一数字仍旧在不断上升。在赫尔辛基的一些学校里,移民学生已经占到了一半。直到现在芬兰都允许这些移民学生使用自己的母语进行学习。Jouni Varijarvi认为这将成为未来需要面临的一个问题:

从传统意义上讲,我们一直强调移民学生应该接受使用母语的教育。我们这么做是有历史原因的。当我们被瑞典统治时,我们也希望有使用芬兰语进行教学的权利。即使在今天,有5%的芬兰人的母语是瑞典语,我们也允许他们使用母语进行教学。但是,当一个国家的人同时使用很多种语言时,要继续将这种特权进行下去是不太可能的。而且我们还面临一个很大的问题:如何在尊重不同的母语之间做出平衡,同时强调学习芬兰语的重要性,因为学生将在芬兰生活。我们对瑞典人对于移民的态度表示批判。他们认为当移民来到瑞典后,就要融入瑞典的社会环境。但是,鉴于找到足够多的老师用不同的母语教授来自不同移民国家的学生是一件很困难且耗资巨大的事情,我们不得不学习瑞典人的方法。

第二个可能问到的有关芬兰未来的问题是,这一教育系统是否能够持续地吸引优秀人才成为教师。你能想象一旦教师这个职业对芬兰年轻人失去了吸引力之后会是怎么样吗?每个职业都经历着社会地位起起落落的循环。我们可以假设这样一种情形,正如一些人担忧的一样,芬兰开始恢复中央对学校的控制。如果芬兰在 PISA 或者其他国际测试中被其他国家赶超,芬兰的教育部是否会开始采取行动,以更好地控制并指引芬兰的教育?如果这变成现实,芬兰的年轻人还会认为教师是一个具有吸引力的职业吗?

第三个,也是相对不那么具有推测性的问题是,目前这种把高中学术和职业教育分开的做法今后会怎么样。尽管芬兰社会在有关高中分轨教学问题上达成了一致,但一位受人尊敬且经验丰富的前教育官员认为,或许有一天普通综合学校会渗入高中教育。Jukka Sarjala 问,在将来,学术教育的学生和职业教育的学生之间是否真的还有很大区别:

> 如果我们问未来的年轻人需要怎样的外语技能,不是所有人都必须至少会说英语和瑞典语。不同职业的人可能还会需要法语、德语或俄语。那么数学呢?是不是所有人都需要同样水平的数学知识?合并学术和职业教育,并允许学生开展自己的项目是否有意义?

事实上,现有的高中政策允许学生同时选修学术型和职业型课程。但鉴于实际情况,只有那些生活在同时具有这两种学校,且交通便利的社区的学生才能同时选修这些课程。Jouni Varljarvi 相信,随着职业教育在芬兰年轻人中越来越流行,在不同教育水平融合这两种学校的压力会逐渐增加。

很多以学术为导向的高中已经逐渐失去了对学生的吸引力。因为这些学校的资金来源于入学的学生。在一些小的城镇，这样的高中正面临着难以继续办学的困难。我们已经看到一些学校关闭了，这对于我们的教育系统而言还是头一回。与此同时，很大一部分优秀的综合中学毕业生选择进入职业学校，这增加了职业学校的人数。这意味着，在未来几年里，除非学术型高中学会如何开展深层次的交流，不然很多学校将关闭。在450所学术型高中里，大多数的规模都很小。如果生源持续减少，这些学校将无法继续办学。

Pasi Sahlberg在尚未发表的《芬兰的经验》一书最后，把我们最后的一个担忧描述得非常透彻。在他看来，芬兰在过去几十年内的改革举动源于一个对芬兰的"美丽的憧憬"：社会更加公平，即使是身处边远地区学校的学生也能接受9年优质的教育，为将来打下坚实的基础；各行各业的年轻人具有类似的求学经历，为一起工作和生活做好了准备。现在，我们是否需要一个能够更好地反映当今社会变化、为年轻人的未来需求更加负责、更加有力促进下一代改革的新图景？

## 我们能从芬兰那里学到什么？

我们谈到了芬兰的很多优势，如国土面积小、相对的文化统一性和近几年显现出来的经济优势。但更重要的是，我们要记住在1970年时，只有14％的芬兰成年人完成了高中，而在1993年，芬兰的经济几乎要奔溃。芬兰的教育窜至顶层水平绝不是偶然的：至少是一系列谨慎制定、理性执行并持续了很久的政策决策和国家文化、历史特征因素的结果。

**对教育和儿童恪守承诺很重要。** 对教育和儿童健康发展的承诺深深地扎根在芬兰的文化中。这一承诺是综合学校运动的发源之地。芬兰的改革故事中最突出的一件事情是，自从50年前芬兰对"让所有儿童进入综合学校学习以获得最佳利益"这一政策达成共识后，这一共识在政府的变动过程中一直保持不变。

**有一种能够支持所有学生都达到高水平的文化很重要。** 建立综合学校的潜在信念是所有学生都能获得好的成就，家庭背景、地区环境将不再限制学生获得教育机会。不过，需要特别指出的是，芬兰人对于"好的成就"的定义非常宽泛，不像有些国家只把"好的成就"定义为在2到3门学科的标准化测试中获得好的成绩。芬兰人为包括职业高中在内的学生提供非常广泛、丰富的课程。对这一点芬兰人非常自豪。

**教师和校长的质量很重要。** 很多国家总是说吸引和留住优秀的教师非常重要,但没有一个国家像芬兰这样,一心一意地追求这一目标。在芬兰,教师享有全社会的高度尊重。芬兰通过提高教师入职的门槛、给予教师管理班级的高度自主权和控制权、提升教师工作条件等举措,使得教师成为了芬兰年轻人的最佳职业选择。如今,教师已经成为了芬兰精选职业。全国上下都是受过良好培训,具备良好技能的教师。相比其他因素,这一事实导致了芬兰学校间的高度一致性。

芬兰看似没有对校长的入职、培训、专业发展报以同样的重视。但很难相信,在学校享有高度自主权的情况下,如果没有一个坚强的领导,芬兰的学校仍旧能够表现得这么良好。

**问责很重要。** 在芬兰,问责显然是重要的,不过这里的问责主要是指专业的问责模式。芬兰的学校能够团结起来,一起为有困难的学生承担共同责任。从中我们可以看出这种问责。芬兰教师都接受过相关的培训,能够发现那些有困难的学生,并在他们远远落后于其他同学之前进行帮助。每个学校都配有经过特别训练过的干预专家——特教教师。这意味着班主任能够获得更好的帮助,能够更好地为困难学生提供帮助。因此,有困难学生被忽略或者在大幅落后于其他学生之后才被发现的概率也就会低很多。在这一点上,芬兰学校的小规模、学校关心小组拥有的调节资源也是一个重要的因素。因此,这些交织在一起的因素解释了为什么相比其他国家,芬兰好学校和差学校之间,好学生与差学生之间的差距如此小。

**如何花钱很重要。** 在 OECD 国家中,芬兰的生均支出并不是最多的。因此钱并不是芬兰成功的因素之一。芬兰教师的收入位列欧洲国家的中列,学校的规模也比较小,但也有行政部门。即使是在规模较大的学校里,校长也需要教学,教学资源也主要是集中于班级。由于芬兰实施全纳教育,相比那些将特殊教育学生和其他学生分隔开教育的国家,芬兰花费在特殊教育上的经费非常低。最后,由于芬兰的学校是由市政府管理的,芬兰没有分隔的学区,也没有任何处于市和教育部中间的协调教育单位。因此,除了教育部和其他一些全国性委员会的花费,芬兰的教育经费几乎都花在具体的学校和班级上。

**教学实践很重要。** 芬兰的普通学校中有各种各样的学习者,满足这些学习者的需求是一个很大的挑战。三十年前,芬兰将教师教育移至大学,课程更加严格了,培养年限也加长。这一决定很大程度上是为了回应这些挑战。其中的一项挑战是让教师具备诊断学习困难并设计及时的解决方案的能力。但更大的挑战（尤其是在1917年分轨制度的废除后）是让教师学会有效地进行差异化教学，在学生差异很大的班级中关照到所有学生。根据各项报告，芬兰的教师培养项目集中帮助教师发展这些技能。尤其是在大学负责的示范学校中，教师是在专家教师的指导下进行实习的。

**学校组织形式很重要。** 在过去的几十年中推动芬兰教育改革进程的，就是这个核心洞见。几乎所有的观察者和芬兰政策制定者都认为普通综合学校的建立和最终并轨制的形成，是芬兰1917年独立以来最重要的教育决策。这一政策能够为各行各业的学生服务。自从这一基本的组织决策制定后，一系列有关教育的政策共同作用，使得芬兰在过去的十年内蹿升至国际教育的领先位置。当然，综合学校结构的建立本身并不必然导致了芬兰的提升。事实上，这一新结构的实施是非常谨慎和稳定的，尤其是在投资用于招聘和培养那些能够恪守综合学校潜在理念，并能在这样一种新环境中满足不同学习者需求的教师上特别的谨慎和稳定。正是这些教师才是芬兰学生都能获得卓越成就的主要原因。

**国家经济发展模式的维度。** 从很多方面来看，芬兰教育系统最突出、最令人印象深刻的特点是，它的发展和芬兰的经济、社会结构保持着紧密的一致。正如前文提到的，芬兰教育改革的发展和19世纪六七十年代的福利国家建立，近二十年的高科技、信息化经济的形成是分不开的。在本书的导论部分提到的很多发展维度中，芬兰都是名列前茅的。芬兰的经济受到对创新研究和发展的连续投资的驱动。芬兰的教师是名列前茅的优秀高中毕业生，具有丰富的专业知识。问责基本上是专业模式的，且基本上是由教职人员承担的。检查员和外部评价的废除就是证据。课程框架和教学指导是以如何鼓励基于探究的学习方式为基础设计的。

芬兰的学校培养年轻人的与创新相关的品性与习惯：创造力、灵活性、原创性、冒险性以及在新的环境中应用知识的能力。一些怀疑论者认为，芬兰在PISA测试中获得好成绩是因为芬兰教育系统的目标和价值观与PISA测试一致。这确实有一定的合理性，但这并不能引发对芬兰系统的批判。把教育聚焦在为由创新和企业家精神所推动的经济培养人才，芬兰人一点都不觉得有什么不对。

## 最后的观察

最后，我们还有两个发现。这两个发现与芬兰教育系统反映更大的文化背景或者与这些文化背景保持一致的程度相关。第一个发现涉及芬兰教育改革的本质。很多政府都通过建立新的项目进行教育改革,如减小班级规模、增加更多的外部评价、增加专业发展。类似的改革都是把现有的教育系统作为既定存在、不容更改的前提来设计的。但芬兰的改革不一样,它通过建立综合学校,创建了一套与以往运作非常不一样的新系统。正是建立了这样一个新的领域,而不是沿着中央政府之前设定的项目改革而前进,导致了芬兰教育的成功。一位批判的观察者认为,芬兰事实上没有改革策略。他的意思是,芬兰系统没有试图推进任何中央改革的方案。然而,从整个教育领域的长期发展角度看,芬兰是有一套改革策略的。而且这一策略直接推动了芬兰上升到国际排名的前列。其他国家可以在改革过程中借鉴这一观点。

第二个发现是设计信任的重要性。当然,信任是不能通过立法来获得的。因此,其他国家想要学习这一点会有点难,尤其是那些将信任视作深层机构改革(综合学校发展的一部分)前提条件的国家。但对于教师和社会的关系而言,我们可以认为信任是预先存在的条件,但也至少是重要的政策决策的结果。在芬兰,教师一直受人尊敬。因此芬兰有很好的建立信任的基础。但是,教师培养项目的更加严格化,以及分配给教师的更多的决策自主权(如课程设计、评价等),使得教师享有了和其他职业一样的专业自主权。这一从政府获得的信任,连同优秀的大学毕业生这一身份,使得教师的专业实践工作能够获得家长和其他人更多的信任。芬兰并不热衷于建立评价和外部问责体制。而这是很多OECD国家改革策略的特点,尤其是美国和英国。这也正是芬兰的教育者和社区之间信任的体现。鉴于芬兰在过去十年内的卓越表现,其他国家可以从中学到很多。

## 参考文献

Aho, E., K. Pitkanen, and P. Sahlberg. 2006. *Policy Development and Reform Principles of Basic and Secondary Education in Finland since 1968*. Education Working Paper Series. Washington, DC: World Bank. www.pasisahlberg.com/downloads/Education%20in%20Finland%202006.pdf.

Darling-Hammond, L. 2010. *The Flat World and Education*. New York: Teachers College Press.

Finnish National Board of Education. 2008. *Education in Finland*. www.oph.fi/download/124278_education_in_finland.pdf.

Finnish National Board of Education. 2010. *Structures of Education and Training Systems in Europe*. http://eacea.ec.europa.eu/education/eurydice/documents/eurybase/structures/041_FI_EN.pdf.

Grubb, W. N. 2007. "Dynamic Inequality and Intervention: Lessons from a Small Country." *Phi Delta Kappan International* 89, no. 2. www.pdkintl.org/kappan/k_v89/k0710gru.htm.

Hargreaves, A., G. Halasz, and B. Pont. 2007. *School Leadership for Systemic Improvement in Finland*. OECD. www.oecd.org/dataoecd/43/17/39928629.pdf.

Sahlberg, P. (2010). "Finnish Lessons: What Can the World Learn from Educational Change in Finland?" Unpublished manuscript.
Sahlberg, P. (2010). Web-site. www.pasisahlberg.com.

## 受访者

Riitta Aaltio,芬兰凯拉瓦小学校长
Sakari Karjalainen,芬兰教育部教育和科学政策部
Hannna Laakso,芬兰国家教育董事会国际交流高级顾问
Timo Lankinen,芬兰国家教育董事会常务主任
Olli Luukkainen,芬兰教育工会(OAJ)主席
Ray Marshall,美国德州大学奥斯丁分校公共政策 LBJ 学院,经济和公共事务荣誉教授
Pasi Sahlberg,芬兰国际流动与合作中心(CIMO)常务主任
Jukka Sarjala,芬兰国家教育董事会前常务主任
Jouni Välijärvi,芬兰韦斯屈莱大学教育研究所
Henna Virkkunen,芬兰教育部长

## 附录 B

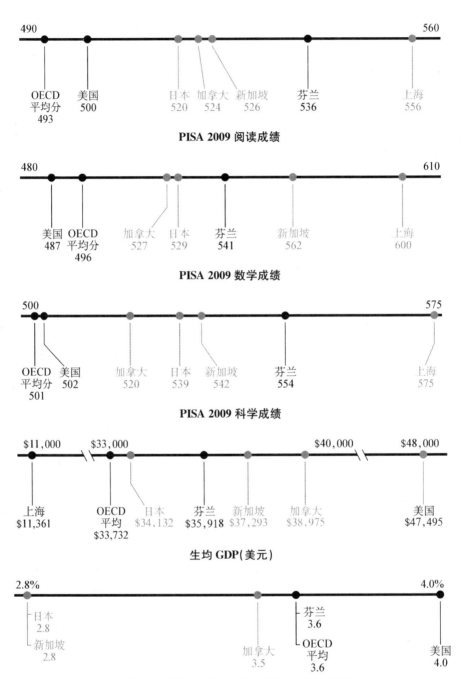

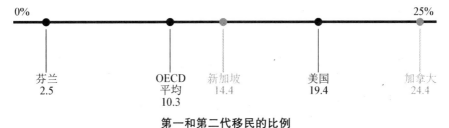

**第一和第二代移民的比例**

来源：OECD 2010. PISA 2009 Results: Overcoming Social Background. Vol. 2.

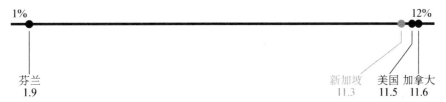

**在家说另外一种语言的移民背景学生比例**

**社经地位所能解释的学生表现百分比**

来源：以上八张图也可参见本书的导论部分。

# 第三章 日本：一个长期领先的教育强国[①]

Marc S. Tucker, Betsy Brown Ruzzi

和其他OECD组织成员国相比，日本学生在PISA数学与科学素养评价中的表现是传奇性的。在PISA阅读素养评价中的成绩虽然不是头几名，但无疑也是令人印象深刻的。日本的优异表现并不令人吃惊，因为从此类国际测评项目诞生之日起，日本的成绩一直都遥遥领先。对此感兴趣的读者可以参考本章末尾的附录C，其中给出了日本在经济和教育上的主要排名。

一些经验丰富的观察家发现：即使是中间水平的日本大学新生，在知识和实际能力方面都超过了美国的大学毕业生。更谨慎的观察家也认为：日本的大学新生至少比美国大学的二年级学生能力更强。其他观察家指出日本高中毕业生对于许多国家地理和历史的了解比那些国家的本国公民更丰富。

你也许会觉得，之所以会有这种比较结果，是由于他们只看了日本少数最精英的学生。然而事实并非如此。在日本，94%的适龄青年都能读完高中。

如此高水平教育的结果是，日本报纸可以在文章中随便使用复杂的统计图表，讨论深奥的科学问题，因为读者完全具有读懂这些内容所需的文化水平。而工厂经理即使把一些需要一定统计学知识的工作交给高中毕业生去做也不成问题。

日本公民如此高的知识技能水平，使日本在政治进步和经济建设上具有不可限量的优势。因此本章想要回答的问题是：日本人是怎样做到这一点的？下一步自然是要回答：别的国家能够从日本学到什么？

## 历史的视角

日本是一个岛国，而且是多山的岛国。在工业国家里，日本的可耕地面积与人口

---

① 本章由黄睿主译。

的比值极低,是排名末尾的几个国家之一。日本人只能居住在山谷和海岸线附近人口稠密的小块平地上。一个个世纪过去了,日本人在庄稼颗粒无收的恐惧中度过,还要担心台风和地震,因为日本是世界上自然灾害最频发的国家之一。日本列岛的自然资源也是极其贫乏的。

在如此恶劣的环境中长期生活,对日本民族性格的影响是深远的。他们居安思危,感到自己总在灾难边缘,要避免灭顶之灾,唯一的办法就是全民团结一致。他们也意识到,由于缺乏自然资源,他们唯一真正拥有的资源就是自己的智慧。因此,日本文化一方面对于人的能力和受教育水平非常重视,同时对于集体合作和人际关系也非常看重。

日本人有一个共同的信念:如果一个人不辞辛劳地为集体而工作,集体会尽一切可能予以回馈;但如果一个人轻视集体,社会就不会给他任何福利。日本社会对于教育的重视是其他国家无法比拟的。正如担任文部科学省顾问的 Teiichi Sato 所说:"日本传统文化对于教育的重视可以一直追溯到封建时代。"

从德川幕府时代一直到 19 世纪中叶的 250 多年里,日本一直处在和平稳定的状态下。在德川幕府统治前,日本文化是一种军事文化,武士在社会中具有最高的地位。在和平时代,他们保持着原有的尊贵社会地位,但却不再从事军事职业,成为了管理国家的官僚阶层。在这段和平时期里,日本尽管同外部世界高度隔绝,但却不断发展繁荣,文化高度发达。到 1850 年,日本人口中至少有四分之一能读书写字,这一指标和当时的欧洲几乎持平。但在技术和财富上日本则落后于欧洲。

在幕府时代末期,日本政府逐渐染上了腐败无能的弊病。1853 年,当美国的佩里准将率领被日本人称为"黑船"的舰队来到日本时,日本人发现自己无法集中力量抵抗佩里,于是被迫签订不平等条约,开放同西方的贸易。风雨飘摇的幕府政权在 1868 年被反叛的低级官僚推翻,他们重新拥戴天皇为名义上的最高领导者,建立了新政权,史称"明治维新"。

日本协会(the Japan Society)的 Robert Fish 描述了当时日本领导层的想法:

(当时的日本领导层)决定一定要赶超那些入侵和羞辱了日本的西方国家。新政权派了一个庞大的代表团去西方国家,对那些被迫签订的不平等条约进行重新谈判。新政权中将近半数的领导成员都随团出访。他们亲眼目睹西方的先进文明,感到无比惊异。当他们认识到是先进的教育、科学和技术塑造了强大的西

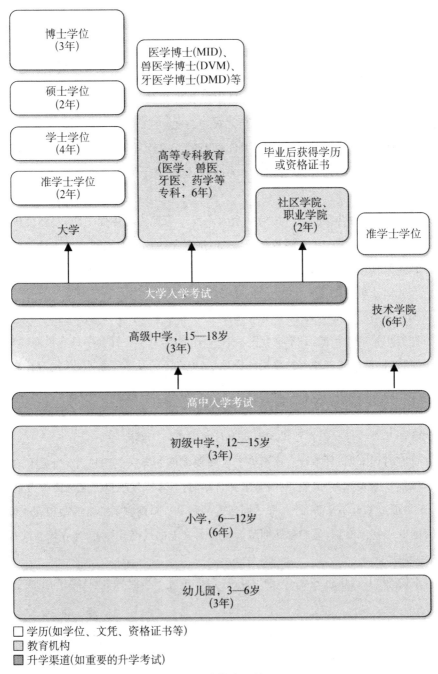

日本的教育系统

方,塑造了足以迫使日本开国的强大工业力量时,他们决定日本也要拥有和西方一样先进的教育、科技和军队。

由各阶层人士组成的新政权几乎毫无异议地决定,日本必须实现国家的现代化,以适应新的世界秩序。

在教育领域,日本人从西方各国到处"搜刮"适合日本国情的教育理念。直至今日他们一直把世界最先进水平视为自己的目标,这是日本获得成功的最重要原因之一。幕府时代,日本并没有忽视教育,幕府末期遍布各地的寺庙学校"寺子屋",以及专为武士官僚阶层子女开设的精英学校,为新政权计划建立的世界级教育体系奠定了基础。

明治维新后,日本从法国借鉴了教育行政管理体系(中央集权且极其有序的教育行政管理),从德国借鉴了将整个教育体系建基于几所高水平国立大学的战略,从英国学习了类似哈罗公学和伊顿公学那样渗透着浓厚爱国主义道德准则教育的学校,从美国则学到了杜威的强有力的教学模式。而且,日本人很快发现杜威的思想同日本传统文化殊途同归,都认为学校教育应该像家庭教育一样,对孩子的全面发展负有责任。

新政权在建设一个现代化民族国家的道路上进展飞速。在这一过程中,他们决定要普及全民教育,并决意清除教育系统中悬殊的阶级差异。他们认为,这种阶级差异的存在是导致旧政权垮台的重要原因。在新政权看来,每一个日本人都应该受到尽可能好的教育,因此在义务教育阶段不再根据能力或社会地位对学生进行分轨。现在看来,这一决定是极其重要的,它为今后日本成为世界上最典型的能力社会奠定了基础。

这个改革的思路和方向,在19世纪的80年代受到了抵制。许多人担心,明治政府这样不遗余力地向世界上其他地区学习,会使日本文化之精髓走向消亡。所以,1890年,天皇颁布《教育敕语》,要求将日本的核心价值观作为指导新教育体系建设的至高无上的法则。《教育敕语》强调了传统的忠义、孝道、谦卑、节制等美德,要求日本国民尽力提高自身的文化修养,同时谨遵帝国的宪法和法律。《教育敕语》的发布使日本教育的发展从竭力学习和赶超世界先进国家,回归到了尊奉日本传统价值观的道路。

第二次世界大战后,在美国占领军的统治下,日本首次引进了九年义务教育制,为家庭困难的学生提供资助,并允许所有高中毕业生参加大学入学考试。在此之前,只有少数特殊的高中毕业生能够报考大学。这些举措强化了日本自明治维新期间所强调的能力本位的改革趋势。

## 日本教育与社会的关系

要想深入理解日本的教育奇迹,就必须首先了解日本传统价值观对日本社会的影响。

日本人那种居安思危的特质,使他们建立了一系列共同的价值观,特别是将集体的利益置于个人之上。一些日本社会科学家认为,外在环境导致日本人对集体的和谐非常看重,感到个人务必赢得集体的欢迎和支持。这种被集体包裹着、对集体怀有毫无保留的热爱的感觉,就是大和民族所说的"和"。"和"不仅是通向个人幸福的道路,更是日本社会的核心概念。"和"在人生的不同阶段有不同的表现,一开始是和母亲的爱,接着是和其他家庭成员的亲情,然后和学校里的朋友建立友谊,随后是和大学、工作单位里的朋友和上司建立和谐关系。

在这样的环境下,一个人要想在集体中受到尊重,就必须做这个集体所认同的行为;如果个人的行为威胁了集体的和谐,集体的制裁就会随之而来。当一个人遭到所在集体的放逐后,要重新加入其他集体并建立"和"的关系也更加困难。由此看来,破坏集体的和谐、遭到集体的制裁,后果是不堪设想的,因此大部分日本人都努力维持和自身所在各集体之间的良好关系。

在日本,母亲通常不像西方国家那样出外承担那么多工作,而是主要在家带孩子。有没有把孩子教育好,是评价一个母亲最重要的指标。人们认为母亲应该为了教育孩子牺牲自己的事业,也认为孩子也应当用学校里的优异成绩来回报母亲的奉献。

日本学校的声誉和学生的学业与操行表现密切相关,社会对学校的问责比西方国家严厉得多。如果有学生违反了法律,司法机关会通知孩子的父母、班主任和任课教师,要求他们当面为孩子的行为道歉。在这一压力下,孩子建立起一种强烈的责任感,感到自己要努力学习并遵纪守法。这种观念也渗透到学生的同伴关系中。如果一个人表现不好,就会让整个集体失望,让整个集体失望就违背了这个社会的深层法则,为此大部分社会成员都会努力做到最好,不让集体失望。这是一个人赢得集体接纳和敬仰的方式。

在工作单位也是一样。在日本,人们努力工作,是因为人们想借此来赢得同事的尊重和接纳。日本人努力工作并不是为了突出个人,相反是为了整个集体的利益。日本人之所以不偷懒,不是因为领导在监视,而是因为同辈甚至后辈的同事都在看着自己。日本人以公司为家，如果倾尽所能为公司奉献，公司也会对个人予以丰厚的回报。公司作为一个广义的"家"，对自身这个大家庭的成员提供许多福利，包括住房、旅游、教育，甚至支付丧葬费用。

在许多国家，职务的晋升要靠经营人脉、拉帮结派，但日本并非如此。日本是世界上最具进取精神的能力社会。在这里，富有家庭的子女确实就业更好，但这不是因为家族关系，而是因为家庭有钱能使孩子接受更好的教育。

在日本，一个人大学毕业后进了哪家企业，往往就在这家企业工作终身。尽管近几年这种现象有所减少，但仍然是日本社会的主流就业模式。一个人能进入什么样的企业工作，完全取决于他毕业于什么样的大学和高中，这在世界上是比较罕见的。同时，一个人能进入什么样的大学或高中，基本上也完全取决于他在大学/高中入学考试中的成绩。

先前我们说到，日本人对一个母亲的褒贬主要是看孩子教育得好不好，而实际上"教育得好不好"指的就是孩子能不能考上好的高中和大学。给所有的教育机构进行排名，在日本人看来是理所当然的。事实上，所有的人都知道这些排名。

既然日本人的晋升取决于个人能力，而个人能力又是通过考试体现的，这就产生了一个问题，因为有许多重要的能力并不是靠考试能考出来的，特别是像日本那样重事实记忆和知识积累，轻分析思考和创新能力的考试。因此雇主怎么能通过考试成绩看出一个人的实际能力呢？但是事实是可以。因为日本的雇主主要看一个人的三个方面：实用智力（applied intelligence）、学习能力和意志品质。

由于日本人一辈子都在同一个单位工作，他们的未来雇主并不在意求职者是否具有该岗位所需的狭隘的专门技能，毕竟一旦雇佣了一名员工，在其一生中会被任用在很多个不同的岗位，有些是在一开始完全想象不到的。由于相信员工会终身为自己工作，企业都愿意投入资金对员工进行继续教育和培训。甚至把刚招进来的大学生远派至外国攻读研究生课程，或安排在海外工厂实习，都是很常见的。因此对于日本企业来说，最重要的是要雇佣到头脑聪慧、学习能力强的员工，随时能学习新岗位所需要的新知识。

在日本语境中，"聪慧"一词的含义与西方有很大不同，这也是为什么西方常用于遴选应聘者的智商测验在日本并不常用。日本雇主不仅想知道应聘者是否有较高的智商，更主要的是他是否能用自己的智慧实际去做一些事情，也就是"实用智力"。另外，要在日本式的考试里取得好成绩，一个人必须有很强的意志力，要能坚韧不拔，长期鞭策自己努力学习,而这恰恰是日本价值体系中最重要的品质之一。许多国家都在讨论要让学生"学会学习",而日本早就付诸实际行动了,日本的整个教育体系就是建立在这一理念之上的。

作为本节的总结,我们可以指出日本社会的下列三个特点:(1)在这个坚定的能力社会里,高中和大学入学考试是日本人争取自己社会地位的主要门槛;(2)日本人相信一个人要在这些考试中取得好成绩,聪明是次要的,最主要靠努力;(3)在这些考试中的表现不仅是学生本人的事情,也是同父母、亲戚、老师密切相关的一件事,如果学生没考好,家人和老师都会感到负有责任,因此学生会为了不使大家失望而努力考好。

这就是日本,一个从19世纪中叶开始就将发展教育视为开拓未来之基本国策的民族。他们选定这条发展道路,从未动摇。日本在PISA评价中取得优异表现,岂非理所应当?

带着上述背景知识,我们可以更加细致地分析日本教育体系中的一些关键特征,以便更好地理解日本成功背后的原因。

## 日本教育体制的关键特征

### 课程、标准与评价

许多观察家认为,课程是日本教育的最大亮点。日本课程由日本文部科学省(分管教育、文化、体育、科学和技术的中央政府部门,英文缩写为MEXT)制定,并经中央教育审议会的咨议。在实际操作中,制定课程的核心人物一般是大学教授和政府官员。

Ryo Watanabe是日本国立教育政策研究所的国际比较研究部主任,他指出:"日本学生在PISA评价项目中的优秀成绩主要归功于我们的课程。日本有一个全国性的课程标准,确定了每一科目在每个年级的学习内容,并且每十年进行一次修订。全国的教师都以这一国家课程标准为基础来实施教学。"

理论上说,文部科学省颁定的课程仅仅是一个指导纲要。但由于各都道府县的教育经费来自文部科学省,受到其辖制,因此他们通常都严格遵循国家课程的要求。即使有些指导纲要已经是比较冗长和具体了,但文部科学省还是颁布了许多手册,分学科、分年级对这些指南进行细致的解释,并且也定期修订。

一直以来,日本课程的灵活性较差,学生的大部分时间都要用来学习正式的国家课程,这一点直到最近几年才有所改变。在一般的日本高中里,每天大约70%的时间用在以下5个核心科目上:日语、社会科、数学、科学和外语(主要是英语);其他时间则用于体育、艺术、班级活动和选修课。

等到本章后部我们再详细介绍日本近几年的课程改革,但是在这里可以先这么说:尽管经历了近几年的改革,日本课程里学生可以选择的空间仍然比一般的西方国家少很多。再考虑到日本学生的在校学习时间比西方多很多,这就意味着日本学生不会因为许多闹哄哄的"副科"课程而分心,可以把更多时间用于几门核心课程,并在这几门课程里达到比其他国家学生更高的水平。

日本的课程是要求很高的,科目之间的配置和安排也是经过深思熟虑的,有很高的连贯性和系统性,每学年学习的内容都为下一学年的学习做好了准备,并且在核心内容上给足了课时。在数学和科学课程中,强调的是一些具有根本性的概念,这些概念的表述是非常清晰和直接的。可以说日本的课程较为狭窄,但是非常地深。

日本课程要求学生掌握大量事实性知识,如记忆世界各国的煤矿分布和河流位置,外国史上许多重要事件的具体日期。在数学和科学课程中,日本学生学习的很多知识点是其他国家的中学生从来都学不到的。

日本各地对这一课程标准的忠实执行,使教育系统中的问责非常容易操作。由于所有学生都要掌握这些充满挑战的课程,不存在为不同学生设计的不同课程,甚至所有学生都要按基本一致的步调去学习,这就极大地增强了教育效能评价的透明性。当然,"他们也关注学生的全面发展",Jim Stigler说,"音乐、美术和体育教育在课程中也有重要的地位,学生在这上面花的时间也很多,并且是真正学到了东西。"

除此之外,作为日本政府的重要方针之一,德育被渗透到了整个课程之中。尽管有专门的德育课,但是这绝不是德育的唯一渠道。即使到了高中(高中不再有专门的德育课),国家课程也要求高中所有的集体活动中都要贯彻道德教育。随便到哪个学校走一走,看一看,都会发现学校都会对刻苦努力、坚持不懈的学生予以嘉奖,鼓励那些愿意接受挑战的学生,并且要求学生遵守纪律、服务学校、服务他人。学校还通过各种方式来培养孩子对长辈和教师的尊重,教会他们学会践行道德准则以及养成做事情成竹在胸、有条不紊的好习惯。

和其他工业国家比起来,日本教科书是非常薄的,内容十分精要,用价格低廉的纸张印刷,每学期课本的厚度差不多都少于一百页。这些课本的最主要特点,是重视学科内容背后的核心概念。老师不需要从一大本书里面挑选有用的章节来上,而是要求教整本书。这也说明,全日本的学生都是按统一标准来教学的。一直以来,所有的教科书都要由文部科学省审定。直到最近,文部科学省的审定范围和权限才有所缩小,仅仅是对教科书内容是否中立无偏以及是否按要求正确地处理有关学习主题进行审查。但由于日本课程非常清晰、具体和连贯,所以教科书出版公司都会严格地遵循国家课程的要求。

据 Ryo Watanabe 介绍,一直到几年前,日本都没有全国性的考试[①]。但后来由于日本担忧自身在教育上的优势被韩国、中国所超过,所以启动了一项针对小学和初中毕业生的全国统考。不过这个考试并不是面向所有的学生,而是从全国学校里抽取样本来施测,以监控国家教育水准的起伏变化。

**教学**

乍一看,日本学校的教学违背了很多常识性的原则。从西方的标准来看,每个班35—45人的规模实在过大,大部分教学都是面向全班进行。教育技术用得不够多,其他辅助资源用得也少。学生没有按能力分组,许多在其他国家里本该被送去特殊教育学校的孩子,却和其他水平差异很大的孩子分在同一个班里上学。

然而,这样的课堂里却培养出了一群世界上成绩最好的学生。这是怎么做到的?关键在于日本教师最关注的目标就是学生的课堂投入(engagement)。在外国人的想象里,日本课堂大概是安静、肃穆的,学生们全速记着笔记,把老师说过的话一字不漏地记下来。但是事实远非如此。去日本小学参观过的客人汇报说,日本课堂里的"噪音"分贝简直比西方课堂更高,学生们在解决问题时经常兴奋地探讨;客人们从走廊走过,看到学生三三两两地玩游戏、玩乐器、玩茶道,笑闹声简直要把学校的屋顶掀翻了。

学生的投入程度越高,认真投入学习的学生越多,日本老师就越开心。在世界上其他地方,老师们面对水平相近的二十几个学生也许都感到吃力,而日本老师是怎么让全班三四十个水平参差不齐的学生都投入到学习中去的?这个问题的答案实际上也是日本教育成功的秘诀,即日本教师不需要用课堂时间来做练习或者讲解知识,这些任务可以在家庭作业或补习学校里完成。

日本式教育对一堂课的概念和西方不同。日本教师用很多精力来备课,一堂课的

---

[①] 这里应是指专门用于对学校和地方教育质量进行评价和问责的统考,而非升学考试。日本升学考试的统考已有较长的历史了。——译者注

展开是精心设计的,意在使学生尽可能多地投入学习。

日本教师的一节课通常从呈现一个实际问题开始。Harold Stevenson 和 Jim Stigler 在他们的经典著作《学习的差距:为什么我们的学校在衰败以及我们可以从日本和中国的教育中学到什么》(*The Learning Gap*: *Why Our Schools Are Failing And What We Can Learn From Japanese And Chinese Education*)一书中,描述了一节五年级数学课的开头:

> 老师走进教室,拿着一个大纸袋。纸袋里面大概装着玻璃制品,因为它发出了类似玻璃互相碰撞的清脆声音。她和她的大纸袋一下子就把全班同学的注意力都吸引过来了……她从纸袋里开始掏出东西……先是一个水罐和一个花瓶,啤酒瓶出现的时候引起了学生的惊讶和笑声。很快讲台上就摆好了6个不同的玻璃容器。学生们非常认真地观察着老师的举动。
>
> 于是……老师提出了一个问题:"你们觉得哪一个容器能装最多的水呢?"

全班同学很快投入到解答这一问题的讨论中。学生觉得唯一能回答这一问题的办法就是要用这些容器实际去装些什么,于是大家决定用水来实验。他们开始跑来跑去装水,老师询问着下一步应该做什么。最后学生感到必须有一个小一点的容器,来衡量每一个大容器能盛相当于多少个小容器的水。最后学生找来了一种喝水的小杯子。老师这时把全班分成六个小组,每组分配一个容器,负责测量这个容器相当于几个小杯子的容积,然后把结果记录在笔记本上。最后,老师在每一个容器上竖着贴了一个长纸条,根据每组测得的容积数据,把每一个容器的容积标在纸条的相应刻度上,再把6个容器依次放好,这样就自然而然地构成了一幅实物的柱状图,揭示出哪一个容器容积最大。在这段教学里,老师从未讲授任何专业术语,她并不是在利用学生的讨论来阐明课本里的某个概念或写在黑板上的某种操作程序,而是创造情境让学生自己探究和解释现象。正如 Stigler 所说:

> 日本中小学的课堂往往从一个实际问题开始,要么像刚才这节课一样用实物引出,要么是通过写在黑板上的一道文字问题引出……往往整节课都围绕着一个核心问题去展开。老师带着学生重新组织已知和未知,将学生的注意力引到问题的关键点上去。老师希望使所有学生都理解这个问题。哪怕是最机械之味的技

能,都尽量在解决实际问题的情境下教授。在下课前,老师会复习本节课所学,并引回上课开始时提出的问题,运用新学的知识,以新的视角重新处理这个问题。

日本教师的提问,并非意在获得一个正确的答案,而是为了引发学生思考。而课堂教学的目的也不是为了覆盖考试要考的知识点,而是激发真正的理解。

日本式教学的另一个很重要的特点,就是他们处理错误的方法。这也能帮助我们理解日本人为什么倾向于进行整班教学。在许多西方国家,错误被看作是学习过程中应当避免的东西,上课回答问题回答得快的学生通常被表扬,而不能正确回答问题的孩子往往被忽视或批评。在日本并不是这样的。

通常,当一位日本教师组织课堂的时候,她会提出一个问题然后要求所有学生都去思考。当学生思考的时候,她会走到学生中间,观察学生采用了何种手段去处理这个问题。一段时间过后,她会叫几个学生到黑板上去写,但是并不都是选答得好的同学。有几个人也许写的是正确的答案,有几个可能答得并不对。老师会要求全班同学对黑板上呈现的几种不同解决思路予以评论。如果有学生反驳黑板上的某个解法,老师会追问原因,而且要求学生用准确的数学语言来表达和推理。在这个过程中,学生会发现,有些错误答案的形成原因是非常有趣的,对这类错误老师会花时间去深入探讨。学生也有可能发现,能正确解决问题的思路有好多个,老师会要学生探讨多种解法中哪些更高效、哪些更有启发意义。就这样,师生的探究达到对"问题背后的数学"的一种更深入的理解。这样培养出来的学生,比起用死记硬背解题方法的学生,更能用数学来解决实际问题。

让学生充分投入学习是方法,而让学生习得深层次理解,是日本课堂教学的目标。

组织。每个日本学生都有一个班主任(homeroom teacher),每天有一小时在班级教室(homeroom)度过。班级教室就是孩子们在学校里的家。除了少数诸如音乐、手工等少数较专门的技术性科目,日本小学的班主任要包班教授所有的科目。班主任通常跟班多年,还要定期去学生家里家访。学生在老师生日那天也会去老师家里祝贺。到了高中,班主任老师还要对学生进行学业和生涯规划的辅导。

日本基本上不会为天才学生专门开班,一般也不让学生留级或跳级。老师要保证所有学生都能跟上国家课程的步调,而且他们事实上也是这么做的。教同一个班的老师经常会面,就学生的学习困难进行交流研讨,并在课时范围内对后进生予以更多关注。另外下课后对后进生进行补习也是常见的。

日本学校还有一种特殊的家校联络本,孩子每天要带着这个本子往返于家校之间,家长和老师就借着这个本子互相留言回复,老师会向家长详细解释学生的学习困难属于何种性质,要求家长在家中配合老师的教育措施。如果问题较严重,老师甚至会建议家长去咨询当地政府开设的有关机构或服务单位以寻求帮助。

上述整个紧密配合的教育体系由这样一个信念支持着:学生取得好成绩,主要靠努力而非聪明。因此如果学生成绩落后,日本人并不会说这孩子不是读书的料,只会觉得孩子不够努力,并且在其教育体系中对帮助这样的孩子已经有一套成熟的方案。日本人觉得不仅学生要为自己的成绩负责,还有许多人要为此负责,而且学生的成绩落后会对所有这些人产生不好的影响——因此无论家长和老师都积极采取措施,让落后的学生回到正轨。

**时间**。日本学生学得好还有一个很简单的原因,就是他们花的时间多。直到最近几年,日本才取消了周六上课的制度。暑假只有六周,比别国少得多,学生在假期里还要做课题研究和完成各科作业。许多孩子放学后还要上补习班、补习学校。这类补习学校有的是补差补漏、辅导后进生的;有些则是提高班,提供学校常规课程达不到的高度,以满足那些学有余力的学生;还有的课外班以课外活动为主,培养兴趣爱好,也有以个人辅导或小组辅导的形式进行的,兼具上述几种目的。上完补习班,日本孩子还要完成好几小时的家庭作业。他们很少兼职打工,哪怕到高中都是这样。

上述课外学习时间累加起来的结果是,日本孩子到高中毕业时的总学习时间比一般的美国孩子多出好几年!不仅如此,由于暑假短、假期作业多,学生在重新开学时遗忘的知识更少,更容易进入新学年的学习状态。

不过,我们也不能只讲日本人在学习上花的时间多。据观察家汇报,日本学生上课之所以能更加投入的原因之一是,日本的下课休息时间更长。义务教育阶段,学生每天有好几段休息时间可以到户外去玩,锻炼身体,出一些汗。日本学生也不是全部都在学,而没有玩的时间。不过,总的来说,他们念书的时间还是比其他国家多的,而且效果不言自明。

**家长的参与**。我们刚才提到了老师和家长如何通过小小的家校联络拉近了距离,也谈到了班主任老师通常跟班多年,使老师能和全体家长建立起亲近的关系,也使老师感到对家长们怀有责任感,甚至肩负起一部分本属于家庭教育的任务。

二战后的美军占领时期,日本在美军的要求下,效仿美国建立了家校联席会(Parent-Teacher Association,缩写为PTA)。此后的几十年里,PTA制度在美国的发展逐渐弱化,但在日本却反而强化了,成为国家教育政策制定和地方教育行政中的一股重要力量。日本不仅有学校层面的PTA,还有都道府县的地方组织和全国组织,甚至在中央教育审议会中都拥有一个席位。

我们从未见过任何国家的教育中,有像日本这么高的家长参与程度。

**教师素质。**可以确定,日本教师的高素质是导致日本教育的高质量的其中一个最关键原因。在许多工业国家,教师的地位是处于蓝领工人和专业技术人员之间的水平。常见的故事是新老师往往是某个社会中下层家庭里出的第一个大学生,随着这个孩子去当了老师,才使整个家庭开始逐渐爬升到中产阶级。

但是在日本的明治维新时期,国家在建立现代教育系统时,所聘请的老师绝大部分都是处于日本上层社会的武士阶层,因为明治维新前社会上大部分的学校是武士学校。另一方面,儒家文化对教师赋予了极高的社会荣誉。因此,在进入现代社会,国家开始第一次建造没有阶级区分的新学校时,大量的教师也都是来自于上层社会。所以,从那时候开始,在日本,教师就是一项受人尊敬的职业。

据 Teiichi Sato 介绍:

> 二战后,随着各行业的收入都水涨船高,政府担忧教师原有的优越地位和所受的尊重会随之流失。田中角荣首相决定将义务教育教师的薪资提高到比其他公务员多30%的水平。即使后来这个优势也逐渐消逝了,但教师的工资还是与其他公务员相当的。这些措施使得教师的质量得到保障。

直到今日,教师仍然是按法律规定享受公务员中最高待遇的一类人。新入职的教师工资大致相当于年轻的工程师。但是吸引有能力的年轻人来当教师的,还不只是工资,更主要的是教师所受到的敬重。

在日本,教育是一项有极高荣耀的职业。儒家文化传统和明治维新时期武士担任教师的历史起了很大的作用,但还不是全部。在日本这样一个讲究功绩的社会里,如果不是教师能够把学生教成世界前列水平这样一个事实,这些历史性因素也不会让教师获得太多的地位和荣耀。在日本,最终还是要靠水平和实实在在的绩效说话,而日本教师在这点上也经受住了考验。其结果就是,报考教师职位的报录比达到了7:1。由此可见,老师确实是人们羡慕的职业。

在日本,要成为一名老师,报考经过文部省认证的大学或学院的教师教育项目,是一条常规道路。低学段老师的培养，主要是集中在教学法方面；而高学段教师的培养，则更侧重所教学科的专业知识。师范生通常都要经历教育实习。日本还有一些国家级的师范大学，这些学校都有附小、附中，从而为师范生的培养提供基地。

与其他雇主一样，地方教育局也做好了对他们所招聘的新教师进行大量投资的准备，以确保他们具有相应的技能来从事这项工作。与其他雇主一样，地方教育局也认为，这些雇员能够被雇用，主要在于其具备相应的"应用智力"，而并不是具备了岗位所需的相应技能。所以，它们通常会为新老师提供一段较长的见习期。也就是说，新老师入职后并不马上作为全职教师，而是先跟着有经验的老教师听课学习。这段时间长达一年。而对指导的老教师而言，学校为了请他们用心指导新教师实习，会免除他们一年的工作量。当新教师正式成为全职教师之后，法律会要求他们接受一定的额外培训（比如是工作10年后）。老师也可以申请带薪就读全日制研究生。而地方教育局负责培训教师的专家，则要到文部科学省接受国家级的培训。

不过日本教师专业发展最有趣的地方还是在入职之后。我们先前提到过日本教师对于备课的重视，而在教师专业发展过程中"授业研究"[①]则起着核心的作用。这里我们还是引用 Stevenson 和 Stigler 在《学习的差距》一书中的描述：

> （日本教师从一入职开始，就）被要求和其他老师密切交流，不断改进自己的教学……他们认为老教师有责任带年轻老师。校长会组织老师开会讨论教学方法。除了校内的研讨之外，也有地区性的教研组织会议。老师们备课也是集体进行的，备完一节课后，备课组里的一个老师就会在班上试教，其他老师观课，发现问题后再一起探讨改进。他们还会请别的学校的老师观课评课，评课中获得高分的老师会获得奖励。

这一套团队协作模式同日本私营企业是完全一致的，也契合于日本人重视集体协作的性格。这一模式对日本教学的可持续发展和改进产生了深刻的影响。也许在其他国家，教室门一关，教学纯粹是老师自己一个人的事；而在日本，教学是向同行的观察和批评保持开放的一种实践。

---

① 日文为"授業研究"，英语翻译为"lesson study"，国内一般翻译为"授业研究"或"课堂研究"。日语"授業"即为"上课"之意。授业研究的特点在于多位教师合作，基于真实的课堂开展反思和探究，以实现对教学的不断改进。——译者注

日本教师对自己的教学负有高度的责任,但不是因为要对上级主管部门负责,而是由于他们感到对同事们有一种亲密和真实的责任感。由于不想给整个学校丢脸、拖后腿,老师们努力完善教学设计和教学实施,当观摩别的老师上课时,也负责任地给出中肯、适切的批评和建议。

**成本和财政**。日本的教育投入与其他 OECD 组织国家比起来要少,但是教育效果却更好。原因之一是日本人把钱用在了刀刃上。日本学校校舍都根据文部科学省的标准来设计,功能全面但非常朴素,绝不是当地的标志性建筑,也不像欧美校舍那么个性鲜明。学校里非教学人员只包括一个校长、一个副校长、一个门卫和一个校医。有的学校不设食堂,学生们轮流为老师和其他同学烹调午餐,做完后拿回教室里吃。学生还要自己打扫自己的教室。如前所述,学生所用的课本都是印刷非常朴素的,课本篇幅比西方小很多。可以说日本的教育投入是能省则省,把钱都花在了教师薪酬和教学支出上。

**教育公平**。我们说过,日本学校不按成绩分班,同一班级里学生差异很大,也不对学生作留级处理,所有人都要完成那高难度的课程。如果我们关注结果的平等的话,那么日本真是教育平等的典范。最令人印象深刻的是,如此平等的教育还产生了世界前列的学习成就。

日本人普遍相信,要求所有学生都达至卓越,不迁就平庸,这才是真正符合最广大学生利益的选择。研究也证实了这一点。日本教学的组织方式决定了,不管是在学习小组内,还是在班级里,甚至在整个学校范围中,成绩较好的学生能够发挥作用,帮助成绩较差的学生。这既是符合日本社会价值观的行为,又在客观上大大促进了日本学校的整体学业成就。许多实证研究都证明:如果让学生互相辅导,不管是同一班级里优生辅导差生,还是由学长学姐辅导学弟学妹的跨龄辅导,都能起到双方面的作用,即不仅被辅导者成绩会进步,辅导者也会因此而进步,而且进步更大。

除此之外,地方教育局经常对调各学校的校长和教师。据 Fish 记载:"老师和校领导每几年就会调动一次,不会永远待在一家学校……因此学校之间的水平能够保持不相上下。"这就保证了最有能力的老师能在各学校之间公正、平衡地分配。

上述因素,加上学校财政的分配制度,保证了日本教育的高度公平性。当然读者需要注意,日本几乎不存在种族和民族平等的问题,因为几乎没有人移民到日本。在日本仅有的少数外国移民(大多来自韩国和中国),他们的数据不被算进国家的教育统计数据中,在全体人口中不到2%。日本还有一些被看作少数族群的"部落民",他们看起来与其他日本人难以区分,但由于他们的先人在过去是地位较低的社会阶层,因此至今仍经常受到歧视。

问责。日本几乎完全不存在像西方那样的正式的教育问责制度。高中入学考试和大学入学考试是他们唯一的考试。他们不需要问责制度的原因是整个社会早就默认了一种以"校"取人的文化(看一个人的水平,就看他毕业于哪一所大学;如果没读大学,就看他毕业于哪一所高中)。每一个日本人都熟知这些大学和高中的排名,也知道当地哪些小学和初中的升学率最高,最能帮助孩子进入好高中、好大学。这些数据都在报纸杂志上定期刊载,就跟美国报纸刊载球队排名和比赛数据一样。杂志还会撰写专稿评论各校在排名上的升降以及背后的原因。一旦有学生战胜重重困难、在考试中取得惊人的成绩,报纸还会派人采访、刊发专题报道。

不仅如此,正如前面所说的,日本社会认为一个孩子的学习成就很大程度上取决于他的家庭、老师、学校,甚至取决于班级同学的学习风气。而一个老师在教育界的声誉高低,更是取决于他的学生在考场上的战绩。

班主任制度也提供了另外一个层面的问责。由于班主任长期跟班,卷入学生的课外生活,也因为他们与家长有密切的联系,因此他们可以向家长解释有关学生学习的各方面。这点在其他国家是没法做到的,因为在这些国家里,老师只能就某一个科目或者几个科目的学习负责。

"(教育问责)无非就是要搞清楚学生学得怎么样。(日本人)都同意这一点,并且经常讨论和检查学生正在做什么。这样,就让每个人彼此都负起责任了",Stigler这么说。这不是一个凭借行政手段推行的问责系统,但却更具问责力。

学生动机。有些国家给学生提供了很强的激励措施,鼓励他们刻苦学习,去修习高难度的课程。有些国家则没有为学生提供这些激励措施。很多国家则在两者之间。日本在这方面绝对是属于第一类国家的,而且还是其中的领导者。大部分观察家认为,这是日本学生的成绩在全球遥遥领先的主要原因。

日本教育系统为成绩优异的学生创设了清晰、有力和实实在在的奖励。从短期来看,这种奖赏来自于父母,学生对父母的奖赏非常地在意。从中期来看,这种奖赏来自于学生可以凭此进入理想的高中和大学,而这对学生以及周边的人来说具有极端的重要性。从长远来看,在日本这样一个非常强调能力的社会里,这种奖赏来自于雇主和社会对学业成绩的认可。

在许多国家里,一个人在学校里的成绩并不会影响别人对你的看法。然而在日本,只要一个孩子成绩好,不管兄弟姐妹、父母、朋友、老师还是雇主都会对你另眼相看。不像别的国家那样,一个人成绩好可能会被朋友们看成书呆子而嗤之以鼻,在这里,只有成绩好才能得到同伴的追捧。

当然,如此的教育也导致日本获得了"考试地狱"的美名。世界上许多国家都对日本学生考试后的高自杀率津津乐道,并且觉得自己的国家永远不需要向日本学习。其实连日本人自己都强烈呼吁改革如此高压的应试教育。

不过,如果做横向的比较,则同一年龄段美国青少年的自杀率比日本还要高得多。其实从OECD组织所做的调查来看,日本学生自我感觉在学校中的幸福程度比其他OECD成员国还要高。看来,尽管国际社会经常把日本学校看成剥夺童年乐趣、残酷折磨青少年幸福的应试地狱,日本孩子自己却不这么想。这说明,我们完全有可能建设一种教育体系,使学生高度投入学习,而又不剥夺他们的幸福生活。

但是,很清楚的是,总的来说,对日本学生来说,他们的一生主要取决于他们的老师教给他们什么,以及他们从老师那里学到了什么。一点都不奇怪的是,日本学生也明白这点。

## 系统正在如何改变:挑战与回应

没有一个国家的教育制度会长期保持不变,即使是在成绩一直优异的日本。在过去的20年里,对日本教育的批评不断涌现。当然这和日本民族的强烈自我批判精神不无关联。事实上,自我批判精神是一个人和一个国家持续进步的基础。不过,我们相信,其他国家还是可以从这些日本本国的自我批评以及政府对这些批评的回应中学到不少东西。

日本教育中有两方面问题是日本人目前格外担忧的:一是日本教育在创造性和创新人才培养上可能存在短板;二是近年在国际学生评测排名中开始被一些国家超越。

### 创造性和创新能力

1995年,第三次国际数学与科学教育成就趋势调查(TIMSS)的结果公布后,许多西方教育专家来到日本参观访问。日本是排名靠前的多个东亚国家之一,因此西方专家迅速来到日本取经,以了解日本的成功秘诀。然而日本自己作为赢家却并不得意,他们担心自己的孩子虽然在TIMSS研究中排名领先,但并未在真正重要的能力上占据优势,担心他们的优势无法转化为未来真正的竞争力。他们问,我们的孩子考得这么好,但是为什么诺贝尔奖获得者还是不多?① 为什么日本没有自己的比尔·盖茨和乔布斯?为什么日本缺乏具备突破性创意的人才,没有能够创建像微软、苹果这样的创新型企业甚至创立一整个新产业的人才?日本人觉得,反倒是他们应该向西方学习一下怎么"教"创造力。

可惜的是,西方国家从不"教"创造力。西方国家更重视个人而非集体,东亚国家则重视集体而非个人。在东亚有一句谚语:枪打出头鸟。

有一种观点认为,西方教育能够培养创造力的原因就在于对个性的鼓励,而这一点可能会让很多东亚人感到不舒服。东亚人高度重视社会秩序,把西方许多国家的高犯罪率和混乱的社会形势看作洪水猛兽。反过来,许多西方人也不愿意以"放弃个人自由"为代价来换取东方国家那样高的学业成绩。

不过,这种分析恐怕过于简单化和单维化了。确实,日本人通常在公开场合迎合长辈和上司,即使对上级的做法有不同意见也从不说出,只是韬光养晦,等到领导离退、自己接班的那一天才做自己认为对的事情;也从不公开批评他人,表现得谦虚卑微,不肯表现自己;把对集体的贡献看得比个人成就还重要;并且"枪打出头鸟"……总的来说,亚洲人确实不像西方人那样,喜欢标新立异、提出一整套新方案。

但是不要忘记,日本拥有一支世界顶尖的劳动力大军,他们受过良好的教育,具有高度的思维灵活性和快速学习新知识的能力。这个国家持续不断地对自己的产品和生产工艺进行改进更新,能大批量地生产极高质量的产品。所以,究竟何者更为重要:像西方国家那样偶尔的突破性创新,还是像日本这样能频繁地对所有产品进行细微的改进和升级?

即使我们的这种分析,也建立在日本人创造力不足的假设之上。然而日本在2008—2009年的全球创新指数排名中同样位居高位,仅排在韩国和美国之后。

看来日本对创新力不足的批评打算这样应对:他们既想要在 PISA 这样的学业评价中继续领先,又想更多地培养创造力和创新能力,总之他们打算在弥补缺陷的同时,牢固地保持已有的优势。

然而,创新的问题尽管重要,但却不是过去十年里令日本人忧心的唯一问题。②

---

① 据维基百科网站的统计,至今已有14位日本国籍的诺贝尔奖获得者(不包括和平奖)。这一数字究竟算多还是少,不同人有不同看法,我国舆论通常把日本视为获得诺贝尔奖较多的国家。——译者注
② 以下谈及的一些日本教育问题引自日本文部科学省白皮书和国家教育改革委员会的报告。

例如：

> 年轻人中产生了一种抗拒社会的倾向。年轻人同社会的联系越来越少，这和社会上重视个性自由和个体权利的思潮有关。在家里，孩子有自己的房间、自己的手机和其他的电子设备，这使他们即使躲开家人、不和家人交流也能过得很好。孩子们不出门和同伴玩，反而躲在家里玩电子游戏。这种现象使年轻人遵守规则和向榜样学习的意识越来越弱，强化了他们对社会的淡漠，使他们躲进自己一个人的"孤独世界"里。

与此相联系的是，"家庭的教育功能的削弱"及其所导致的霸凌[①]、课堂捣乱、逃学、校园暴力等问题。上述问题的发生率虽然还低于西方国家，但已经引起日本社会的高度警惕。

不仅如此：

> 教育中追求平均主义，导致教学的过度标准化，只关注向学生灌输大量的知识，把个性的形成和能力的培养放到了一边。因此课堂教学往往令理解力强的孩子感到无聊，而理解力弱的孩子感到过于困难。

最后，日本人发现自己的孩子，虽然依然在国际性的学生评测中排名靠前，但对数学和科学的兴趣却在不断减少，而且随着孩子在学校年级越高，对数学和科学就越不感兴趣。而这对于靠高新技术吃饭的日本来说无疑是致命的。

上述这些担忧导致了21世纪初的日本教育政策变革。作为此轮教育改革纲领性文件的新《教育基本法》，其出台正值1947年基础教育法实施近60周年。本次教改的核心是培养学生的"生命力[②]"。下面我们简要介绍一下日本近期教育改革的主要内容。

---

[①] "霸凌"是我国台湾地区对英语术语"Bullying"的音意结合译法，指学生遭受其他学生欺负或骚扰的现象。——译者注

[②] 日文为"生きる力"，英文译为"Zest for Living"，国内文献常译为"生存能力"。从日本文部科学省新《学习指导要领》对这一概念的表述，"生きる力"指的是由扎实的学力、丰富的人性和健康的体力三个方面构成的平衡、全面的发展，并不是指一个人维持生存的能力。再考虑到英文译法"Zest for Living"为"对生活之热情"之意，故此处译为"生命力"。——译者注

尽管日本人担忧创造力的缺失和教育的过度标准化,但他们并没有以牺牲集体精神的代价来鼓励个人成就。这是因为,正如前文所述,日本教育的弊病既有创造力方面的,也有青少年难以融入社会的问题,而这一点恰恰是由于传统价值观的流失造成的。因此他们的解决方案是:对多方面的教育理念进行融合。此次教改批判了过去对整齐划一、忠诚专一和服从上级等品质的过分强调,将文部科学省的部分行政权力下放到地方,把毕业必修学分的数量从38学分下调到31学分,增加了选修课的时间,把一星期六天上课制改为五天(尽管周六学校依然开门,供学生进行课外活动,或为一些自身有需求的学生提供补习),还修订了教学指导方针,要求减少机械的知识背记,加强探究能力、问题提出能力和问题解决能力的培养。

为此,日本建立了大学先修课程制度,成绩优异的高中生在高中就可以开始修读大学课程,同时在高考以外建立了多样化的评价机制,使学生升学时,除了高考成绩,还有别的证明自己能力的依据。

学校也被赋予更多的财政和人事自由权,采用新的指标来对教师进行评价,奖励和举荐优秀教师,同时把教学中有严重问题的教师调到非教学岗位上。

尽管必修课的总学分数减少了,但却在其中加设了一门非常重要的新课程,称为"综合学习课程①"。该门课程的宗旨在于:

(1)发展学生自主提出问题、思考问题、决策判断和解决问题的能力;(2)使学生能积极发挥主体性和创造性,运用自己个性化的学习和思维方式来探究课题、解决问题、反思自己的生活。为此,综合学习课程倡导通过体验来学习,如体验自然、体验社会生活、观察、实验、实地研究和调查、问题解决学习等学习方式;并以跨学科的综合性知识领域为主要内容,如环保教育、国际理解教育、信息素养教育、健康教育等学生可能感兴趣的主题。

另一方面,为了应对日本学生对数学和科学的兴趣下降,日本提出:(1)强调体验学习和问题解决学习,通过观察、实验和项目研究来学习科学;(2)利用大学、科研机构、博物馆的资源来设计有趣的课程,培养学生对科学的兴趣;(3)在学生的生涯规划

---

① 日文为"综合的な学习の时间",国内文献一般译为"综合学习课程",也有译为"综合学习时间"的。——译者注

过程中,利用顶尖科学家和工程师的魅力来吸引学生对科学建立终生的志向。

总的来说,我们看到此次改革中,日本为过去过于紧张的课程增添了几分"余裕",但并不敢放得太松。同时,人们意识到必须采取措施防止日本传统价值观从家庭和学校教育中的流失。

日本政府在战后颁布了1947年《教育基本法》,该法确立了四项原则:

(1) 教育的理念是追求"人格之育成"

(2) 实现教育机会均等和性别平等

(3) 建设民主的、单轨制的学校系统

(4) 实施免费的九年义务教育

为了贯彻这些原则,日本付出了多年的努力,其结果正是我们目前急于学习借鉴的这一套成功的教育体制。

2006年的新《教育基本法》指出:自1947年的法律颁布后,国内外形势发生了巨大的变化,人均期望寿命从男性50岁、女性54岁提高到了男性79岁、女性85岁。生育率从每名妇女4.5个孩子下降到1.3个孩子。高中入学率自43%提高到98%,而大学入学率也从10%攀升到49%。日本也从一个49%的人从事农业、30%从事制造业及其相关产业的世界,发展到少于5%的人口从事农业,超过67%的人口从事制造业及相关行业的今天。所有这一切都发生了变化。

唯一没有变化的是日本人的传统价值观。新教育基本法重申了这些价值观的重要性。为了在维护日本价值观的同时使日本教育能适应21世纪的需要,该法一方面确认了日本过去的典型做法的有效性,要求日本教育界像明治维新初期那样积极学习和赶超世界上的先进国家,将国外的优秀教育举措以适应日本国情的方式引入日本;另一方面又强调一定要忠于日本的核心价值观。

日本的新教育改革是否能取得期望的成效,需要将来的历史来回答。同时日本人也开始担忧被其他国家超过。在OECD组织开展的PISA评测排名下滑令一些日本人坐不住了,他们批判近期的改革,要求废除改革措施;而其他人则认为应该耐心期待长远的效果。

## 我们能从日本那里学到什么?

读者会问,我们究竟能从日本的经验里学到什么?谁都知道,照搬照抄他国的成功经验是要吃苦头的。但我们也知道,从那些比我们做得好得多的国家中学到一些好的思想,要比我们总是重复现在做的要好得多。但这里的关键是要能识别出他国教育经验中哪些根本原则是适于推广迁移的。

最棘手的问题是,一个系统中的某些元素之所以起着积极的作用,可能是由于它们同系统中的其他元素密切配合、相互作用。假如我们只从日本借鉴"增加学习时间"这一招,却没有有效的教学来配合,效果就一定不好。类似的,光学日本招聘高素质的教师,却没有改善学校的整体工作环境,那么这些高素质教师即使招到了也很快会跳槽。

因此,笔者在这里分享我们对日本教育成功经验的一些基本分析。当然,日本有一些成功经验是在其他东亚国家也找得到的,尤其是深受儒家传统影响的东亚国家。但也有一些经验是日本独有的。

不过,我们这里需要首先作一点补充说明。下面罗列出的我们可以从日本学到的一些经验,主要是服务于西方教育界的学习借鉴目的。在阅读这些经验的过程中,我们不能忽视这样一点,那就是我们要知道,日本教育的深层目的不仅在于发展学生的认知能力,而在于培育一个选贤与能、讲信修睦、和谐凝聚的社会。所以当我们说日本人注重强化学生的学习动机时,指的不是狭义的知识学习,而是包括了社会能力发展在内的广义学习。整个教育体系的职能不仅在于培养高分的学生,而且在于守护和发展日本社会最为珍视的价值。

一个国家要取得教育的领先,就一定要把孩子和教育事业的发展看作决定国家未来的关键。日本人对青少年儿童的关怀绝不是停留在口头上,而是长期切实地贯彻"苦什么不能苦了孩子"的信条。因此不管是在财政宽裕还是紧张的年代,日本都首先保证教师待遇,维持一支一流的教师队伍。日本家长为了孩子的学习操碎了心,国家则优先把资源用于学校的建设。这种教育责任感是日本成功的基石。

一个国家要取得教育的领先,就要细致入微地学习借鉴和坚持不懈地赶超世界上最先进的国家。日本成功的第二个原因在于他们始终重视自己的教育在国际上的竞争力,从明治政府派出第一个使团出洋考察之初,日本就下定决心要看清楚世界上最先进的教育是什么样并虚心学习,创造性地借鉴和融合到日本本土的教育实践中。

世上无难事,只怕有心人,学生尤其如此。日本学生从很小的时候就开始懂得要努力学习、发奋读书。可以说这就是日本教育的核心竞争力所在。没有这么强的学习动机,结果就会完全不一样。值得一提的是,有些国家也努力为学生的学习制造强有力的动机,但这些国家的学生却没有日本学生学习得那么快乐。看来,既要让学生有强烈的动力去学习,又要帮助学生从学习中找到快乐,这才能造就一个学习型国家,使全体国民具有终身学习的倾向。

**课程很重要**。日本人在课程上付出的工作比别国细致得多,并且非常认真地贯彻执行课程标准的要求。日本课程的内部联系紧凑,围绕着精心选择的核心展开,顺序安排合理,关注对学科核心概念的理解,在认知上具有很高的挑战性。结果是日本的高中毕业生在许多方面的能力超过了西方国家的大学毕业生。

**努力与期望很重要**。日本和其他东亚国家类似,相信学习成绩来自于努力而非天资,因此强调学生无论如何必须努力。事实证明,对其期望越高的学生,其成就就越高。而日本人对每一个学生都寄予很高的期望,结果不言自明。要是一个西方人想劝日本人相信孩子学习主要靠天分而非努力,那简直是对牛弹琴,日本人绝对不会接受。

**教育资源的投入很重要**。日本人的教育经费花得比西方国家少,效果却更好。有很多原因可以解释这一现象,重要原因之一是他们对经费的分配更加有效:不在校舍建设、非教学岗位、教育行政机关和花哨的课本上花太多钱,把更多的钱用于提高教师待遇和促进教师专业发展。

**教学的组织很重要**。世界各地的老师都希望班上的学生人数尽量少,但日本教师,至少是一些学科的日本教师,相信当班上学生更多时,探索问题解决策略的过程中就会创造出更加多样的方法,而每一个学生都能从多种方法的比较和分析中学到更多;更多学生一起讨论会激荡出更多的思想火花;而在科学课上更多孩子一起做实验则会产生更多种不同的结果,而这对更多结果的讨论将帮助学生形成对学习内容的更深刻理解。这种大班教学的策略在其他东亚国家也不少见,但是日本教师在大班教学中和学生的交流时间统计起来比一些小班化教学的国家还多。而大班教学使日本老师有更多时间备课[①]、和其他老师研讨合作、对学生进行个别辅导以及参与"授业研究",这些都会对教学效果起到积极的作用。

**关注个体差异是对的,但给学生贴标签就会起反效果**。我们关于日本课堂教学的描述已经说明,正如其他东亚国家一样,日本人努力调整教学来满足每一个学生的需求。这种实践背后的信念是:每一个学生,或者说几乎每一个学生,都有潜力达到课程

---

[①] 西方国家由于班级规模小,一个老师一天要上的课时数通常比中国、日本这样的国家要多,因此课余时间较少。——译者注

标准。但是在许多西方国家,经常根据"能力"让孩子上不同的班级或不同的学校,接受不同的教育,认为这就是"因材施教"。这种实践背后的理念是人与人的天分有很大差别,一个孩子只有天资聪颖,才是读书的料。其结果是,很多本来有更高学习潜力的孩子,由于被大人认为智力不高,而分到水平较差、要求较低的班级或学校。此后他们之所以学得不好,很可能是因为他们没有得到适合自己水平的课程,得到的是过于简单低级的课程。最极端的例子就是"特殊教育学生"了。在日本,被分到特殊教育学校的学生比例大概只有西方的一半。有的西方人痛斥这种做法"忽视了很多需要帮助的孩子",但事实是许多在西方国家上特殊教育学校的孩子最后成就极低,而原因很简单,即特殊教育学校的老师对学生的期望极低,只要求孩子学习最基本的内容即可,而这些孩子其实本可以学会更高难度的知识。

**关注教师自身持续的教学改进,是提升学生成绩的强有力的助推器。** 日本整个国家的特点,就在于它是一个不断改进实践的实验室。这种理念在日本学校中就表现为授业研究。这种实践无疑为日本的高教学质量做出了贡献。世界各国都应该推广和采用授业研究。

**帮助学生顺利地从学校走向职场和社会,是教育推动经济发展的关键。** 日本有一套独特而完善的模式来帮助学生成为社会的合格劳动者。这和"铁饭碗"(一个职员终身受雇于同一家公司)的理念是分不开的。由于一个职员终身都服务于同一家公司,公司就愿意在人力资源上投入资本,为员工提供继续教育和培训的机会。这种体制创造了较低的青年失业率,也促进了员工的团队忠诚度、合作能力和时间观念。这种体制也要求学生必须学会学习、热爱学习,而且不能只有一项本领,要带着多种多样的能力走入职场。尽管这种铁饭碗体制在日本也遭遇危机,但任何关注人力资源建设的国家应该都有兴趣向日本学习。

**对道德的重视关乎社会的各方各面。** 日本一次又一次地强调,重视学生品德是他们教育制度最重要的维度。这个品德主要是指学生应该怎么处事以及应该与人相处的问题。一旦日本人担心自己在学习其他国家各种做法和理念的过程中,可能存在"去日本化"的时候,他们就会出来强调恪守自身价值的极端重要性。不难想象,对这种传统道德的强调会影响到社会的方方面面。从商业伦理到卫生保健,从环境可持续发展到预防犯罪,各个领域都会受此影响。对于这样的道德教育,有些国家是公开明确地进行的,而有些国家则是含蓄暗中地进行的。但有些国家可能根本没考虑这个问题。对于他们来说,他们真的应该认真想一想,如此下去会给国家带来什么。

可以有多种方式来搞问责。一些国家在看了日本的教育后可能会认为,由于日本没有全国性的考试,所以日本根本没有正式的问责制度。但其实日本有一套非常强大的问责制度。学生要向老师和家长问责。通过授业研究制度,每个老师事实上都知道其他老师的水平。在这样一个系统中,每个老师都事实上在相互问责。所有人都知道每所高中和大学的排名情况,所以每个人都可以为学校和老师进行排名,比较他们学生去高水平高中和大学就读的能力。每个学生在这些考试中的表现,以及每所学校和每个老师所教学生在这些考试中的表现,都一目了然地在那里。日本的案例证明,我们可以有多种办法来设计高问责的教育制度。

有些人可能会说他喜欢或者不喜欢日本教育的某个(些)方面。但不管怎么样,日本教育的各方面都是值得我们认真思考的。日本在教育上是一个非常厉害的国家。它的高中和大学入学率很高,而且学业成绩很高。它的学生比其他绝大部分国家都喜欢学校。它培养出了世界上教育水平最高、效率最好的劳动者队伍。它的犯罪率很低,社会秩序很好。日本国民的政治参与率也很高,而且对有关社会议题具有很高的见识。日本的家长非常积极地参与学生的学习过程,也经常与老师合作。这个国家有着世界上最令人羡慕的课程。日本在建设这样一个卓越的教育制度过程中所采取的各种措施,真的值得其他希望达到类似水准的国家借鉴。

## 从日本的案例看国家教育发展的一般模式

日本是世界最先进的工业国家之一。它是世界上许多最新科技的开发和应用中心,并为世界其他地区带来了许多先进技术。这恰恰是明治维新时新制度的设计者所期望的发展目标。而从明治维新开始,日本当局就意识到要实现这些目标,一定要有一个一流的、兼具高度包容性和能力本位的教育体系。

从一定意义上说,日本跳过了国家教育发展的一些必经阶段。日本跳过了各国教育发展中典型的一个逐步提升教师队伍素质的过程,而是直接继承了德川幕府时代遗留下来的、由武士贵族组成的高素质教师队伍;也跳过了从封建学校系统逐渐转向现代化、使贵族学校逐步开门包容各阶层子弟的典型发展过程。

和其他国家相比,日本特别擅长于从现代工业的组织形式中吸收灵感,创造了教师合作共同改进教学的授业研究模式,还开发了教师工作的专业标准。

但是日本也存在一些问题,例如,非常不愿意将一些教育行政管理权限下放到地方和学校,以及确实不那么擅长于培养具有很强创造性和个性的学生。这可能是由于强调个体独创的创新文化和强调集体决策的日本文化之间的冲突。因此,日本是一个非常有趣的教育发展案例,它走了一条和大多数工业国家既有共同点又十分独特的教育发展道路。

## 参考文献

Arani, M. and T. Fukaya. 2009. "Learning Beyond Boundaries: Japanese Teachers Learning to Reflect and Reflecting to Learn." *Child Research Net.* www.childresearch.net/RESOURCE/RESEARCH/2009/ARANI.HTM.

Auslin, M. 2009. "Can Japan Thrive—or Survive?" *American Enterprise Institute for Public Research* 1, no. 2:97–110.

Channel News Asia. 2010. "Japan Ruling Party Banks on Firebrand Female Minister for Votes." Channelnewsasia.com, July 8. www.channelnewsasia.com/stories/afp_asiapacific/view/1068283/1/.html.

CIA World Factbook. 2010. *Japan: Country Background Information.* www.cia.gov/library/publications/the-world-factbook/geos/ja.html.

Crowell, T. 2010. "Japan's New Prime Minister Faces the Voters." *Asia Sentinel*, July 6. www.asiasentinel.com/index.php?option=com_content&task=view&id=2579&Itemid=176.

Ito, H., and J. Kurihara. 2010. "A Discourse on the New *Kai'entai*: A Scenario for a Revitalized Japan." *Cambridge Gazette*, March 17, 1–15.

Jansen, M. 2000. *The Making of Modern Japan.* Cambridge, MA: Harvard University Press.

Kaneko, M. 1992. *Higher Education and Employment in Japan: Trends and Issues.* International Publication Series No. 5. Hiroshima: Research Institute for Higher Education.

Kaneko, M. 1997. "Efficiency and Equity in Japanese Higher Education." *Higher Education* 34, no. 2: 165–181.

Lehmann, J. 2010. "Corporate Japan is a Little Lost in Communication." Taipeitimes.com, April 17. www.taipeitimes.com/News/editorials/archives/2010/04/17/2003470763.

Mizukoshi, T. 2007. *Educational Reform in Japan: Retrospect and Prospect.* http://unpan1.un.org/intradoc/groups/public/documents/apcity/unpan011543.pdf.

Ministry of Economy, Trade and Industry. 2010. "The New Growth Strategy: Blueprint for Revitalizing Japan." METI Cabinet Decision, June 18. www.meti.go.jp/english/policy/economy/growth/report20100618.pdf.

Ministry of Education, Culture, Sports, Science and Technology (MEXT). 2005. *Redesigning Compulsory Education: Summary of the Report of the Central Council for Education.* Tokyo: National Education Policy, Author.

Ministry of Education, Culture, Sports, Science and Technology (MEXT). 2010. *Elementary and Secondary Education.* www.mext.go.jp/English/shotou/index.htm.

Ministry of Education, Culture, Sports, Science and Technology (MEXT). 2010. *Ministry of Education, Culture, Sports, Science and Technology 2010.* Brochure. Tokyo: Author.

Monahan, A. 2010. "Japan Data Show Fragile Economy." *Wall Street Journal*, July 9. http://online.wsj.com/article/SB10001424052748703636404575353664100091340.html.

Newby, H., Weko, T., Breneman, D., Johanneson, T., and P. Maasen. 2009. *OECD Reviews of Tertiary Education—Japan.* Paris: OECD.

Organisation of Economic Co-operation and Development (OECD). 2010. "Japan: Country Note." In *Economic Policy Reforms: Going for Growth.* Paris: Author. 122–123.

Organisation of Economic Co-operation and Development (OECD). 2010. "Japan—Economic Outlook 87 Country Summary." *OECD Economic Outlook no. 2.*

Organisation of Economic Co-operation and Development (OECD). 2010. *Supporting Japan's Policy Objectives: OECD's Contribution.* Paris: Author.

Qi, J. 2009. "Globalization, Citizenship and Education Reform." Paper presented at the American Educational Research Association, San Diego, CA.

Rohlen, T. 1983. *Japan's High Schools.* Berkeley: University of California Press.

Siegel, A. 2004. "Telling Lessons from the TIMSS Videotape: Remarkable Teaching Practices as Recorded from Eighth-Grade Mathematics Classes in Japan, Germany, and the U.S." In W. Evers and H. Walberg (eds.), *Testing Student*

Learning, Evaluating Teaching Effectiveness. Palo Alto, CA: Hoover Press. 161 - 194.
Stewart, D. 2010. "Slowing Japan's Galapagos Syndrome." *HuffPost Social News*, July 21. www.huffingtonpost.com/devin-stewart/slowing-japans-galapagos_b_557446.html.
Stevenson, H., and J. Stigler. 1992. *The Learning Gap.* New York: Touchstone.
White, M. 1988. *The Japanese Educational Challenge: A Commitment to Children.* New York: Free Press.
Wieczorek, C. 2008. "Comparative Analysis of Educational Systems of American and Japanese Schools: Views and Visions." *Educational Horizons* 86, no. 2:99 - 111.
Wong, A., Yeung, D., Montoya, S., Olmstead, S., Litovitz, A., Klautzer, L., Kups, S., and A., Raab Labonte, 2010. *Japanese Science and Technology Capacity: Expert Opinions and Recommendations.* RAND Technical Report. www.cgi.rand.org/pubs/technical_reports/TR714/.

## 受访者

Robert Fish：日本协会的教育专家
Steve Heyneman：Vanderbilt 大学国际教育政策学教授
David Janes：美国日本基金会主席助理、基金资助事务主管
Teiichi Sato：日本文部科学省顾问，前文部科学省常务副大臣
Andreas Schleicher：经合组织（OECD）教育理事会数据指标分析部主管
Jim Stigler：加利福尼亚大学（洛杉矶分校）心理学系
Ryo Watanabe：日本国立教育政策研究所国际研究与合作部部长，文部科学省顾问，前文部科学省常务副大臣

**附录 C**

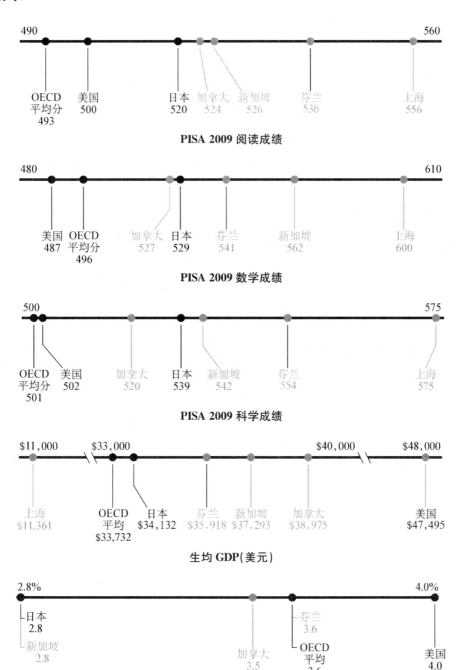

PISA 2009 阅读成绩

PISA 2009 数学成绩

PISA 2009 科学成绩

生均 GDP（美元）

小学、初中以及非第三级教育经费占 GDP 比例

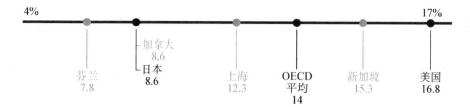

**社经地位所能解释的学生表现百分比**

来源:以上六张图也可参见本书导论部分。

# 第四章　新加坡：一步一步走向世界前列[①]

Vivien Stewart

1965年，当新加坡独立时，它还是一个小的（国土面积仅有700平方千米）、贫穷的热带岛国：自然资源不充足、没有淡水、人口增长很快、住房条件不达标，还有不断的种族冲突。那时，新加坡还没有义务教育，只有少量高中、大学毕业生和有技能的工作者。如今，新加坡成为了耀眼的全球贸易、金融、运输中心。李光耀说，新加坡在一代人的时间内，实现了"第三世界走向第一世界"的转变，是亚洲最成功的故事之一。

新加坡的所有儿童在全国360所学校中的任一所中接受至少十年的教育。在1995、1999、2003年的国际数学和科学趋势研究（Trends in International Math and Science Study，TIMSS）中，新加坡的学生的数学、科学能力获得了第一名。根据国际阅读素养进步研究进展（Progress in International Reading Literacy Study，PIRLS）的测试，新加坡学生的阅读能力获得了第四名。在2010年的PISA测试中，新加坡学生依旧名列前茅。在2007年McKinsey有关教师的研究中，新加坡位列最优教育系统之列。2007年，IMD世界竞争力年鉴将新加坡列为第一名，因为它拥有很好地满足了竞争经济需求的教育系统。在高等教育方面，根据泰晤士报高等教育增刊的2010年世界大学排名榜，新加坡国立大学世界排名34，亚洲排名第四。（新加坡在主要的教育和经济指标上的排名参见附录D。）

那么，这样一个"地图上的一小红点"（新加坡人经常这样比喻自己的国家），一个成立还不到50年的国家是如何在这么短的时间内，从不发达的经济腾飞至世界经济和教育的领先者的？新加坡采取了哪些教育政策和实践？新加坡的经验是否和其他国家有关？本章将试图回答这些问题。但首先，让我们先从更大的境脉入手来看待这些问题。

---

[①] 本章由詹艺主译。

新加坡从1819年开始受英国的殖民统治。这期间，新加坡逐渐成为马六甲海峡的一个大型港口城市，地处英国、印度和中国之间的航线上。因此当时，新加坡吸引了大量的移民，其中大多数移民来自中国的南部和印度。1959年，新加坡脱离英国的殖民统治成为独立国家，1965年和马来西亚分开后，新加坡除了深水港口外，没有其他吸引人的地方了。它没有真正的经济，也没有防御系统，和周边国家的关系紧张。更甚的是，新加坡不得不从其他国家进口食物、水和能源。当时的新加坡共和国怎么看都不能成为世界级的经济和教育强国。

新加坡这个国家所面临的危机是与生俱来的。大国和国际的变动对新加坡的政治和经济影响很大。这些危机使得新加坡有一种紧迫感，这种紧迫感一直影响着新加坡的政策，直到今日依然如此。新加坡的第一任领导李光耀树立了两个首要目标，即建立现代经济体制、建立新加坡人的国家认同感。他为当时的新加坡政府招聘了一些优秀聪明的年轻人，并希望能够促进经济的发展并增加就业机会。20世纪60年代，新加坡的发展重点在吸引劳动密集型的国外制造业，为国内技能落后的劳动力提供工作。到了20世纪70、80年代，这一重点转向了技能领域，重点吸引技能密集型的工厂。自20世纪90年代中期以来，新加坡试图成为国际知识经济的一员，鼓励更加注重研究和创新的产业，并尝试吸引海外的科学家和科技公司。新加坡政府的经济政策的效果非常好。经过快速的经济发展，新加坡跻身发达国家之列。2009年，新加坡的人均收入大约为50000新币（折合38000美元）。作为亚洲四小龙之一，新加坡在政府的促进和干涉下，成为了一个自由市场、商业友好的国际经济国家。

新加坡政府是一个高效率、诚实和灵活的精英团队，非常强调策略的设计和具体的执行。"理想、设计、传递"正好反映了新加坡政策发展和实施的特点。国土面积小、政治稳定（自独立以来，新加坡的执政党一直是人民行动党），这些特点让新加坡一直以成为国际化城市为目标，也使得新加坡能够机敏地应对快速的环境变动。本土市场规模较小等局限，使新加坡不得不和国际经济高度结合在一起。为了在几次国际经济衰退，尤其是一直存在的国际经济的不确定性中生存下去，新加坡必须开展持续的创新。

关于李光耀提出的第二个国家建设目标，早期的种族暴乱让大家深深地认识到，建立一个多种族共存的社会多么重要。

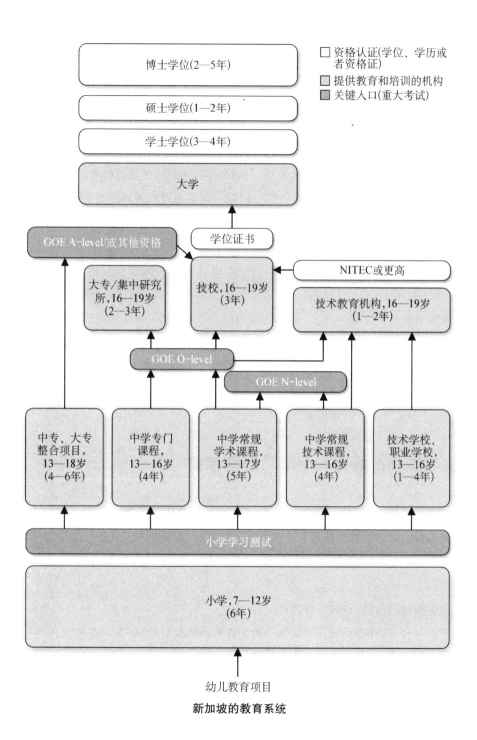

**新加坡的教育系统**

新加坡有很多宗教团体(佛教、穆斯林教、道教、印度教),也有很多种族(新加坡人口有 76% 是中国人,15% 是马来人,7% 是印度和欧洲人,2% 则是其他人种)。新加坡没有通用语言,也没有通用的学校系统或课程。随着时间的推移,新加坡开展了一系列工作,实现了"一个不分种族、宗教和语言的统一的民族"这一承诺。新加坡承认并教授四种官方语言:汉语、英语、马来语和泰米尔语。但英语是政府用语,且在 1978 年开始成为学校的教学用语。两年的国家义务服务使得不同种族的人能够在一起工作。融合不同群体的政策也是一样,比如,让不同群体的人在政府建造的房子中共同居住。大部分的新加坡人都住在这样的房子中,这样可以避免种族隔离带来的问题。而很多国家正面临着种族隔离带来的种种问题。学校担任着培养新加坡人价值观和性格的主要责任。而公民和道德教育在学校中扮演着重要角色。老实说,在新加坡,整个政府和社会都恪守着对卓越、团队合作、纪律、忠诚、谦逊、国家荣誉感和共同利益的承诺。

新加坡作为一个岛国国家,缺乏其他资源,人力资源一直是它最宝贵的财富。从一开始起,教育就是新加坡建立经济和国家的核心力量。教育的职责是为经济发展输送人力资源,并建立新加坡人的身份认同感。教育的经济目标使教育政策非常的务实,并对科技领域的发展报以特别的关注。随着经济的变化,新加坡的教育系统在过去的 40 年中发生了一系列演变。

## 新加坡是怎么成为一个学习型国家的

在四十多年的时间里,新加坡的教育水平从发展中国家的水平上升到了 OECD 的前列位置。新加坡现有的教育系统并非一蹴而成的,而是在三个不同的阶段中不断根据当时的环境调整而成的。

### 生存驱动的阶段(1959—1978)

正如总理李光耀所说的,新加坡早期的教育目标是"培养好人和有用的公民"。后来回顾这段时期,新加坡这阶段的教育可以称为是"生存驱动"的阶段。在 20 世纪 50 年代早期,新加坡 70% 的 GDP 来自贸易活动。这种状况不足以承担整个新加坡的经济,更不用说经济增长了。当时的新加坡人口增长迅速,失业率奇高。政府认为需要扩展工业基础。同时,由于本土市场的规模较小,所以必须采取出口导向的工业发展战略。于是,新加坡开始吸引那些需要低技术劳动力(纺织、成衣、木材加工)的外国制造商。这些制造商能带来就业机会,也能让新加坡人学习专门技能。

在独立之前,新加坡只有富人接受教育。两百万的人民中,绝大部分是文盲,没有任何工作技能。因此,"生存驱动"阶段的主要任务是尽快扩展基础教育。新加坡快速地建立了一些学校,并聘请了大量教师。由多民族团体建立的学校成为了单一的新加坡教育系统。双语政策的实施使每个儿童都能使用自己的母语和英语进行学习。新加坡还设立了教材机构,为学校提供教材。基础教育的扩展进行得非常迅速,1965 年新加坡就普及了小学教育。到了 20 世纪 70 年代早期,初中教育也得以普及。在"生存驱动"阶段的最后几年里,新加坡已经建立起国家公共教育系统。

然而,这一时期的教育质量并不高。在 20 世纪 70 年代早期,每 1000 名进入小学一年级的学生中,只有 444 名在 10 年后进入了初中四年级。在这 444 名学生中,又只有 106 名学生在 O-level[①] 测试中通过了 3 门及以上课程的考试。荷兰经济顾问 Albert Winsemius 在他著名的报告中估计道,在 1970 至 1975 年间,新加坡每年将缺 500 名工程师、1000 名技术工人以及大量管理人才。1973 年的石油危机以及来自亚洲其他国家的低技术、劳动密集型产业的竞争的加剧,使得新加坡越来越认识到自己的相对优势正在减弱,需要向高技术经济转变。然而,在这一阶段的大量政策变化和教育部部长的更替却引发了一些困惑。教师的道德低下、摩擦不断。尽管当时新加坡试图发展职业教育,但其地位却不高且处于要倾覆的状态。1978 年,一份有着分水岭意味的报告——《Goh》报告强调了新加坡的高辍学率和低标准,引领了下一阶段的改革。

**效能驱动的阶段(1978—1996)**

在"效能驱动"阶段,新加坡教育的关注点发生了转移。政府的经济策略让新加坡从第三世界联盟、劳动密集型经济上升为了第二世界联盟、资本和技能密集型的国家。因此,在 1979 年 1 月,新加坡建立了新的教育系统,废除了之前"所有学生都走一条路"的做法,为学生建立了多种发展途径,以减低辍学率、提高质量并培养出更多具备技术性技能的劳动者,满足新的经济目标。新加坡从小学阶段开始设立"分轨制",其目标是"让所有学生都挖掘出最大潜能",同时考虑到所有的学生不可能以同样的进度

---

① 普通水平测试、会考测试。——译者注

获得学术成长。例如,学生可以花费更多时间完成不同阶段的求学。

学生可以选择的多种发展途径包括三类高中:培养学生进入大学的学术型高中;关注学生职业和技能培训,学生毕业后可进入学院学习的技术型高中;接收处于末尾的三分之一学生,同样进行职业和技能培训的技术学院。新加坡的课程开发学院为不同的高中建立了高质量的课程。事实上,即使是在"分轨制"还不流行的时候,辍学率已经获得了明显的下降。到了1986年,只有少于3%的学生在毕业时接受了少于10年的教育。提高标准的一系列努力也获得了一些成效:O-Level的英语考试的及格率从40%上升到了1984年的90%。到了1995年,新加坡已经开始在TIMSS的数学和科学测试中名列世界前茅。

由于新加坡希望吸引更具技术性的公司(如硅片、电脑等),这一阶段的主要目标是培养各个阶层的技术工人。考虑到蓝领工人的地位比较低,新加坡从1992年开始大力资助技术教育协会(ITE)。ITE在全国范围内的几所大学中提供了高质量的技术和职业教育。这些大学在技术和职业教育过程中使用了相应的高科技设施。每个技术领域都由该领域的工厂做顾问,以保持技术和职业教育跟上最新技术和需求的变化。如果跨国公司期望在新加坡设立分部,技术和职业教育会建立一些新的项目。市场对于ITE毕业生的需求量非常大。优秀的学生也可以进入技术高中随后进入大学学习。这些变革使得职业教育的吸引力大为改观。在这一阶段,顶尖技术在大学和技术高中中流行,增加了新加坡科学家和工程师的数量。

**以能力为基础,抱负驱动的阶段(1997至今)**

在20世纪90年代初期的"效能驱动"教育系统已经产生了显著的结果。但是,1997年的亚洲金融危机清晰地显示出全球经济正在向全球知识经济转变。国家的竞争框架正在重新定义,国家的发展越来越取决于是否能发现并应用新的、能够市场化的观点。全球知识经济的发展对新加坡的教育系统提出了范式转变的要求。新的教育系统要关注创新、创造和研究。

鉴于新加坡试图走向全球知识经济,由政府运营的科技研究代理机构(A*Star)开始扮演领导的角色。这一机构提供大量的研究资助,并致力于吸引顶级的科学家和科技公司。100万名外国科学家、技术人员和管理人员应招在新加坡的国际公司或高等教育界工作。新加坡的三所大学,尤其是国立新加坡大学和世界领先大学建立了合作研究关系。这些研究关注生物信息学、信息科技和医药技术。

在学校层面,新加坡建立了新的教育图景"思考型学校、学习型国家"。这是新加坡教育的里程碑。当时的总理吴作栋指出,这一新的图景认识到"在21世纪,一个国家的财富取决于人民的学习能力"。"思考型学校"代表着学校系统要发展年轻人的创造性思维、终身学习激情和民族主义承诺。"学习型国家"意味着学习将成为国家的文化,创造和创新将遍布社会的各个阶层。

在几年的时间内,新加坡根据"思考型学校、学习型国家"这一图景,开展了一系列运动。这些运动旨在使教育符合学生的兴趣和能力需求,为学生提供更多灵活性和选择,并改变教育的结构。这些运动还修改了教师的职业道路以及旨在提高教师教育的利益激励结构。课程和评价的改革也将重点放在项目作业和创造性思维上。随着三个连续的大型计划,新加坡政府为信息和传播技术(ICT)提供了强有力的资源保证。ICT将促进新型的自我导向和合作学习者。教育部为学生设置了一系列学科课程,并鼓励在不同类型的学校使用档案袋,包括美术专业学校、数学与科学学校、体育学校和一些独立的学校。当时的教育部长尚达曼说,"我们需要如连绵山脉一样的优异成绩,而不是一个山峰。我们需要激励所有年轻人找到他们的激情并尽自己可能走得远。"

教育部还对学校的管理做出了大改革,废除了从上至下的中央集权管理系统,按照地理位置组织并将学校分区,并给予学校更多的自主权。分区的负责人都曾是成功的校长。他们的职责是监督别人并促进创新。和更强的自主权一起出现的是新型的问责形式。之前的监督系统被废除后,取而代之的是学校卓越模型。没有一个模型能够适合所有的学校。因此,每个学校都自己树立目标并进行年度评价,从九个功能领域、四个"促成者"(enabler)和学术成就等方面考察目标是否实现。每过六年,教育部的学校评估处都会对学校进行外部考察。学校高度的自主权也引发了对高效的学校领导者的判别和发展。这些领导者引领着学校的转变。

2004年,总理李显龙引入了"教得少、学得多"理念,作为"思考型学校、学习型国家"的下一步计划。它的目标是在课程中留出更多"空白",让学生能够更深度地参与到学习中。当时,虽然教育系统获得了公认的成功,但新加坡的学生仍旧是被动的学习者,被灌输了太多的内容,被要求而不是被激发做出好的表现。"教得少、学得多"的目标是:

> 通过推进不同的学习范式来打动学习者的身心。这些新范式越来越少地依靠死记硬背、重复的测试和教学等办法,而更多地依靠诸如专注学习、从经验中发

现、差异教学、学习终身技能，还有通过创新的、有效的教学途径和策略培养学生的个性等方法和策略。

2008年，新加坡教育部朝着这一方向努力，并最终推出了"课程2015"。新加坡教育部教育常务主任Ho Peng说，这一观点说明了新加坡教育系统有很强的储备力，而且在文学、数学和科学方面有着突出的、可继续保持的优势，但仍旧需要在软技术的培养方面多做努力。这些软技术是未来学习的保证。此外，"大量的信息将批判性分析能力抬到了首要的位置。而跨文化的工作要求人们具备语言技能和更大的世界观。"2009年的小学视察关注怎样使每个儿童的学习受到他们内心的好奇和热爱的驱动。艺术、音乐和体育也在课程中得到了增强。最后，"课程2015"再次强调了教育要扎根于价值观。前教育部长黄永宏说道，"没有道德和伦理的指引，任何学习都将一事无成。我们必须在知识、技能和性格发展之间保持平衡以获得更全面的教育。"

**当前的教育结构**

在如今的新加坡教育系统中，学生接受6年的小学教育，4到5年的中学教育，2年的大专、技术学校或ITE教育。

小学教育包括四年的基础阶段。在这一阶段，学生学习综合课程，重点是英语、"母语"和数学。学生从小学三年级开始学习科学。其他小学课程还包括公民和道德教育、社会科、健康、体育和音乐。作为新加坡教育系统的关键特征，"分轨制"允许学生从小学四年级起自己调节进度。然而，2008年小学高年级阶段废除了"分轨制"，取而代之的是以学科为基础的"分班制"。小学六年级结束后，所有学生都要参加小学毕业考试，科目包括英语、数学、母语和科学。根据这一考试的结果，学生被准许修读中学的快捷型（60％）、普通学术型（25％）或普通技术型课程（15％）。

修读快捷课程的学生接受四年的培训，然后参加普通教育认证考试（GCE）的O-level测试。普通学术型学生接受四年的课程后参加GCE的N-level[①]测试，也可以在第五年参加O-level考试。普通技术型项目培养学生进入技术教育和ITE。学生在接受四年的培训后参加GCE的N-level测试。在最近几年，中学生有更多机会选择O-level水平和选修模块的课程。一些学生可能完全跳过O-level水平，以获得更加广泛

---

① 初级水平测试。——译者注

的学习经验,发展潜在的领导力和创新思维能力。如今,不同课程间有很多水平移动的机会,表现不错的学生可以在不同类型的课程间转换。学生也可以选择专业体育学校、艺术学校、数学与科学学校以及一小部分独立学校。

在十年普通教育结束后学生进入中学后教育,其中大专30%,技术学校40%,ITE20%。学术倾向的学生可以在这一阶段参加A-level①考试,之后进入大学学习。学生也可以在技术学校修读技术或商业学位课程。拥有GCE的O-level或N-level水平的学生可以在ITE修读以技术认证为基础的技术或职业课程。优秀的ITE毕业生也可以进入技术学校或大学。在新加坡,大约有25%的人会进入大学(这一数字将在2015年上升至30%)。很多学生还会进入海外的大学进行学习。

## 新加坡成功的关键因素

长久以来,新加坡一直努力追求高质量的教育系统,并在不同的阶段获得了显著的提升。那么,是哪些关键因素帮助新加坡获得成功的?

### 把促进经济和国家发展的教育放置在首要位置

国家的财富取决于它的人民。

——总理吴作栋(1997)

自从新加坡共和国成立以来,资深领导人的讲话中一直强调在一个没有资源的国家中,需要对作为经济发展和国家统一关键的教育给予高度的重视。但"培养每一个儿童"绝不仅仅是一个政治说辞。在每一个发展阶段,新加坡政府心甘情愿地为教育投入大量的财政资源。2001年,新加坡的教育支出占国家GDP的比重上升至了3.7%,仅次于防御体系的支出。

新加坡的教育和经济发展的联系非常紧密,而且这种认识来自于政府高层。随着新加坡从贸易中心转变为低工资、劳动密集型产业经济,再转变为资金和技能密集型产业群,最后转变为今天的知识密集型产业,新加坡的教育系统一直都被要求在培养人才时,倾向于关注教育质量和特殊技能,使新加坡更具全球竞争力。

新加坡规划系统的整合程度可能是独一无二的。他们有一个经济发展委员会,这

---

① 中学高级水平测试。——译者注

个委员会与人力部协调,在这方面扮演着核心角色。人力部会与一些产业小组合作,分析出一些关键的人力资源需求,并预测未来社会所需要的技能。这些信息将反馈到职前培训、继续教育和培训中。在其他国家,劳动力和教育做出这些调整的速度很慢,但新加坡政府相信他们的人力资源规划办法能帮助学生快速地进入那些新兴的部门,更快地把人才从那些处于下降趋势的行业中转移出来,并能更有效地将公共资金用在中学后教育上。随后,教育部和大学、职业和技术学校,会在进行教育规划时就考虑这些技能的预测信息。

简单地说,政府成功管理教育和技能供求的能力,曾经而且现在也是新加坡竞争优势的一大主要原因。鉴于新加坡试图成为全球的科技中心,政府的各个部门,包括财政部、经济发展委员会、人力规划委员会、教育部、城市和环境规划组、住房和移民当局,都将为新加坡的发展搭建新的平台。

**政策和实践的一致性**

新加坡最突出的地方是人力部、国家发展、发展团体、大学教育、技术学院和学校对显著成果(bold outcomes)、事实和评价的谨慎关注以及未来导向有着清晰一致的关注。"里程碑"课程使各部门的高级官员建立起了对国家目标的统一理解。同时,整个政府都对有效的实施报以关注。"理想、设计和传递"是新加坡行政管理方法的恰当解释。鉴于新加坡重视人力资源发展及其与经济发展的重要关系,新加坡政府的领导层为"教育需要做什么"提供了清晰的图景。这意味着教育部将设计政策并开展实践以实现这一图景。

从制度层面上看,政策一致性和实践一致性带来了教育部、国立教育研究所(NIE,新加坡唯一的教育者培训和专业发展机构)、学校之间紧密的多方联系。教育部负责政策的制定,NIE 负责培训教育者并开展实践。NIE 的研究成果反馈到教育部,为政策的制定提供证据。由于 NIE 的教授常常参与教育部的讨论和决策,因此 NIE 的工作与教育部政策统一并非难事。

例如,从单一的知识传递型的教育向注重创造性和自我主导的学习("思考型学校、学习型国家"、"教得少、学得多"所描述的那样)的转变就是由政策导向、校长与监督人的每月例会、教师频繁的专业发展机会推动的。政府还在 NIE 建立了教学法研究中心。该中心负责考察当前新加坡课堂中的教学实践,实验新的方法,并把需求的改变反馈到教育部。最近,NIE 修订了教师教育模式,更加注重培养具备 21 世纪素养、能够创造学习环境帮助学生自我发展的教师。教学法通常很难改变,但在新加坡,政策和课堂传递之间、设计的课程和实际的课程之间的鸿沟要比其他任何地方都要小。

根据 NIE 高级研究学者 David Hogan 的说法,这种机构间的一致性在全球范围内非常罕见。新加坡拥有一个"紧密联系"的系统。教育部、NIE 和学校的主要领导共享责任和义务。新加坡的一个显著优点是,任何一个政策都不会在实现需求的能力建设规划好之前公布。即使同一所学校里学生的成绩会有所差别,学校间的差异却相对很小。相反,联系不紧密的系统在进行改革活动时通常难以前行,而且常常出现这样一种情况:永无止境地推出一些可能会相互冲突的新举措,却没有考虑好怎么来实现这些政策目标。大学的教师培养项目也常常与改革政策不一致。于是,从业者开始愤世嫉俗,坐等着看一波波的改革浪潮是如何来来往往,在连续的改革浪潮退去。不同的学校在改革的力度上也因此产生了很大的不同。

最近几年,新加坡已经稍许放松了联系的紧密性。学校被给予更多的自主权,以促进更多创新的产生。NIE 也具有了与当代研究型大学相适应的独立性。然而,课程、考试和评价之间的一致性,对学生努力学习的激励,对教师和校长责任和义务的测评仍旧非常重要。这些使得新加坡的政策制定和实施比联系松散的系统(比如美国)来得更容易、更有效。

要理解新加坡的成功,把新加坡的规模考虑在内就显得非常重要。新加坡的国家教育系统很小,大约只有 522000 名学生和 360 所学校。这更像是其他国家的一个城市或一个小省份。NIE 的主任 Lee Sing Kong 这样比喻道,新加坡是"皮划艇掉头而不是战舰掉头"。政府的稳定性、对教育的工具主义目的的广泛认同使得新加坡在足够长的时间内关注政策的实施,考察它们是否产生了影响成为可能。

**对公平和精英政治的承诺**

精英政治是李光耀政府一直以来的哲学基础。他坚信这是运行一个政府最有效的办法,也是创建一个和平的多民族社会的唯一途径。殖民时期的新加坡教育系统是高度精英化的,且有着明显的种族和宗教分隔。这并不是新加坡政府想要的教育系统。李光耀需要用一种普遍的国立系统代替之前的教育系统,新的教育系统倡导才能和勤奋。

在独立初期,新加坡的中国人、泰米尔人、马来人以及其他种族人群之间的入学率和成绩有很大的差异。这些差异威胁到了新加坡的政治稳定和经济发展。在教育发展的生存驱动阶段,20世纪70年代初的学校快速扩张使普通小学和初中教育得了普及。在第二个阶段中,为了降低学校的辍学率,新加坡引入了分轨制。虽然这一制度很受争议,但确实成功地降低了辍学率。如今,新加坡的中学(十年级)毕业率已达到了98%。入学率的差异获得了实质性的降低。然而,还有很多工作要做。例如,新加坡在TIMMS的数学和科学测试中获得了很高的平均分,但分数的分布却有一个"长尾巴"。此外,其他的测试显示,社会经济地位对学生成绩有显著的影响。

根据Lee Sing Kong的说法,新加坡开展的降低成绩差异的举措既有社会方面的也有教育方面的。考虑到成绩低下的原因存在于社会结构中(例如,单亲家庭),新加坡设立了地方镇议会和社区委员会系统,以发现家庭的需求并提供包括经济资助在内的各种帮助。此外,马来人、印度人、中国人等每一个种族社区都有自助的社区组织。这些组织由每个社区的成员资助,支持需要帮助的儿童。例如,马来儿童的数学和科学的成绩不如其他群体的儿童,因此马来社区组织就和学校合作,帮助他们的孩子提高这些学科的成绩。

当被问及新加坡的住房政策(80%的人住在政府建立的但归私人所属的公寓里,在每个居住区都有不同种族的人群)是否对成绩差异有影响时,李说他不知道是否有相关的实证研究,但居住在一个对成绩有着高度期望的社区会对儿童有积极作用似乎是合理的。

从教育层面讲,在一年级阅读测试中表现不好的学生将获得学习支持项目的系统帮助。在这些项目中,学生组成6到8人的小组。教师每天和学生小组一起工作30分钟,帮助这些学生赶上其他学生。大约有12%到14%的儿童需要这种阅读方面的帮助。由于大部分学生在家里不说英语,这些课程还包括了基础声学和英语语言发展方面的内容。数学学科也有相应的学习支持项目。此外,由于新加坡大部分的学前学校是私立的,政府为低收入家庭儿童的学前教育提供资助,帮助他们做好上学的准备。

最近几年,新加坡在小学废除了"分轨制",取而代之的是学科分班。此外,不同类型中学的学生有更多的水平移动机会,这增加了系统的灵活性,也能够发现一些后起之秀。新加坡教育系统的另一个显著特征是对成绩低下学生的重视、关注和资源投入,而不仅仅是对成绩好的学生这么做。这种重视和关注使得最低水平的学生也能获得高质量的教育,这也体现了新加坡为学生提供多路径发展的制度特征。新加坡在职业和技术培训投入了大量的资源,而其系统也可能是全世界最好的。这是新加坡成功的一个主要原因。

新加坡的人口很少（2010年人口数为470万），只有522000名小学和中学生。因此，每一个儿童都受到了重视。教育系统的目标也是培养每一位儿童，不论他们的能力或成绩水平如何。教育改革的社会生态学依赖于共享的价值观。家长希望自己的孩子能获得好的机会、高水平的社会移动性、高收入水平。因此，总的来说，新加坡政府提供这些机会，而家长分担着对系统公平性的信任。正如前教育部部长尚达曼所说的："我们避免了特权学校和普通学校之间的教育标准存在巨大差异。我们在各种能力领域内获得了高标准，让大部分的新加坡人能够接受高质量的中学和高等教育。"

**关注高水平的数学、科学和技术技能**

新加坡学生在小学时所掌握的坚实的数学和科学基础，似乎是他们在未来能够取得成功的根本。在小学和中学，数学和科学都是核心课程。学生在小学一年级就开始学习数学，到了三年级开始学习科学。小学高年级以上的数学和科学由专业教师教授。从高中高年级开始，有很多专业的高水平数学和科学课程，供有兴趣的学生选修。在高等教育阶段，超过一半的项目是与科学、技术相关的。

新加坡的数学教学非常出色，也因学生的成功而广为人知。20世纪80年代，新加坡对全球范围内的数学研究进行了综述，随后建立了国家数学课程。从那以后，这一课程经历了几次精炼。该课程有一个基本的假设，那就是数学老师应该能够把"数感"教给学生。在新加坡的课堂中，真正关注的不是那个唯一的正确答案，而是怎么帮助学生理解如何解决数学问题。数学教科书也要比美国的薄。新加坡的示范教学方法同样大量使用视觉教具和可视化工具，帮学生理解数学。由于新加坡很多学生都以英语为第二语言，重视可视化对不以英语为母语的学生非常有利。教师用的材料不多，但却很深，其目标是让学生掌握数学概念。新加坡小学毕业（六年级）数学考试的成绩大约超出大部分美国学校两年。新加坡的数学还混合了代数和几何的区别。在学生进入中学之前，这些概念已经被整合到了基础的数学教学中。新加坡的教师都知道如何教授国家数学课程，也知道如何定期微调练习和对课程进行修改打磨。

新加坡小学和初中的国家科学课程通过如下三个领域发展学生"科学就是一种探究"的观念：知识、理解和应用；技能和过程；道德和态度。为了激发学生的兴趣，让他们认为科学是有用的，课程设计了一些基于日常生活、社会和环境中的科学探究项目。例如，数学、科学展会、比赛和学习小径（在室外应用数学和科学知识）这些辅助课程的活动可以帮助学生形成对数学和科学的兴趣的。NIE的DNA中心为了学生更好地学习生命科学,开发了许多动手活动课程。政府科学机构A*STAR也让学生能够接触到科学家做的研究。

在很多国家,职业技术教育并不被看好,被认为是最下乘的选择。技术教育的质量通常很低,也远远落后于雇主的要求。但在新加坡走向教育成功的道路上,职业教育也是非常重要的一条路。1992年,新加坡审查了对职业教育系统的轻视,并对职业教育系统进行改革和重新定位,使得职业教育不再是人们的最后选择。Law Song Seng领衔了技术教育学院(ITE)的建立。这一机构转变了职业教育的内容、质量和形象,其目标是建立世界一流的职业教育机构,即"高效地响应知识经济的"职业教育机构。ITE的建立者成立了一个视野广阔的领导班子和为学生负责的职员。他们对课程和人力认证系统进行了彻底的修改,设立了新行业的课程,还将先进的技术基地和现有的技术大学结合在一起,形成了三大技术大学,并与跨国公司建立了紧密的联系。

为了避免社会对非学术型学生的偏见,ITE推进并重命名了"动手、动脑、动心"应用性学习的种类。1995年,职业技术教育的入学人数翻了一倍,如今ITE学生人数占了中学后教育的25%。超过82%的入学者完成了学业并找到了工作,而且薪资水平不错。因此,在学生看来,ITE是一条通往光明未来的合法道路。ITE职业教育成功的一部分原因在于,学生在早期的求学过程中打下了坚实的学术基础,因此他们能够掌握前沿雇主要求的更高级的技能。ITE获得了第一届Kennedy School/IBM创新奖,并被公认为是全球技术教育的领导者。

**人力资源管理系统**

在新加坡教育发展的早期阶段,当学校系统快速扩张时,新加坡还没有高质量的教师。这和很多人都说的,一个国家之所以有高质量的教师队伍,主要是由于这个国家有尊师的传统历史文化这个观点有冲突。事实上,如今新加坡的高质量劳动力是精心的政策行动的结果,尤其是20世纪90年代以后。从那时开始,高质量的教师和学校领导成为了教育系统的基石,并成为高水平教育系统的主要原因。

新加坡不是仅仅关注某一个方面的问题,而是设立了一套综合系统来选拔、培训、酬劳和提升教师和校长的水平,从而为教育实施创造了巨大的能量。这一系统的关键要素包括:

招聘。准教师是由现任校长组成的小组,是从中学毕业排名前三分之一的学生里谨慎挑选出来的。扎实的学术知识是必须的,但对职业及为不同学生服务的责任感也是必须的。教师在接受培训期间能获得相当于在职教师工资60%的津贴,并必须教书三年。从教师进入中学实习开始,新加坡就留意培养他们对教学的兴趣。此外,新加坡还有鼓励处于职业生涯中期的人进入教师行业的系统,因为这样可以为学生带来真实世界的经验。

**培训**。根据教师入职时的教育水平,他们将接受学历或学位教育。但无论是哪种教育,所有的教师都在南洋理工大学接受NIE新加坡课程培训。学校和NIE之间有着非常紧密的工作联系。所有的新教师在第一年都需要受到督查。由于NIE是一个单一的机构,其首要目标是培训新加坡所有的教师,并不区分艺术、科学和教育团体。因此,让很多西方教师教育项目饱受折磨的谁先谁后问题在新加坡要少得多。此外,新加坡的教师培训关注学科教学知识。

**酬谢**。教育部密切关注教师的起薪,并不时地调整新教师的薪水,使得教师这个职业对于毕业生来说和其他职业一样具有吸引力。和私人企业的工作一样,教师并不是经常涨工资,但教育领域内有很多其他工作机会。教师也被认为是一年上班十二个月的工作,有退休工资,好的教师还能挣得不少绩效工资。

**专业发展**。新加坡认识到教师需要紧跟世界的快速变化,并能够不断提高自己的实践能力。新加坡的教师每年有100小时的专业发展时间。这些专业发展可能通过多种途径实现。NIE的课程关注学科和教学知识,并授予更高的学历。大多数的专业发展是以学校为基础的,由教师指导员指导。这些指导员的职责是发现学校里有什么问题(例如,学生的数学成绩)或者介绍诸如基于项目的学习、ICT的新型使用等新型实践。每个学校都设立基金,支持教师发展,比如出国考察其他国家的教育情况以开拓新的视野。教师网络和学习圈促进了教师的同侪学习。而2010年9月开放的新加坡教师学院也进一步促进了教师最佳实践的持续共享。

**绩效评估**。和新加坡的其他职业一样,每年都有一些人对教师的绩效做出评价。这些评价包含了16个不同的能力指标。绩效提升管理系统中列出了教师对学生学术和个性发展的贡献、教师和家长及社区团体的合作、教师对同事和学校的贡献等四方面内容。工作突出的教师会从学校奖金池中获得一些奖金。我们需要把这种对个体老师进行奖励的做法放置在一个更大的背景下来考虑。因为在新加坡,所有的学生都有好多位教师,在小学也是如此。

**职业发展**。在新加坡,人才更多地是被发现和培养,而不是任由他们经过偶然的机会获得重视。经过三年的教学工作后,教师每年会接受评估,以检查他们是否具备三条不同职业发展道路的潜力:优秀教师、课程或研究专家、学校领导。不管走哪一条发展道路,教师的薪资都会上涨。有潜力成为学校领导者的教师会参与中层管理团队,并接受成为领导者的培训。随后,中层管理者会接受评估,看他们是否有潜力成为校长助理,然后是校长。每一个阶段都有一系列的经验和培训帮助候选人成为学校领导层并开展创新。新加坡很清楚地认识到高质量的教学以及学校突出的表现,都需要有高效的领导者。

**领导选择与培训**。领导能力真的很重要。在很多国家,师资流失的关键原因是领导能力不佳。新加坡的学校领导模式参考了大型公司的做法。关键在于,不仅仅需要培训项目,还需要一套方法来发现和培养优秀人才。这和美国、英国的方法有所区别。例如,在美国和英国,教师可以申请接受培养校长或学校领导的课程,然后到一所学校应聘相关的岗位。在新加坡,会有不断地评价考核年轻教师是否有成为领导者的潜力,并被给予机会证明这点或进行学习。例如,在委员会服务,然后在相对年轻的年龄被提拔为部门的领导。一段时间后,调到教育部工作,会有人一直监控这一过程,随后通过访谈,选拔校长候选人,并让候选人进行领导力适应训练。如果他们通过了这些,他们就可以去 NIE 接受六个月的优秀领导力培训,并能领到工资。整个过程是一个综合、集中的过程,还包含一次在国外学习旅行、参与学校创新项目的机会。

当被问及为什么新加坡采用"先选拔后培养"而不是"先培养后选拔"的模式时,Lee Sing Kong 说美国和英国的方法很灵活,但也有很高的风险。新加坡非常自信能够一直拥有最好的领导者,而且还有很多候选人。

新加坡在招募高质量人才和开展培训、提供持续支持上花了大量的精力,因此没有像其他国家一样有师资流失、教师和校长效率不高等问题。教师成为了一个竞争力高,被广泛认可的职业。在新加坡,成为教师是一件很光荣的事情。

最后,新加坡人力资源系统的另一个关键要素是行政部门。李光耀的管理哲学是在行政部门里聘用高质量的人才。新加坡的行政部门,包括教育部非常有能力。高层的公务人员经过谨慎的筛选、良好的培训(大部分培训在世界一流的大学中开展)。他们很实干、努力,而且也获得了较高的报酬。他们有全球视野,关注全世界范围内的教育发展,且善于在进行决策时使用数据和证据。此外,对于新加坡教育系统的效率和效能有着清晰的责任。

**连续多年的持续改进**

尽管在这些年，新加坡给予了学校很大的自主权，但政府系统还是中央集权的。在很多国家，政府部门很僵硬，而且像流水一样不稳定。但新加坡树立起了一种能够持续提升教育的态度机制。经济计划促进教育目标从之前的三大阶段转向下一个阶段。除了对经济计划的依赖，新加坡一直以来还有很多小的变革和促进。

教育部官员和NIE人员经常在学校研究工作，对学校的现状有非常好的非正式掌控。这和其他国家，政府部门和大学离一线学校很远不同。他们还非常关注类似全国学校网络资料系统以及学生中心（Student Hub）数据系统。

相对于国土面积而言，新加坡的研究投入水平非常高。1997年"思考型学校、学习型国家"政策制定后，新加坡制定了一个总共5000万新币额度的教育研究计划。从那以后，新加坡开展了大量不同类型的研究。这些研究都是由研究者设计的，而非政府。其中一项研究由NIE教学和实践研究前研究员David Hogan主持。这项研究持续了六年，目标是了解新加坡课堂中的先进教学实践的程度，同时开展实验，演示如何将知识传递型的课堂模式转变为让学生进行复杂知识建构的21世纪模式。这个研究不是高高在上的，其研究结果会定期反馈到教育部的规划中。

新加坡一直将国际标准作为工具，广泛用于教育系统的质量提升和创新。教育部、NIE还有学校的工作人员都会加入到考察国际教育系统、探索国际最佳实践的队伍中。通常来说，这样的访问和研究关注非常具体的问题，以及在实施具体的政策时思考哪些做法有用、哪些做法没用。例如，新加坡的数学课程就是在综述了全球范围内数学方面的研究和实践后开发的。最近，教育部人事部门访问了美国和其他几个国家，考察了针对非母语学生的普通话教学工作。教育部的人员还访问了包括香港、澳大利亚、苏格兰和瑞典等在内的多个国家和地区，考察了新的评价方式。NIE的教授一直关注其他国家的研究、课程和教学法，因此新加坡的课堂中混合了多种教学风格。校长和高级教师也被鼓励研究其他国家的创新做法，并探究如何进行调整应用于新加坡的学校。几年前，华盛顿邮报记者报道了新加坡校长团访问北弗吉尼亚学校的事情。"为什么"，她问道，"既然新加坡学生在TIMMS国际数学和科学评价中是世界一流的，为什么新加坡的校长团要来看北弗吉尼亚学校的科学课堂呢？"新加坡教育者的态度是，全世界没有完美的教育系统，不同的地方都有自己优越的地方，关键在于如何把这些进行调整，在当地境脉中应用并好好地实施。

不论是什么时候，只要新加坡想建立一个新的机构，都会按惯例以世界一流的标准来规划。如果新加坡在某一个特定领域不具备建立世界级机构的条件，它会试着引进专家。最近新加坡和杜克大学合作创建新的医学中心和耶鲁大学合作建立人文学院就是一个例子。从新加坡国立大学（以亚洲为中心的全球型大学）到每一个学校，所有新加坡教育机构都被鼓励尽力开展全球联系，目的是培养"为未来做好准备的新加坡人"。

**面临的挑战**

以上讲到的所有特征帮助新加坡的教育系统成为世界一流水平。但任何一个教育系统要一直保证领先，没有努力是不行的。新加坡的教育者也确实没有自满。作为一个具备信息和创新驱动的全球经济的小国家，新加坡一直受到全球经济中大国的影响。现在，新加坡开始审视自身的教育系统，以便为21世纪的经济提供所需的高技能创造性、灵活性人才。此外，教育系统还对"思考型学校、学习型国家"范式转变的各类活动做出了回应。然而，要变革传统重视内容的课程是个艰巨的挑战。这些课程受到高利害测试的强化。家长很相信这些测试，而且支持学生参加大量的辅导。

评价系统确实设立了高标准，但也同样限制了创新。新加坡教育部认识到了变革的需求。但如何测量新的、复杂的21世纪技能，至今还没有一个统一的认识。对于接受教师主导的教学方法的老师来说，要从根本上改变教学实践很难，但这也很重要。新加坡的领导者们还担心，随着经济的持续增长和变革，教师逐渐面临着新的要求，要想招聘到能够开展新型学习方式的一流教师也可能会变得有些难。

最后，和全球化进程相关的经济变革使得新加坡和其他国家一样，不公平问题日益严重。尽管新加坡学生成绩差异非常小，且新加坡注重提升落后学生的成绩，学生成绩和SES之间仍旧有很强的联系。这超出了新加坡教育领导者们的期望。

然而，用Linda Darling-Hammond的话来讲说，新加坡"建立了一个教育系统，在整个系统中，学生按照规定，接受经过良好培训的教师的指导。这些老师共同开发了高质量的课程，由合适的资料和评价支持，促进学生、教师和学校的持续学习"。

# 我们能从新加坡那里学到什么？

新加坡既是一个"快速的改进者"，也是一个"持续的表现出色者"。对于那些相信教育绩效没必要大规模变革的人来说，新加坡表明了几次重大改革都是必要的。新加坡建立了高质量的教育保留、质量、公平和效率系统。为了表现良好且持续保持,国家需要有政策基础设施以推动成效以及教育者在学校进行传递的能力。新加坡两项都具备了。新加坡获得如今的地位并非意外,而是几十年来明智的政策和有效的政策实施的结果。在国家改革模型的范围内,新加坡既是综合的(目标是推动整个系统),也是公共政策驱动的。

虽然新加坡国土面积很小,教育系统内部本身具有很紧密的联系,看上去新加坡的方法在其他地方很难应用。但事实上,新加坡的面积和其他国家的很多州/省差不多。所以新加坡的一些原则和实践还是可以在不同规模和不同政府结构的国家得以应用的。尽管这些应用会以不同的形式开展。以下就是一些我们可以从新加坡学到的关键点。

**愿景和领导力很重要。** 对教育在社会和经济中扮演的角色抱有大胆的长远愿景的领导者是教育卓越的必要因素。变革一个系统通常要5到10年。因此,每当政治领导层发生频繁变更时,需要有一个指引团队来保持愿景继续往前推进,而不是在每次政府或部长发生变动时,都做出教育方向上的改变。

**国家教育系统的设计与经济发展目标一致很重要。** 新加坡教育和经济发展的紧密联系使得教育投资一直具备优先权,这能够让决策做到高度务实,使新加坡具备高质量的数学和科学教学质量,也能够具备世界一流的职业和技术教育(这是一个在其他国家经常忽略的领域)。同时,新加坡还保持了教育的动态性,根据外在条件的变化进行改变,而不是拘泥于过去。在缺少计划的经济体制下,紧密的联系也许不太可能,但让经济和教育决策者、商业和教育领导者不断地对经济条件的变更以及教育和经济发展如何能够更好地协调进行评估,可以同时增强经济和教育的发展。

**教育系统的一致性和内部组成的一致很重要。** 在很多国家里,颁布的政策和学校中具体实施的政策之间有很大的差距。在新加坡,不管政府什么时候改进或者修改政策,从教育部到国立教育研究所再到监管人、校长和教师都会将大量关注放在实施的细节上。这样做的结果就是,政策能够得到较好的实施,而且学校之间的差异不大。然而在更大的更多层或分散的系统中会需要不同的机制。对于其他国家系统来说,寻求结成更大联盟的方法并使得联盟各部分在课堂中协同合作产出结果是获得更多收获的必要方式。

**清晰且雄心勃勃的目标;严格、专注、一致的标准;具有高利害的门槛是很重要。** 新加坡的教育系统是极其严格的。不管是在世界的哪个角落,由小学毕业考试建立的学术标准以及新加坡自有的 O-levl 和 A-level 都是高水准。严格就是标语。学生、教师和校长全都为通过这些重要的门槛而努力工作。所有学生在如数学、科学和双语素养等核心学科上都有着坚实的早期基础。

**课程、教学和评价皆与标准匹配很重要。**新加坡并不是只确立了高标准,让教师自己寻找达到标准的方式。他们非常认真地对待课程开发,这就给他们带来了高质量的数学、科学、技术教育课程以及语言课程。此外,他们的教师也经受了严格的训练,让他们更好地教这些课程。作为一个曾经非常成功的知识传输的教育系统,新加坡现在正在努力开发课程、教学以及评价,这些将会带领新加坡教育走向对更高水平、更复杂技能的关注。

**高水平教师和校长很重要。**在早期,新加坡师资短缺的情况时有发生,吸引不到最高水平的人才加入教职。在 20 世纪 90 年代,新加坡实施了一个全面的、有力的人力资源系统以获得高质量的教师和学校领导,从而实现"为了每一个学生"的雄心壮志。这一系统积极招募青年才智,并结合统一的训练和严谨的持续支持。新加坡当今的教育政策较少关注教育结构、更多地关注维持并提升教育专业的质量。在 2007 年,新加坡开展了教师专业与个人发展配套提升方案(GROW package),其中包含了促进教师成长、认可、机会和福利。

**有一个能干的且有合法性的权威很重要。**新加坡教育部的员工们都是富有学识的实干家,他们都曾在世界顶尖大学中接受训练。他们在一种持续改进的文化中行使职能,不断地利用数据和实践者经验来衡量什么该做什么不该做。他们和学校中的实践者彼此尊重。全世界范围内的不同国家,无论教育权力机构是在国家、州/省还是地方层面,所有具有谋略和权力的人们都会努力效仿新加坡教育部的能力与才干。

**问责制很重要。**新加坡施行的是绩效管理。教师、校长、教育部职员、NIE 职员和学生,所有人都有相应的奖励机制以激励他们努力工作。对于教师和校长而言,制订年度目标、积蓄实现这些目标的力量、评价目标是否实现,都将受到特别重视。学生表现的数据也包括在问责系统中。除此之外,还有一系列对学校和社区贡献的测量以及一些高级业内人员的评价。奖励和认可系统包括荣誉和工资奖金。对于个人的评估是在整个学校的发展计划中展开的。没有国家认为,他们对问责制的运用完全正确,但是新加坡的系统使用了广泛的指标,并包括了广泛的专业人员来对整个系统中的人的绩效做出评价。

**精英政治价值观很重要。**整个新加坡社会系统都在强调这样的信念,教育是提升地位的方式。对于所有种族背景的学生无论能力高低,认真工作与努力就会得到回报。新加坡政府建立了大量的教育与社会政策来提高这一目标。这些政策包括早期干预以及教育与职业发展的多种途径。政府在经济与教育政策上的成功带来了巨大的社会移动性,并创造了取得共识的国家使命,为教育赢得了一种近乎普遍价值观的文化支持。

积极向他国学习、以面向未来为导向很重要。新加坡教育系统的设计要归功于世界上许多其他国家的经验。专注及普遍地进行标杆研究,以及最近花大量的经费在研究上,使得新加坡能够持续成长,并形成一种永远不会静止不前的文化。这是一个能够识别全世界范围内快速变化的系统,并且能够趋向于学习和适应。新加坡的每个人身上,包括教师、校长和学生,都被培养出了全球化的观念。他们都拥有"全球视野和跨文化技能"并且"为未来做好准备"。新加坡国立大学校长陈祝全讲到,新加坡必须准备"在变化的世界中达到新的高度"。

## 结论

尽管新加坡教育系统的更多细节仍然是新加坡特有的,但新加坡教育走向卓越的过程的很多经验,对其他国家也是适用的。想要获得成功,有这样一个清晰的愿景和信念非常重要,即教育的核心是为了每个学生和国家的发展;它还需要有持续的政治领导,让政策与实践保持一致,提升教师和领导在学校各个层面实施的改革能力;需要雄心勃勃的标准和评价;需要人民的广泛支持;需要有一种持续改进的文化以及能够经常把世界上做得最好的作为标杆来研究的习惯。

## 参考文献

Asia Society. 2007. *Learning in a Global Age: Knowledge and Skills for a Flat World.* New York: Author.
Asia Society and Council of Chief State School Officers. 2010. *International Perspectives on U. S. Policy and Practice.* http://asiasociety.org/education/learning-world/what-can-america-learn.
Darling-Hammond, L. 2010. *The Flat World and Education.* New York: Teachers College Press.
Goh, K.S. 1979. *Report on the Ministry of Education 1978.* Singapore: Singapore National Printers.
Hong, K.T., Y.S. Mei, and J. Lim. 2009. *The Singapore Model Method for Learning Mathematics.* Curriculum Planning and Development Division. Singapore: Ministry of Education.
Lee, S.K., C.B. Goh, B. Fredriksen, and J.P. Tan. (eds). 2008. *Toward a Better Future: Education and Training for Economic Development in Singapore since 1965.* Washington, DC: World Bank.
Low, E. 2010. *Educating Teachers for the 21st Century: The Singapore Model.* Singapore: National Institute of Education.

Ministry of Education, Singapore. www.moe.gov.sg.
National Institute of Education. www.nie.edu.sg.
Ng, P. T. 2008. "Developing Forward-Looking and Innovative School Leaders: The Singapore Leaders in Education Program." *Journal of In-Service Education* 34, no.2:237 – 255.
Mullis, I.V.S., M. Martin, J. Olson, and D.R. Berger. (eds). 2007. *A Guide to Math and Science Education around the World*. TIMSS Encyclopedia, vol.1. http://timss.bc.edu/TIMSS2007/encyclopedia.html.
Sclafani, S., and E. Lim. 2008. *Rethinking Human Capital in Education: Singapore as a Model for Human Development*. Washington, DC: Aspen Institute.
Singapore Examination and Assessment Board. www.seab.gov.sg.
*State of the University 2009*. Singapore: National University of Singapore.
Stewart, V. 2011. *Improving Teacher Quality Around the World: The International Summit on the Teaching Profession*. http://asiasociety.org/education/learning-world/.
Yew, L.K. 2000. *From Third World to First*. New York: Harper Collins.

# 受访者

David Hogan,新加坡国立教育研究所首席研究家。
Lee Sing Kong,新加坡国立教育研究所主任。
Low Ee Ling,新加坡国立教育研究所副院长。
Elizabeth Pang,新加坡教育部阅读素养发展、课程规划和发展部门项目主任。
Ho Peng,新加坡教育部常务主任。
经济发展董事会、住房发展董事会、人力资源部、新加坡国立大学、国家发展部、新加坡国立大学科学与数学学院、维多利亚高中、崇福小学、圣升明经学校、技术教育学院、国立教育研究所、A*Star、吉宝岸外与海事企业、马歇尔出版社。
Siew Hoong Wong,新加坡教育部学校主任。

## 附录 D

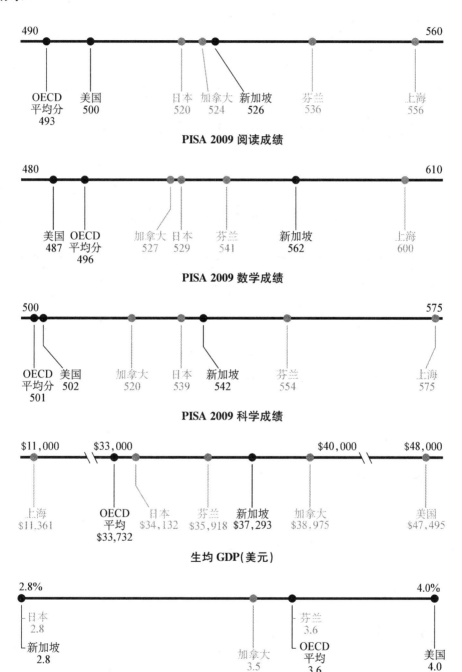

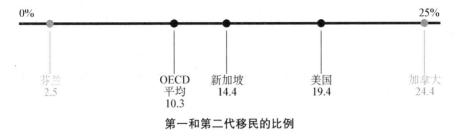

**第一和第二代移民的比例**

**在家说另外一种语言的移民背景学生比例**

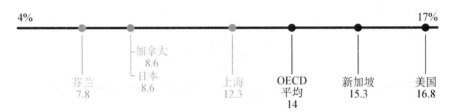

**社经地位所能解释的学生表现百分比**

来源：以上八张图也可参见本书的导论部分。

# 第五章 加拿大:很像我们但却比我们好得多[①]

Jal D. Mehta,Robert B. Schwartz

加拿大是相对后来才挤进世界前列的。它不像日本和韩国,在上世纪80年代和90年代的国家测试中就位居世界前列。在2000年PISA公布排名之后,加拿大才发现自己已经具备这个水平了。这个事实也在后续的PISA测验中得到不断地证实。加拿大不仅总体平均分很高,而且社会经济地位好的学生与差的学生在成绩上差异要比其他很多国家都要小。

要解释加拿大为什么能够做得这么好,还有点困难。但原因主要有两个:第一,加拿大的教育管理都是在省一级,加拿大的十个省以及三个地区都有各自的历史、治理方式以及教育策略。第二,由于加拿大也是最近才排到世界前列的,所有还没有成批的研究者和观察者来分析加拿大的情况,我们也因此很难找到一些二手资料来了解加拿大整个国家是怎么获得这些成就的。考虑到这些限制条件,本章就试图对加拿大教育系统的一些主要特征以及现已知的被认为是导致加拿大教育成功的一些主要原因进行描述。我们也以加拿大最大的一个省——安大略省为例,深入地考察加拿大最近的改革策略。

我们希望本章的分析能够引发人们去研究加拿大其他省份的情况。只有这样,我们才可以更加确定地了解加拿大成功背后的原因。这一点非常重要。因为加拿大是一个多样化特征非常明显的联邦国家,尤其是加拿大居民的语言和原住地,那是相当的多样。在这样一个国家里,教育取得成功具有特殊意义。因为在PISA考试中位居前列的其他国家,大部分都是国土面积相对较小,而且文化同质性比较高的国家。所以,加拿大可以为我们提供一个很好的模型,看看这样一个地理上分散的以及文化上异质的大国是如何把教育做得这么好的。

---

[①] 本章由刘志伟和詹艺主译。

## 理解加拿大的教育系统

加拿大教育系统的最明显特征是分权。在发达国家里,加拿大是唯一一个在联邦层面没有教育部或者其他管理部门的国家。教育完全是各省和地区的事务。加拿大大约有500万学生,但其中80%集中在四个省:安大略省(200万)、魁北克省(100万)、英属哥伦比亚省(61万)以及阿尔伯特省(53万)。

在省内,教育的职责又分为两部分:一是省政府承担的责任,二是当地选举产生的学校委员会承担的责任。省政府负责设置课程、制定重要的学校政策、为学校提供大部分的(如果不是全部的话)资金。各省的资助模式略有不同。教育厅长由省长从省立法委的民选成员中选取产生,并由此成为执政党内阁的成员。教育厅副厅长主要负责本部门的工作运转。省政府教育部门的公务员和民选行政官员之间的关系可能有点紧张。前者一般比较倾向于支持一线教育工作者的观点,后者一般都有一些更广泛的改革方案。

地方学校委员会由选举产生。他们雇佣成员并任命校长和高级行政官员。他们也制定年度预算,决定一些项目。学区经过整合,数量慢慢地减少。比如阿尔伯特省曾经有超过5000个学区,到20世纪末只剩下不到70个学区。在加拿大,省与地区之间没有中间层次的管理部门。在一些全省的活动中,省和地区的工作是直接联系在一起的。

在加拿大,教师是参加工会的,但具体参与集体谈判的层次在各省会有不同。其中一些是放在地方层面的,一些是省级层面,另外的一些则混合了地方与省级两个层面。教师培训在大学进行,但是资格认定的标准通常由省政府制定。1987年,英属哥伦比亚省第一个建立起教师自治制度,赋予英属哥伦比亚教育学院专有权力,负责教师的入职、管理和专业发展。1996年,安大略省效仿英属哥伦比亚省的做法,创立了安大略省教育学院,其管理理事会有31位理事,其中包括17位由大学推选的教师和14位由安大略省教育厅长任命的成员。以上两个案例中,更为传统的生计问题完全是依靠集体谈判来解决的,而且与这些自治机构分离。

加拿大还有一个在国际上享有盛誉的地方是,它能够在尊重语言和宗教的多样性与全省集体教育目标之间做到很好的平衡。关于宗教,《1867年宪法》的第93条力求保护家长的权利,允许他们可以把子女送到那些用公共资金建立,而且在资金和师资

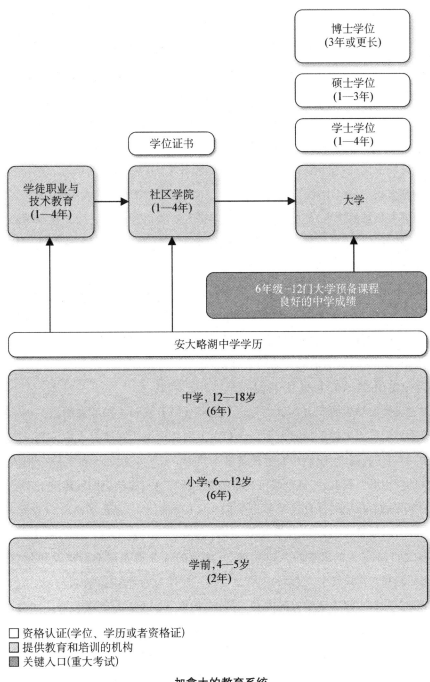

加拿大的教育系统

第五章　加拿大：很像我们但却比我们好得多

方面受省政府管理的新教或天主教学校。这样的结构意味着,在加拿大,这些学校和校董事会是属于公共系统并部分受到教育部的控制,而不是属于私人部门。这些学校在加拿大西部被称作独立学校(separate school),在东部被称作异议学校(dissentient school)。在不同的省份中,这些学校的发展历程很不一样。有些省,像阿尔伯特、安大略和萨斯喀彻温,公共学校和独立教学校以及异议学校同时存在。在其他的省,如曼尼托巴和英属哥伦比亚,希望孩子获得天主教和新教教育的父母就不得不送他们的子女去私立学校,尽管这些学校经常得到公共基金一定程度上的支持。

虽然,加拿大最初的教育斗争集中在宗教差异上,但是,最近几年语言差异更为突出。《加拿大权力与自由宪章》的第 23 条赋予使用少数语种(英语或法语)的父母一项权利:只要有足够的学生,他们的子女就可以进入少数语种教学机构并在小学和初中阶段接受使用其母语进行教学的权利。那么,多大量的学生才叫足够呢?关于这个标准,曾有些争议。魁北克省认为只要有一个学生就可以;而在新斯科舍省,建一所法语学校的最低人数为 50 人,而且还有人认为人数还是太少。法院也不得不去评判建立少数语种教育机构的含义。一些人认为少数语种教育机构是在现有学校中配置的专门项目,其他人则认为必须为少数语种学生建立完整的专门学校。在一些省,如安大略省,对语言和宗教权利的保护的结果就是,在一个省里同时存在着四种独立的公共学校系统(英语、英语天主教、法语、法语天主教)。

加拿大按照学生的能力将学生分组。这种分组方式和美国非常类似。小学生经常被分到异质班级中的不同能力小组。初中生则是根据认知能力水平分流。大部分的高中拥有普通、高级、职业和大学预备多条轨道。这些实践因为没有充分地激发较低层次的学生而受到批评,但是按可观察的能力排序这种做法仍旧被传承下来了。

加拿大战后极短的教育改革历史类似于美国和很多工业化国家。20 世纪 50 年代和 60 年代,加拿大的经济发展强劲,教育的需求也日益高涨。这导致 1950 年到 1970 年之间,加拿大的教育投入迅猛增加,大量的资源集中在学校建设和师资建设上。由于教师的需求增加,教师的工资也在这一时期得到了相应的提升。学校和老师被赋予更多的自主权决定学习的内容,省政府的审查职能被削弱或废除。同时,省政府资助学校教育的财政责任越来越大:1950 年,地方政府承担 64%,省政府承担 36%;到 1970 年,这比例发生很大的改变,省政府承担 60%,地方政府承担 40%;到 1997 年,加拿大的 10 个省里,有 8 个省已经承担全部的财政责任。

上世纪 50 年代和 60 年代的战后人口生育高峰之后是 70 年代的经济困难期。20

世纪的最后 30 年见证了加拿大希望缩减教育开支的同时能够提升产出的努力。全球化和知识经济的到来，提升了教育作为经济竞争力的重要性。新自由主义对效率的重视弥漫整个教育系统，更多的择校，对私立学校进行资助以及更多问责制度，成为当时的诉求。虽然在 80 年代和 90 年代，四个领头省都强化了中央统一考试和课程计划的角色，但在有紧有松的教育管理哲学的指导下，更多的还是把加强中央问责和学校校本管理这两个方法结合起来。加拿大对考试的重视被很多人拿来和大部分的欧洲国家做比较，但是它远没有美国那么突出。

21 世纪的前十年见证了加拿大一系列的教育改革尝试。至少，安大略省在 20 世纪 80 和 90 年代改革的基础上继承并创新。这些改革延续了早期改革重视统一标准和评价的特点，但同时又非常重视对教师队伍的建设。前期采取的加强考试的策略是来源于人们对教育质量的怀疑，以及对政府的普遍不信任。而新的策略则把这种不信任当成其努力解决的核心问题，尝试建立一个良性循环，以更好的表现带来更强的信任，信任反过来又产生更大的能量推进改革。

## 泛加拿大成功的理由

被问及如何解释整个加拿大的 PISA 结果为什么会这么好时，一些加拿大官员和见多识广的观察员也只能凭感觉说几句。因为联邦政府几乎没有在教育领域起到任何作用。他们根据感觉说的一般都是这么三部分：加拿大文化、加拿大的国家福利制度和三个具体的政策性因素（教师选拔制度、均衡的资金配置和地方性课程）。

在文化方面，观察员注意到加拿大的父母普遍都支持子女的教育，这可以被看作是学校教育的有利条件。PISA 对比数据显示，在校外，加拿大学生比世界其他地方的学生更能够做到每天都进行阅读。虽然我们都知道，文化具有弥漫性，且难以测量，但深入研究文化因素的影响看来还是需要的。因为它有助于解释为什么教育策略不同的省却有相似的测试结果。

除了省教育机构，加拿大还有强大的国家福利制度。该制度产生于"大萧条"时期，在 20 世纪 60 年代建立。观察员们认为这会带来两个重要的教育影响。第一，学生及其父母得以纳入国家健康保险，而且成人受到强大的社会保险体系的保护，免受资本主义兴衰的影响。按照国际标准，加拿大儿童的贫困率却是相当的高（加拿大在 23 个受测国家中排名第七），而且各省儿童贫困率的差异与 PISA 的结果相关（如阿尔伯特省的儿童贫困率最低,为 11.2%,但 PISA 分数最高)。

第二,在加拿大,关于国家福利制度和公共利益的理念比美国坚定得多。卫生保健和其他社会服务是一种权利,而不是特权。这种理念被带入教育界。而教育界更是广泛认为全社会都有责任为所有儿童提供教育福利。这与国家福利制度结合在一起,创造出了一种氛围,期待所有学生都能获得成功。正如在加拿大学校工作过几年的哈佛教授 Richard Elmore 所说的:

> 尽管加拿大的教育系统的结构和设置看起来和美国一模一样(专业的学习社区、数字化的资料室),其所处的文化氛围却截然不同。加拿大的教师认为国家已经尽责把学生送进学校准备学习,反过来他们就有义务保证这些学生确实受到了教育。

就政策方面来说,观察员注意到加拿大各省之间的积极互动非常少。作为各省教育管理部门的沟通交流渠道,教育厅长委员会(CMEC)一直都被认为是只发挥了很小的作用。因为所有的行动都只有所有的厅长都同意了才有效,而这种情况是很少见的。但是,据安大略省的现任副部长 Kevin Costante 说,教育厅长委员是一个重要的信息交流机构,它使好的理念和实践在各省得到推广。

> 尽管各省拥有管辖权,但我们自由而广泛地相互效仿,以至于如果你去到阿尔伯特省或英属哥伦比亚省或新斯科舍省,会发现它们目前的学校系统没有多大不同。你们会看到,有些工作这边才刚刚开始,就已经被其他省迅速地复制了。而且,我们自己都是非常厉害的效仿者。所以,如果我们看到英属哥伦比亚省或其他任何地方有新动作,我们就会效仿。加拿大教育厅长委员会是做这事的正式机构。厅长们一年开两次会。会议有时可能会有点令人沮丧,但是它最有价值的部分的确是分享信息。坦率地说,我们一起工作确实不多,尽管有时也会有一些。但是它确实分享了一些东西,只要有用,就会被采纳。

虽然没有一个全国性的组织,但很多人都认为,各省的关键政策并没有很大不同。其原因就是有些学者所说的"同态性"(isomorphism),或者是通过模仿其他类似组织的实践来获得合法性。我们的一些回应者说,粗略地讲,尽管没有国家组织协调,各省之间不像我们预期的那样存在不一致。Neil Guppy 是英属哥伦比亚大学的一位社会学教授，编过一本关于加拿大教育的教材，他说，

> 我个人认为自治已经结束：各省使用的很多教材是一样的；我们的教师教育项目非常相似；学校教育（幼儿园、小学、中学、高中）的设置很相似；工会相似；各省之间学校管理人员的调动很容易等等。据我所知，尽管我们没有 SAT 或国家统考，所有的大学都认为来自各省的毕业生是可相互替换的。对其他省的模仿和检查频繁发生。在大部分讲英语的省份，你都可能会发现各省城乡之间的情况差不多。

此外，还需要强调的是对泛加拿大的教育成功具有潜在的重大影响的三个公共政策因素（除了国家福利制度和文化因素）。第一，各省建立的公共课程。这些课程由各自的教育厅咨询大量的教师和学科专家之后开发出来的。在一些省，这些课程相当具体，而在其他一些省却只提供一个关于什么时候学什么内容的指导方针。虽然在具体的实施过程中，这些课程多大程度上被采用在各地方会有很大的差异，但是无论如何它们都确实提供了教学的基本方针，指导学生什么时候学习什么内容。最近几年，西部一些较小的省已经转向协作，这使各省的教学更加一致。这类似于美国的州联盟合作建立共同核心标准。最近的 PISA 结果显示阿尔伯特省的分数最高，该省的政府部门把这归因于其优质的课程。

第二个因素是高标准的教师选拔。2007 年关于 PISA 领先国家的麦肯锡报告强调，教师教育专业能够吸引顶尖优秀学生是 PISA 领先国脱颖而出的一个因素。安大略省的前副厅长，Ben Levin 是加拿大教育界的权威人士。他说在加拿大申请教育学院的学生都是大学里顶尖的 30% 学生。一位受访的加拿大教师解释说，要在加拿大进入教育学院很难，尽管他指出，"大家都知道，这里还有一个漏洞，那就是你总是可以容易地跨过国界去美国那里拿到文凭。"一些人认为这些培养教师的机构的教育质量很高。Levin 估计整个加拿大大概有 50 个机构允许严格监督教师培训的质量。而相比之下美国却有几百个。其他一些回应者认同教师的选拔标准是很高，但培训机构的教育质量不一定高。

第三个因素是均衡的资金配置。因为学校财政现在已经全部或者几乎全部由省级政府承担，这样每个省就有能力来提供财政支持，以抵消本省有些学生日益严重的

贫困状况。从省到区的资金一般分为三类：基于学生数量的整体补助款；专项补助款，既可以用于专门的项目（如特殊教育），也可以用于帮助学区提升基础服务，以应对更大的挑战（如很多学区因为分布太散需要更多交通补贴）；均衡补助金，用于帮助使用一部分本地基金的较贫困学区均衡发展。

这些因素代表了加拿大小样本的官员和观察员的观点。这是他们理解自己成功的方式。但是这些解释不是那么令人满意，明显还需要更多的研究和分析。很多同样实行统一课程的国家、州或省却没有得到类似的结果。关于钱的重要性，有很多的争论，不过总的来说是这样，钱有一定作用，但取决于使用的方式。可能教师的重要性要更明显一些，因为它是少数几个能区别 PISA 成绩优秀国家和其他一般国家的因素之一。总的来说，加拿大教育系统的主要特点和其他在 PISA 中表现不好的国家区别不大，因此其成功的原因很难解释。

在相似的结构中，实际上能够产生很不相同的工作，这取决于其所处的文化氛围。课程、资金和教师天赋是很好的资源。如果省政府与学校有意合作并愿意为学生的成绩共同承担内部责任，他们可以利用这些资源创造高质量的学校教育。我们在安大略省找到一个案例。但是讲这个案例之前，有必要先提另一个在实际中给加拿大加分的因素——移民学生的教育。

## 移民教育

对加拿大的 PISA 结果产生最大影响的一件事情是其移民学生教育的成功。据估计，按人口计算，加拿大拥有世界上最高的移民比例。正如前总理 William Lyon Mackenzie King 著名的言论："如果说一些国家的历史太久远，那么我们的地理太辽阔"。因为加拿大是一个由来自全世界的移民组成的年轻国家。每年有大约 25 万移民加入加拿大国籍（加拿大的人口大概为 3100 万）。相对其辽阔的疆域、较少的人口和低生育率，移民在加拿大被看作是重要的急需资源。目前所有的大政党都支持维持或提高移民比例。这里没有限制移民的普遍诉求。

移民的模式随着时间发生变化。大约在 1970 年以前，大多数的移民来自欧洲；在过去的 40 年里，大多数移民来自亚洲和发展中国家。2007 年，移民人口的前几个来源是中国和印度（各有 28000 人），菲律宾（20000 人），巴基斯坦（10000 人）。小部分的移民来自美国、英国、伊朗、韩国、哥伦比亚、斯里兰卡、法国、罗马尼亚、俄罗斯、阿尔及利亚,这些国家每年都有超过3500人移民加拿大。总之,这种移民规模意味着每年有40000名新生进入公立学校。其中80%的学生不会说英语,90%的学生将进入蒙特利尔、多伦多、温哥华的学校。

加拿大的移民被分成三类:难民、团聚移民和引进人才。在2008年,第一类移民大约有22000人,第二类移民大约有65000人,第三类移民大约有150000人。事实上60%的移民是经过筛选,他们有能力为加拿大作出经济贡献。这意味着一大群高素质的移民正落户加拿大。总的来看,当前加拿大工人中有23%出生在国外,49%的博士和40%的硕士来自其他国家。

PISA的结果显示,三年以内加入加拿大的移民学生的PISA成绩平均分在500分以上,这明显高于国际标准。作为对比,在2003年PISA阅读测试中,加拿大的第一代移民的平均分超过510分,排名第二(相比之下,美国的平均分低于460,法国的平均分低于430)。加拿大也是少数几个移民学生和土著学生在PISA中没有差距的国家之一(相比之下,这两类学生在数学上的成绩差距美国是30分,法国超过50分,德国是80分)。第二代加拿大人的表现明显比第一代好,意味着这种模式随着时间在进步。最后,加拿大是仅有的两个(还有澳大利亚)学生所在的家庭是否使用教学语言对学生成绩没有影响的国家之一。

受访者把这个成功归因于三个因素:第一,也是最重要的,大多数的移民都是因为具有经济贡献能力才到加拿大的,很多移民孩子的父母受过很高的教育。2006年的OECD报告发现,加拿大的第一代移民学生的父母受过的教育等于或多于本土学生的父母。这些优势以家庭教育和社会经济地位的形式转化成学校资源。这份研究还发现,加拿大是少数几个移民学生拥有与本土学生相同或更多资源的国家之一。尤其是在对应的师生比例、物质条件、教室氛围和教师品德方面,移民学生都普遍优于本土学生。

第二,加拿大的多元文化创造出一种独特的哲学。这种哲学不仅尊重本土文化,也尊重将移民并入到独特的加拿大身份中。在实践中,这意味着大部分的移民学生被安排和说英语和法语的本土学生在同一个教室上课。母语教学主要是以非营利的形式在校外进行。

第三,一些聚集了大量移民的省份,制定明确的政策帮助移民学生获得成功。例如,在英属哥伦比亚省,学生修读必修课。但是如果学生达到一系列标准,政府会提供资金进行额外的语言教育。标准包括:(1)提供证据表明该学生语言水平较低,而且自

第五章 加拿大:很像我们但却比我们好得多

已无力达到要求;(2)提供一年的教学计划满足学生的需要;(3)需要一位教育专家参与制定和审查该计划;(4)学校必须为该学生提供课堂内外的支持,并为相关教师提供支持和培训。

总而言之,加拿大的移民和在读的移民学生已经进入一个积极的、不断完善的循环当中。对于移民来说,这是一个富有吸引力的目的地。移民受到欢迎,并被当作文化和经济不可或缺的部分。大部分的移民是因为符合经济需求而通过筛选的。这意味着他们不是被看作工作的威胁者或竞争者。这也加强了继续引入移民的政治支持。从父母的文化水平和社会经济地位来看,移民学生和本土学生在人口统计学上很相似。他们进入学校在任何方面都是很公平的。他们受到欢迎,并被作为保证多元文化的一部分。而且有一些项目支持他们学习英语和法语,尽管其作用正在减小。总之,这些因素共同创造出一种非常友好的氛围,欢迎优秀的移民。从国际标准来看这些移民在加拿大也发展得非常好。

## 转向安大略省

从2003年到2010年,安大略省在追求如何通过专业策略来变革教育系统方面是一个全球的领先者。2003年,Dalton McGuinty省长上任后,安大略省的战略获得广泛的成就。例如,提高小学生的阅读和算术能力、提高毕业率、减少低效的学校。一系列的因素汇聚并造就这一策略。

### 安大略省的背景

安大略是加拿大最大的省,总面积约40万平方公里,人口约1300万,占全国总人口的40%。安大略省的城市化水平非常高,80%的学生分布在城区。在多样性方面,安大略27%的学生出生在国外,20%的学生从外表上看就是少数民族。多伦多是世界上最多样化的城市之一。

在安大略省,有四类学校委员会,符合了政府必须为少数民族语言和宗教少数派提供公共服务的宪法要求:

(1) 31个英语学校委员会,服务130万学生;

(2) 29个英语天主教学校委员会,服务约56万学生;

(3) 8个法语天主教学校委员会,服务6万学生;

(4) 4个法语学校委员会,服务 1.3 万学生。

这意味着学生在该省的任何地方都能得到 4 个委员会的服务,而且具有一定的选择性。在这个教育系统中,大约有 5000 所公立学校,私立学校没有公共资金支持。

**纲领性的计划和成就**

目前,安大略省教育厅提出两个主要的计划:一个聚焦在小学,另一个聚焦在高中。

第一个是阅读和算术计划。它的目的在于提升小学生的阅读和数学成绩。通过一项深入的能力提升策略,这个计划获得了成功。在省统考中三年级学生的阅读、数学和写作的通过率从 55%（2003 年）提高到了 70%（2010 年）。六年级相同科目的成绩也同样提高了 10% 至 20%。

第二个是学生成功计划。它的目的在于提高高中的毕业率。这个项目的思想基础是认为辍学的路开始于早期。通过追踪在九年级挂科的学生,可以较早地发现可能辍学的学生。通过在各个学校设立学生成功办公室,并创立学分补修项目。学生可以补考不及格的科目,毕业率从 68% 提高到 79%。

**安大略省成功的背景条件**

安大略省一系列的背景条件有力地促成了其成功,使其获益不少。

政治上,保守派政府极不受教师和教育部门的欢迎,这让 McGuinty 省长在任期期间从中获益。我们认为保守派政府制定了全省的课程,搭配相应的评价和说明框架。但它也通过削减资金、减少一半的专业培训时间、发布电视广告妖魔化教师、增加对私立学校的支持等手段来离间教育团体。在这一时期,55000 个学生离开公立学校。而且,从投票的结果来看,超过 15% 的公立学校的家长正主动地考虑选择私立学校。安大略曾经爆发过七次教师罢课,其中 1997 年的一次罢课超过 2 周,抗议政府立法。当时社会的道德水平很低,政府和教师之间的关系很对立。工会的领导 Rhonda Kimberly Young,安大略中学教师工会的前主席这样描述 McGuinty 政府上任前的时期:

> 然后保守党人来了,他们提出一个所谓的革命共识,说奇迹将会发生。他们会降低大家的税负,他们会消除浪费,他们会以更小的成本创造更高的效益。不

幸的是，他们成功地说服了选民。当他们上台后，Mike Harris 成为总理，任命的第一位教育部长是一个高中辍学生。我们认为那是他们的教育政策的一个重要征兆。他们将不会考虑教育学、研究这类东西，而是带着锤子来了……只要让我们引入一个商业模式，我们将向你们展示在教育界可以做什么。在 1998 年，我们举行过一次全省范围的退席，这是政治抗议。

在这个高度分化的环境中，自由党很早就决定在下一届省内选举中把教育作为核心的议题。反对派领袖，McGuinty 在 2001 年作了一个大型的政策演讲。如果他当选，他将向自由党提交一份非常详细的改革方案，包括降低班级规模。这个演讲结束后，他们建立一个包含 65 条建议的非常具体的教学平台。所以，到了 2003 年自由党上台，他们相信他们拥有强大的改革动力。

McGuinty 的第一任教育厅长 Gerard Kennedy，匆匆忙忙地上任了。他曾经是反对党的教育评论家或影子厅长。用他自己的话说，他总是准备充分然后再进入办公室办公：

> 在我做评论家的时候，参观过省内很多学校和学校委员会。我花了大量时间和老师在午餐厅聊天、和家长们在放学后聚会以及争取机会参加学生会。我面谈过所有主要的利益相关团体，不仅是为了建立关系，还为了把他们纳入到制定政策的过程中。在那段时期我肯定面谈过至少 6000 人。
>
> 我们需要形成一个关于教育的新的政策舆论。当前教育系统的政治化水平花费巨大的代价维护公信力。在保守政府当政的过去八年中，学校浪费了大量的时间来罢课和停工，这些中断是公众对教育系统不满的关键。我们感觉，如果我们要获得成功地推进我们的改革的机会，我们就必须改造那种力量。我们必须重建政府与教育界、学校委员会与教师之间的信任。

除了 Kennedy 厅长的作用，McGuinty 政府还得益于 Michael Fullan 的建议和领导。Michael Fullan 是多伦多大学的专家，曾有过大量的写作、到处演讲宣传学校改革的经验，是一位经验丰富、知识渊博的学校改革家。他成为 McGuinty 的教育专业智囊，协助招募了另一位知识渊博的学者和实践者 ben Levin 担任副厅长。所有这些人在基于能力建设的系统改革方面具有类似的想法，这有助于敲定和坚持接下来几年的改革。McGuinty 也去英国访问，考察有些类似的英国改革。安大略的战略就是在英国战略的基础上,修改一些重要部分后形成的。

在财政方面,1997年,安大略省改变了财政政策,由省政府负责学校的全部经费。因此,尽管教育系统确实存在多个层次,政府通过覆盖全省的财政支持增强了自己的影响力。

## 安大略省故事的三个部分

### 持续的政治领导

显然,McGuinty省长持续的领导是安大略省成功的所有原因的基础,也是改革成功的基础。McGuinty是一个教育省长,从2003年首次当选到2007年第二次当选,McGuinty在整个任期里都持续关注着教育的发展。McGuinty还亲自参与改革,在他的整个任期里,他多次接见重要的教育利益相关者,向他们强调改革的重要性。Fullan是整个战略的设计师,他这样评价McGuinty:

> 显然,省长是关键。如果没有McGuinty省长,这个故事将完全不同。在他第一次当选时,我对他说,如果你连任……(不要)放弃这计划,保持连续性,关注教育改革。然后,在他获得连任后的那周,他对我说,"我不仅不会放弃这计划,我还要强化这计划,甚至使它更加坚定、更加自信、更加紧凑。"

通常,学校改革的努力像手纺车一样在教育系统内的领导间徘徊、拖延,在最初的热情激荡后,教育改革被挤出领导的日程安排。与这种情况不一样,McGuinty在两届任期中坚持积极、持续和一贯地亲自关注教育。2009年上任的副省长Kevin Costance回忆起他上任那天接到McGuinty的电话。McGuinty告诉他,"不要分心,将有很多人叫你去做各种各样好事情,有些可能确实很好,但是不能帮助学生成功。我希望你把精力集中在帮助学生成功的事务上。"而且正如这位新任副省长所预料的,他可能有机会在过去七年的成就基础上继续前行。McGuinty命令Costance在2010年9月之前,为600所学校的四到五岁的儿童,开发和实施一个新的全日制幼儿园项目。

### 有限的目标

从一开始,安大略省变革理论的中心观点就是认为,学校很容易被很多问题和争论分神,而这些问题和争论跟提高学生的学习和教育成果几乎没有关系。要让教育系统改革贯穿政府的多个层面并覆盖5000所学校,这要求将有限的目标聚焦成一点,维持工作的连续性。McGuinty做出了两个指导政府工作的核心承诺:提高小学生的阅读和算术能力以及提高高中的毕业率。他的行政部门也建立雄心勃勃的,但不是脱离现实的长远预算来保障以下目标:把全省阅读和算术能力测试的通过率从55%提高到75%,把毕业率从68%提高到85%。

**为持续发展提供结构、文化和能力支持**

为了实现这些目标,教育厅的领导有一套看似简单、其实很复杂的行动计划。这项工作认真吸取了记录在案的之前改革失败的教训。他们归纳出大部分自上而下的改革都不能深入持久地改变实践的原因:(1)改革的焦点距离教学的核心太远;(2)改革假设老师知道如何做事,实际上他们不知道;(3)各种有相互冲突的改革措施暴风骤雨般的来临,要求同时做太多的事情;(4)学校和老师并不相信改革策略。所以,要实现持续的改革可能需要:(1)直接聚焦于完善教学行为的策略;(2)认真而具体地关注实施,提供机会让老师实践新想法并互相切磋;(3)一套整合好的策略以及一套对老师和学生的期望;(4)教师对改革的支持。省和区的政策都需要围绕这些目标精心策划。

**创设氛围。** 前面提到的几点中,最后一点,即教师对改革的支持,可能对于新战略来说是最重要的。要提高5000所学校的教学水平需要成百上千的老师努力提升他们的实践。他们认为,这只有当教师们把努力当作本分(用他们自己话说)才有可能发生。

为了达到这一目的,他们通过能力建设这样的改革策略,与美国使用的更强调义务的惩罚性方案形成强烈的反差,与英国的反差则略小。[①]他们选择对结果公开报道,并且强调处于挣扎中的学校不仅不会被惩罚或关闭,而会得到额外的支持和校外的专家指导。

政府极其娴熟地说服教师、学校和工会认可其改革方案。这一点极具政治意义。Gerard Kennedy曾经有力地批评前政府。他的任命被看作是对支持公共教育的鼓舞和对教师需求的及时回应。副省长每季度接见一次主要的教师工会、督导组织和校长

---

① 想要了解更多有关问责的国际比较观点,参见 Jonathan Supovitz 在《教育变革杂志》上发表的"高风险测试如何影响教育改进?从过去十年考试与问责改革说起"(2009年第10卷,第2期,211至227页)。

协会,讨论当前的各种改革措施。政府还创立了安大略省教育合作小组,更广泛的教育利益相关者可以在此与政府官员一年会谈两到四次。合作小组进而转向工作小组,利益相关者小组可以围绕专门的议题进行更紧密地合作。

这些措施的关键是 2005 年四大教师工会签署的一个集体谈判协议。在这个协议中,政府可以商谈一些符合教育战略和工会利益的项目。尤其是 McGuinty 保证降低小学的班级规模,这创造了 5000 个新工作岗位。政府和教师工会也希望小学老师每周花 200 分钟备课。这创造了 2000 个新职位,分布在音乐、艺术、体育和语言四科。这个协议还提供资金在每所学校雇佣一名学生成功岗位(全职或兼职)。因此,这个协议推进了教育改革,并创造了一段持续的劳资关系和平期,为持续关注教育发展创造了条件。

**为深入实施创设结构。**为了达到这些目标,政府制定了一个深入实施的策略。关于阅读和算术,政府创立一个 100 人的新秘书处,负责培养拥有完成这项工作所需知识和能力的人。它独立于政府存在,因此能避开普遍的官僚主义障碍,独创一格。它要求学区和学校建立小组,领导阅读和算术的相关工作。通过这样,它把校外的专家与连续的校内时间和领导力结合起来,推动这项工作。Avis Glaze 负责领导阅读和算术秘书处。他说,这项工作之所以成功,部分是因为它立足实践。

> 我们招募了一个新团队,包括教师、校长和学科专家。他们拥有丰富的基层经验,受到教师和学校的敬重,不会看起来完全是政府的代表。这个微型组织深入基层,我们有 6 个宗教小组和 1 个法语组,每组 6 到 8 人。这意味着秘书处的大部分人都在基层积极地工作,与学校、校长和老师们建立联系,而不是躲在自己的政府办公室里。

教育厅也试图确保改革成为双向通道,而不只是简单地自上而下。正如 Fullan 描述的那样,从英国模式中学来的一点就是避免自上而下的行政命令。

Michael Barber 最终把英国的这种做法叫做"明智地开处方"。这套做法背后的观点是,你在自己的中心里做了很多研究,接着你知道了一些事情,然后就开出处方,对课程、教学方法甚至时间使用,包括阅读时间的使用等具体问题作出指示。相比之下,我们建立秘书处,我们对我们的 72 个学区说,不要担心,我们不是带着"告知式的处方"来的,而是要提倡具体问题具体分析。当然,我们要做的就是与你们在基层和政府合作,找出好的实践,巩固并推广。他们可能最终以某种几乎没有商量余地的身份来了,但是我们并不是想要告诉你们去做什么。我们只是想一起去发现那些实践。这就是我们工作的内容和方式。

关于学生成功计划,政府施行一个不同的策略。不是从政府派出一个小组,而是给学区提供资金雇佣一个人领导学生成功,让他负责协调这个区的相关事务。政府也提供资金让学区的领导们迎合、分享这些策略。而且,每个高中都获得支持去雇佣一位由省资助的教师帮助学生获得成功,并被要求建立一个学生成功小组,跟踪可能辍学的学生的数据,并设计合适的干预手段。

实施学生成功策略过程中的一个重要的因素就是在高中建立一个新的项目,叫做高级技能课。它的目的是吸引那些不热衷传统学术课程的高中生,并给他们一些不同的课程选择,而不是让他们重复去做那些让他们备受折磨的问题。通过与雇主合作,高级技能课项目创造了大量动手课程,帮助学生获得技能并创造了工作机会。在430所学校里,有超过20000名学生正在参与740个高级技能课项目。

政府也有一套清晰的理论,知道在改革中让什么人做什么事比较有利。政府的责任是建立清晰的预期和目标,提供资金,达成集体谈判协议,支持教学的改进,提供校外专家,对处在挣扎中的学校进行干预。地区的责任是调整自己的招聘政策,配合整体战略,支持学校,仔细检查学习的持续过程。很多切实工作需要在学校开展,因为老师在这里一起工作,深入思考实践中的问题,并相互学习。当面对来自上层的任务和持续压力时,我们清晰地认识到,只有当学校层面发生改变,教育系统中的其他部分才会支持学习并改变那些应该改变的。

## 什么是策略中没有的:经济学和社会学的行动理论

加拿大的改革策略中有很多在其他国家中非常常见的策略,尤其是美国。比如惩罚性问责、绩效工资和学校间的竞争。总的来说,这个改革的设计者更多的是从社会人的角度,而不是从经济人的角度来看教育改革。主要的问题不是缺乏意愿,而是缺乏知识。而且就动机而言,主要也不是个人经济利益计算问题,而是如何才能成为一个成功的、进步学校和组织中的一员的机会问题。

这些策略设计者所依赖的理论基础更多是来自于组织理论者，如 Peter Drucker 和 Edwards Deming，而不是经济学家。他们认为自己所面临的关键挑战是如何有效地创设组织的层级，以推动大规模的进步发生。这意味着他们的核心观点是更少地使用诸如问责和利益刺激等"硬"概念，而更多用一些诸如文化、领导力和共同目的等"软"概念。安大略省改革策略很少强调说"我要得到一些更好的人"，而是抱着这样一个观念，那就是你必须与现有的人一起工作，而且要在工作中不断地提升这些人的技能。在所有的这些方面，安大略模式都与基于市场的改革理论不一样。

## 我们可以从加拿大学到什么？

安大略省的策略可能是世界上由专业化驱动的系统变革的杰出例子。通过持续地运用政府希望有更好的教育这种压力，在一个高度信任和相互尊重的氛围中，通过大规模的能力建设，安大略省的教育系统在维持平和的劳资关系以及高昂士气的同时，已经在几个主要的指标上都取得了重要的进步。

那么我们可以从中学到什么呢？

**对教育和儿童的重视很重要。**加拿大的一个重要价值观是在文化上非常重视教育。这也就解释了，为什么加拿大联邦政府根本不介入教育，加拿大各省的教育也表现得很优秀。在强大社会安全网中所体现出来的对儿童福利的重视，也解释了为什么加拿大学生的差距不会像美国这么严重，尽管也还是存在着一些问题的。

**为全体学生的优秀成绩给予文化支持很重要。**加拿大移民儿童的优异表现很大程度上反映了移民家庭对他们小孩的厚望，而且很大程度上也反映了教育者对移民儿童同样抱有这么高的期望。由于加拿大一向把移民看作重要的资本，认为移民是推动国家持续发展的关键，而且移民政策也把这些价值观反映出来了，所以学校就认为自己的角色就是要尽快让这些孩子融入主流文化。如果有一些影响的话，那么对移民学生获得优秀成绩高期待也会对人们对本土学生的期望有积极的溢出效应，而不是负面效应。

**系统的协调和一致性很重要。**这是安大略省改革的重大经验之一。尽管一些人在抱怨 McGuinty 政府发起的教育改革太多。但很明显的是，安大略省的改革设计者是在努力地制定一系列的政策，以应对他们所遇到的各种问题和挑战。之所以系统各要素不能够相互协调，一个很重要的，但经常被低估的原因是，一些主要的利益相关者在政府的主要领导是如何看待教育系统中的问题的，以及他们设计这些政策和应对方案背后的想法是什么的问题上缺乏共识。McGuinty政府不知疲倦地努力在主要利益相关团体之间树立一种意识，以形成共识和共同目的。所以，他的这些改革计划都能获得广泛的公共理解和支持。

**教师和校长的素质很重要。** 安大略省的改革很大程度上依赖政府对省内师资队伍素质的自信。阅读和算术秘书处制定的决策没有跟从英国的"明智地开处方"的模式，而是拿出种子资金投入基层，鼓励当地进行实验和创新。这释放出一个强烈的信号：教师制定方案解决学生阅读和数学的能力薄弱问题，有可能比上层制定的方案更加有效。在加拿大，教师一直是令人尊敬的职业，是一个能够持续地选择最优秀的毕业生来当老师的职业。这个事实意味着政府拥有坚实的基础相信，对教师的信任会得到好的结果。考虑到教师这个职业曾受到前任政府的重击，这届政府表现出信任教师队伍的能力和专业性，这是修补教育界与政府产生的裂缝的基本要素。

安大略省也特别注意培养领导，尤其是校长。2008年，政府启动了"安大略省领导力策略"改革方案。这个改革建立在一个详细说明的高效领导应该具备的技能、知识和特质的框架基础上。这个改革策略中有一个监控方案（现在已经4500个校长和副校长参与这个项目）以及一个评价全省校领导的新方案。

**拥有一个具有相应权威和合法性的能干指挥中心很重要。** 安大略省的故事完全是一个在政府统一领导下，投入巨资在基层进行能力建设和信任建设的故事。省长和厅长们的持续、高超的政治领导能力以及Ben Levin和继任者的强大专业领导，是安大略省成功的主要原因。虽然当初在政府机构之外创设阅读和算术秘书处的决定，有不相信教育厅能够完成如此雄心勃勃和高调的改革项目的味道，但Levin的主要目的之一就是使政府更加关注和回应基层。他和他的继任者用尽方法推进这一愿景。

**专业问责很重要。** 安大略以一种值得赞扬的方式成功地平衡了行政问责和专业问责。McGuinty政府没有试图去废除或削弱前任政府建立的评价权力。它始终如一地与基层和公众交流以下信息：这些由省政府表现确定的结果很重要。然而，它对低效学校的反应一直是持介入和支持的态度，而不是责备和惩罚的态度。加拿大在初期的一个主要成就是大幅地减少了低效学校，但是它获得成功的策略是向这些学校提供大量的技术协助和支持，而不是威胁和关闭它们（这在美国很常见）。看来安大略省的领导的基本假设是教师很专业，他们在努力做正确的事情；而且，成绩问题更可能是由于缺乏知识，而不是缺乏动机引起的。于是，老师看起来更有好好表现的责任心，好过一些地方靠惩罚手段建立表面的责任心。

**使教育成为更大策略的一部分很重要。** 加拿大是一个有趣的例子。它比其他很多发达的工业国家更加依赖商品生产和农业生产。但是这个国家，尤其是它的四个人口大省，完全可以归为最发达的工业国家。尽管它拥有很多比大部分工业国家都多的地下资源。但是，当它开始相信让所有人接受高水平的教育对未来的经济更重要时，就表现得仿佛没地下资源这回事。从这个意义上来看，它很像新加坡和芬兰，尽管加拿大的经济状况和它们很不一样。

同样地，加拿大的所作所为也非常吻合一个把人力资源作为自己未来发展之根基的国家。他招聘顶级的人才来当老师。至少从安大略省来看，它似乎很好地平衡了自上而下和自下而上两种改革方式。它像其他国家一样，明确地倾向信任教师，并把他们当作专业人员。虽然学校拥有相当大的决定权，但他们是在一个清晰的省内标准、评价和问责框架中运作。在某些方面，这个系统的组织是非常传统的。学生按能力分流，但是他们却非常关注有失败危险的学生，学生成功计划尤其证明了这一点。从这种意义上来说，加拿大采取了这样一种观点：只有全部学生都表现优异才能保障加拿大的将来。而且，加拿大人制定出专门的政策来确保这一结果。加拿大的高等学校入学率现在是 OECD 成员国中最高者之一。公众越来越明确地认识到在知识经济社会，要让公众接受超过高中的教育会变得越来越重要。

## 最后的观察

加拿大的模式证明没有统一的国家策略，教育也能获得成功。这与很多寻求改变的政策制定者的直觉背道而驰。但是，事实上，尽管没有联邦政府的作用，加拿大各省在 PISA 中都获得成功。最好的解释是某种同态化的形式，或者比管制更有力的是这样一种想法，那就是各个省都希望自己看起来是合法的，因此不希望彼此有太大的差异。观念的力量和传播的可能性完全可以催生好的实践。讽刺的是，一些加拿大领导，包括 Gerard Kennedy，正尝试启动一个更大的国家策略。他的理由是教育太重要了，不能全权交给省负责。

教育政策讨论中，很多人总是喜欢做这样的选择，要么是改革要么是维持现状。这种做法背后所隐含的意思是存在对立双方。一方是推动进步的外来改革者，而另外一方是主要由老师、管理者和工会组成的既有力量，他们反对进步。加拿大的经验提醒我们对这个问题需要有一个更加复杂的分析框架,其中的一个关键内容就是教师的立场也是会动摇的。教师越是认为国家是威胁,他们就越有可能加入工会组织而不是专业组织。安大略省的经验是,通过把教师看作专业人士,并让他们参加决策,政府是可以建立起教师的善意的。这些善意也将是长远可持续变革的关键资源。这不是说政府幼稚(事实上,他们非常懂得工会谈判的生计问题),只是他们能够把这股力量引向双赢,比如提供更多的专业发展时间。最终,安大略省政府创造了一个可持续的策略,它以团结教师,而不是疏离教师的方式,建立起来一股推动成绩提高的动力。

## 参考文献

Bussierre, P., and F. Cartwright. 2004. *Measuring Up: Canadian Results of the OECD Pisa Study*. Ottawa: Statistics Canada.

Bussierre, P., T. Knighton, and D. Pennock. 2007. *Measuring Up: Canadian Results of the OECD Pisa Study*. Ottawa: Statistics Canada.

Canadian Language and Literacy Research Network. 2009. *Evaluation Report: The Impact of the Literacy and Numeracy Secretariat; Changes in Ontario's Education System*. Ontario Ministry of Education. www.edu.gov.on.ca/eng/document/reports/OME_Report09_EN.pdf.

Davies, S., and N. Guppy. 1997. "Globalization and Educational Reforms in Anglo-American Democracies." *Comparative Education Review* 41, no.4:435–459.

Fullan, M. 2010. *All Systems Go: The Imperative for Whole System Reform*. Thousand Oaks, CA: Corwin Press; Toronto: Ontario Principals Council.

Guppy, N., and S. Davies. 1998. *Education in Canada: Recent Trends and Future Challenges*. Ottawa: Statistics Canada.

Leithwood, K., M. Fullan, and N. Watson. 2003. *The Schools We Need: Recent Education Policy in Ontario; Recommendations for Moving Forward*. Toronto: Ontario Institute for Studies in Education.

Levin, B. 2008. *How to Change 5,000 Schools: A Practical and Positive Approach for Leading Change at Every Level*. Cambridge, MA: Harvard Education Press.

Levin, B., Glaze, A., and Fullan, M. 2008. "Results Without Rancor or Ranking: Ontario's Success Story." *Phi Delta Kappan* 90, no.4:273–280.

Manzer, R. 1994. *Public Schools and Political Ideas: Canadian Educational Policy in Historical Perspective*. Toronto: University of Toronto Press.

McKinsey and Company. 2007. "How the World's Best Performing School Systems Come Out on Top." E-resource. www.mckinsey.com/App_Media/Reports/SSO/Worlds School Systems Final.pdf.

Organisation of Economic Co-operation and Development (OECD). 2006. *Where Immigrant Students Succeed: A Comparative Review of Performance and Engagement in PISA 2003*. Paris: Author.

Pascal, C. E. 2009. *With Our Best Future in Mind: Implementing Early Learnig in Ontario*. www.ontario.ca/ontprodconsume/groups/content/@onca/@initiatives/documents/document/ont06_018899.pdf.

Pedwell, L., B. Levin, B. Pervin, M. J. Gallagher, M. Connor, and H. Beck. 2011. "Building Leadership Capacity Across 5,000 Schools." In T. Townsend and J. MacBeath, eds., *International Handbook on Leadership for Learning*. Dordrecht, the Netherlands: Springer Press.

Tibbetts, J. 2007. "Canadian 4th Graders Read up a Storm." *The Gazette* (Montreal), November 29, A2.

Statistics Canada. 2008. *Report on the Demographic Situation of Canada*. Table A-4.1. www.statcan.gc.ca/pub/91-209-x/2004000/part1/t/ta4-1-eng.htm.

Statistics Canada. 2009. *Facts and Figures 2008: Immigration Overview*. www.cic.gc.ca/english/resources/statistics/facts2008/permanent/01.asp.

Ungerleider, C. 2008. *Evaluation of the Ontario Ministry of Education's Student Success/Learning to 18 Strategy*. Ontario Ministry of Education. www.edu.gov.on.ca/eng/teachers/studentsuccess/CCL_SSE_Report.pdf.

Young, J., B. Levin, and D. Wallin. 2007. *Understanding Canadian Schools: An Introduction to Educational Administration.* 4th ed. Toronto: Nelson.

## 受访者

Kevin Costante,安大略教育副部长
Leona Dommbrowsky,安大略教育部长
Richard Elmore,哈佛教育研究生院教育领导力 Anrig 教授
Michael Fullan,多伦多大学安大略教育研究所名誉退休教授,安大略教育总理和部长的特殊顾问
Avis Glaze,安大略教育部阅读和算术秘书处前 CEO
Keray Henke,亚伯达省副部长
Gerard Kennedy,安大略议会成员、安大略前教育部长
Benjamin Levin,多伦多大学教授、加拿大教育研究主席,前安大略教育副部长
Rhonda Kimberly Young,安大略中学教师联盟前成员

## 附录 E

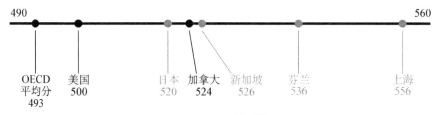

**PISA 2009 阅读成绩**

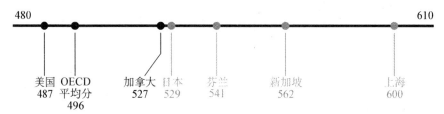

**PISA 2009 数学成绩**

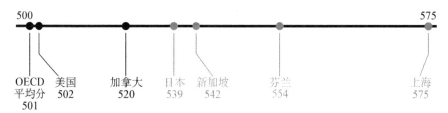

**PISA 2009 科学成绩**

**生均 GDP（美元）**

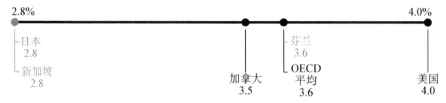

**小学、初中以及非第三级教育经费占 GDP 比例**

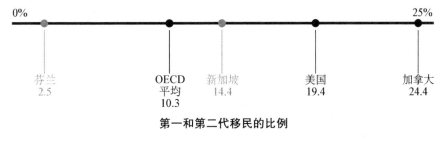

**第一和第二代移民的比例**

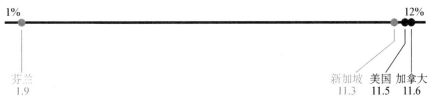

**在家说另外一种语言的移民背景学生比例**

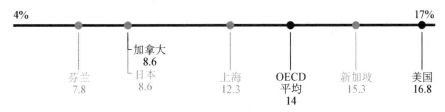

**社经地位所能解释的学生表现百分比**

来源：以上八张图也可参见本书的导论部分。

第二部分

# 美国如何才能比得过最优秀者

# 第六章　成绩优异的国家是如何成功的：分析……与综合[①]

Marc S. Tucker

一个世纪以前，美国曾经是世界上最乐于向别国学习的国家之一。我们在钢铁制造、化工原料和其他许多方面从英国、德国及其他国家那儿汲取了最好的想法，并将这些想法在此付诸实现，其规模足以让欧洲望洋兴叹。同时，我们在教育方面也从德国人和苏格兰人那里借来了最好的思想。那是我们国家经济从未有过的快速发展阶段，也正是在这个时候我们设计了教育体制，并沿用至今。公正地说，在许多方面，我们应把当前教育体制的形态归功于向先进国家学习的结果。

但是，在第二次世界大战后，美国似乎在工业和教育业都达到了顶峰，因此我们自认为已没有多少向他人学习的必要了。随着时间的流逝，一年又一年、一个又一个的国家在许多产业以及全方位的基础教育上追赶并超越了我们。可是鲜有美国人对他们的成就加以留心。

美国的政策制定者一直没有注意到这个现象，直到教育部长 Arne Duncan 请求 OECD 制作了一份报告，具体阐述其他国家用来超越我们的策略。随后，他在纽约召开了一次史无前例的大会，那些在教育上做得比美国要好的国家教育部长或者相关团体领导人应邀参加了这次大会。现在，美国似乎又一次准备好要向领头的国家学习了。

在本章中，我站在巨人的肩膀上，思考着如果美国的教育政策是建基于我们最成功的竞争者的经验基础之上的话，那么它应该会是怎样的。我的分析是基于本书前几章的研究以及 OECD、NCEE 和其他研究者在过去二十年内所做的研究。

这里所阐述的政策议程并不是前面各章所提到的所有国家都做过的，实际上，只有极少一些是所有最成功的国家所做的。

---

[①] 本章由黄睿主译。

但那些做行业标杆研究的企业,也同样不是等那些最厉害的竞争者都做某件事情的时候才开始做这件事情的。只要他们看到某个企业的某种创新看起来很有价值,符合自身的目标和状况时,他们就会予以采用。他们的希望是,以一种明智的、连贯的方式把不同竞争者最成功的创新结合起来,并加入一些他们自身的创新。这样一来,他们不仅赢得了竞争还提高了绩效。这就是我在这儿采用的方法。

这里我给出了一个对比。一方是那些最成功国家所采取的发展策略,一方是眼下美国教育改革的发展策略。我得出的结论是:那些推动着成绩最好的国家的策略在美国明显缺失;相反,当今在美国最普及的教育策略(除了著名的共同核心州立标准)在那些有着最成功的教育体系的国家却很少见到。

很多人很快就会说,美国还有很多与我所描述的不一样的案例。这是对的。事实上,在美国,几乎所有重要的领域都看得到有很棒的方法的例子。但是我这里的目的并不是将注意力集中在几个孤立的好方法的例子上,而是放在有助于高效率教育体制形成的政策体制之上,因为这正是美国的短板所在。

毫无疑问,在很多人看来,我所建议的对整个政策和方法体制的完全改造,会带来各种不可预料的结果。所以我将目光投向加拿大,因为它对我们而言是一个最好的例子,它为我们如何可以在短期内获得巨大进步提供借鉴。这看起来完全合乎情理,伴随着短期计划慢慢展开,前面提到过的许多整个国家的长期目标,如财政分配的公平、全体教师素质的提高以及其他方面,都会逐渐实现。

需要牢记的是,尽管美国政府能在显著提高学校教学质量上扮演重要的角色,但是我相信最主要的作用者还得是各个州政府。所以当提到改变体制时,我指的是州政府而非联邦政府。

接下来,我们从概览、原则、政策和方法入手,这些都是世界上一些成绩最好的教育体制的成功之本。

# 概览

尽管从辨识那些导致世界上成绩最好的体制成功的概览、原则、政策和方法入手并分析这些国家所用的策略很重要,但这样做我们也很容易见木不见林。毕竟其中的本质实际上是两个重要发展轨迹的交汇:一是当前的全球经济发展轨迹,二是在当前全球经济发展的背景下教师队伍也必须有相应的发展,才能适应教育这一代儿童的需要。

这本书所提到的这些国家都已经或即将成为极高薪的国家。他们都已经意识到,在劳动力市场日益全球化,各个国家的人才都在竞争相同岗位的今天,给那些在技能上不一定高出别人的劳动者高薪,这并不合理,他们完全可以聘请那些在技能上不亚于本土员工但工资要求更低的外国竞争者。只有那些能够提供全世界最高超的技术和最富创新力的想法的人才能赢得世界上最高的薪水。这些国家也意识到,高薪国家如今必须摒弃只有少数公民才需要高技能和创造性能力的想法。所有人都必须接受先前只为天才学生所准备的教育,这是一种新的想法。它导致了那种通过对学生进行分类,只给部分学生教授高智力难度的课程,只招聘有高学历的老师,对易教学生多投入、对难教学生少投入来达到目标的教育体制面临垮台。正是这在教育目标上的根本性变化,推动着国家和地方在教育体制设计上发生同样的根本性变化。

第二个大变化紧随其后。除非一个国家的青年才俊能摒弃教师职业应由女性担任的传统思想,不断扩充到教师队伍中来,否则没有一个国家能够把绝大多数学生的智力和想象力水平提升到国家所要求的高度上。这要求一个国家不仅能为教师提供富有竞争力的报酬,还要能提供与非女性化职业相同的社会地位、相同的职业训练质量以及相同的工作地点环境。做到所有这些将会改变一切——大学招聘老师的标准、哪些机构负责训练、谁被招聘、教师培训的内容、教师报酬的结构和总量、教师成为劳动力的方式、职业的结构、教师工会的性质、教师的权威性、他们的教学方式以及其他更多的方面。

如果这些真是我们要向超越美国的国家所学的核心课程,那么我们国家当前的改革日程大部分都是与此不相关的。我们已经不幸走上了这条歧路,如果我们想要赶上最好的体制,就必须及时回头。

## 成绩优异的国家在做而我们没做的事情

在本书导言部分,我将一个高效的国家教育体制定义为:在这个体制中,最好的学生取得的成就是世界一流的,而较差的学生排名也不会比最好的差到哪里去,并且收获这些成果所花的费用远低于那些投入很大的教育体制。简而言之,成绩优异者是有着在质量、公平和效率上名列前茅的教育体制的国家。

在本章中,我摘取了一些在以上这三个方面带来高水平表现的关键因素。然而,我不得不指出的是，这种模式是人为设想的，而非自然形成的。教育系统在任何一个方面的特征通常能够对其他方面产生影响。系统内部因素之间的相互作用很复杂。尽管如此，我还是希望这个模式能够对读者有用。

但在我提到那些主要影响着质量、平等和效率的因素之前，先研究一下促进国家教育发展的关键策略——以最先进的国家作为标杆来研究。

### 以最优秀的作为标杆

每一个成绩优异的国家都很清楚其他高水平的国家在做什么，尽管它们自身有些要求就比其他国家要高得多。现在读者可能会回想起：现代日本学制的诞生归结于明治维新时期新政府派出的考察团，那时的日本政府坚决认为他们能追赶上西方的唯一办法就是研究它们的教育机构加以采纳，并且把他们发现的最好的方面加以改造以适应于自身。现在日本仍在研究先进国家的教育，作为其制定教育政策的主要信息源。新加坡人是全世界最坚定且最有原则的学习他国者，他们不只是在教育，而是在所有的社会政策领域都这样做，而且他们的努力得到了回报。芬兰也一直在发展自己的教育政策时研究成绩最好的国家，从中分得了一杯羹。安大略省省长 Dalton McGuinty 在为安大略省制定新的教育政策时也先走访了他国。而在中国，香港政府先前在寻求改革它的标准和评价体制时，实际上是雇佣了一个澳大利亚人为它收集了几个国家在课程、标准和评价上所做的最新工作。

许多美国人认为，考察其他国家的教育体制，就是做一张表格，对比美国和其他国家在一些关键教育指标上的评价分数。但那对于多年来一直在做这项研究的国家来说，却完全不是这样的。对那些国家而言，考察另一个国家的教育体制，既要知道本国在国际性测评中排什么位置，更要比较各自的教育目标、政策、方法和制度结构。他们希望明白别的国家在试图达到什么、是怎样去做的、它将如何把它做得与众不同、犯了什么错误、如何化解这些错误、哪些因素对别国的成就贡献最大等等。对国际先进教育的比较借鉴是一种范围很广且永不终止的研究项目，因为没有一个国家的教育体制能够长时间不改变。

将本国的教育战略建立在对其他领先国家之成功战略仔细研究之上的国家，往往不会像那些将自身的战略建立在未检测过的理论之上的国家那样走进死胡同，浪费大量的资源在没有结果的方案上。而美国在过去几年里一直做的正是这种无意义的事。接下来要给出的就是，NCEE 的研究者自 1989 年就开始从拥有最好教育体制的国家那里学来的精华内容,并特别关注在本书所提到的国家、省份和城市上。

## 以提升教育质量为目标的设计

**明确目标**

去阅读那些成绩优异的国家,阅览其官方文件或听取他们的高级官员讲话,往往不能帮助我们了解他们的共同点,反而会转移我们的注意力,忽略了这些国家在教育目标方面的清晰度。所有的这些国家现在都意识到,在当前的全球经济环境下,一个人要获得高薪,不仅需要有学校课程给予的过人知识以及将这些知识运用到他们从未见过的问题上的能力(国际学生评估项目使用的那些问题),还需要他们拥有社会技能、个人爱好、性情和价值观这些对个人成功而言不可或缺的东西。亚洲国家特别关心他们的学生是否有足够的独立思考能力、创造力和创新能力,因为这些国家特别需要这些东西。

尽管所有这些国家都希望将这些认知与非认知方面的技能发展到前所未有的高度,以适应全球经济发展的要求,但它们也关心着社会凝聚力、公平性、体面、宽容、自我实现和价值观转变等在他们看来是构成一个国家之定义的东西。许多情况下,讨论这些国家发展目标,为国家教育体制的重大改变奠定了基础,并且为国家政治领导人重新设计稳定的教育机构配置提供了坚实的基础。直到1990年全国教育目标小组的成立,美国才有了一个令人瞩目的关于美国学生目标的讨论,而许多国家在那时也刚刚开始进行这种讨论。

**教学系统和门槛**

事实上所有成绩优异的国家都有一套在关键转折点设立的门槛的制度。比如,从基础教育到高中教育、从高中教育到大学以及从基础教育到职业训练和从职业训练到就业这类转折点。在这每一道主要的门槛上,都有某种形式的全国性外部评价。在本书研究的国家中,只有加拿大没有这样一套系统。而且在国际学生评估项目前十位的排名中,加拿大是唯一的"异常者"。

高中结束时的全国性考试通常是(但不总是)该国的大学入学考试。许多国家将这种考试作为大学升学的唯一参考。另外一个事实是,在这当中的许多国家,考试成绩决定了高中的入学资格,同样的,这些国家的高中教育又被设计成大学教育的准备。高中考试内容往往是由大学官方制定,并与高中课程的内容紧密结合。

通常还有一种情况是,当学生们在9年级或者10年级圆满完成他们的基础教育时,有另一条不同的高中教育路线供他们选择。这套路线的目的是向准备进入就业市场的学生或者准备踏入技术学校进修高级技术训练的学生提供相应的训练。这些门槛的考试标准通常由愿意雇佣毕业生、与国家关系密切的行业代表者制定,在某些情况下,还会由这些行业的工会代表制定。

在这些体制内,高中课程、高中考试与大学需求有着紧密的一致性。同样的,用人需求和学生掌握用来为今后他们寻找的产业工作服务的技能也有着紧密的一致性。最后,在这些体制内,无论他们在高中教育阶段选择了哪条路线,学生们在进入高中前都必须达到一个与国家或省份的课程设置相一致的基础教育标准。

在拥有这种门槛考试体制的国家里,每一位学生都有强烈的动力在学校中拿下困难的课程并努力学习。如果不那样做的话,学生将拿不到通往自己梦想的文凭证书,不管这个梦想是成为一名脑外科医生还是一名汽车修理工。因为考试成绩是一种外在客观的衡量标准,学生们明白要想继续前进的唯一方法就是努力达到这些国家级或者省级的标准。考试不是儿戏。而且考试又是高水平的,不可能靠纯粹考试技巧的训练来成功,唯一的办法就是实实在在地掌握那些知识。又因为是保守政党设立的考试,学生们明白他们获得的文凭将会受社会尊重,当高中认证毕业生为"已做好升入大学和工作的准备"时,无论大学或雇主都会承认。

然而这种体制的效力并不到此为止。在拥有这种体制的某些形式的国家,考试都基于国家标准来设立,直接以国家的课程设置为基础。那些国家的教师被要求教授国家规定的课程。这些国家同样会制定出一套课程标准,以政策决策的方式来决定总的课程在每个年段、每个科目中应该教什么。这样一来,他们保证每年学生学的内容都可以为下一年课程提供知识基础,每个学生都能在学习新课程时已做好相应的知识准备。而且,在这些国家,由教科书出版商和辅导材料出版商提供的教学材料都是与国家课程框架相一致的。

因此,标准是与总课程相挂钩,而总课程又是与提供给教师的教学材料相挂钩。考试也是与总课程相挂钩,未来的教师在教师培训机构接受的训练也是如此。

这本书中研究的所有国家中,国家总课程远远不仅涉及数学和母语,还包括了科学、社会科学、艺术和音乐,通常还有宗教、道德,或者芬兰的哲学。这些国家只有极少数使用计算机来统计高中考试的成绩,大部分都是以要求学生解决复杂问题或者写短文的形式来计分的。他们这么做是因为这些国家的相关部门对计算机是否能合理地评价他们认为在学生教育中最重要的品质的能力有着严重的质疑。

也许最重要的是，这些国家的课程和考试，除了加拿大，其标准都不是非常的高，而是相对合理的。他们的学生在 PISA 中取得了很好的成绩是因为他们表现出了对复杂内容的高掌握性以及将那种知识运用到实际问题的能力。上海、日本和新加坡在近几年都忙于进行多个年级的大规模课程修订，目的是希望在高水平的知识掌握、问题解决能力和独立思考能力、创造力和创新能力等几个目标中寻求一个平衡。芬兰在早些年为学制的每个层级都制定了一个细致讲究的课程设置，但最近他们也在尝试对那份文件进行去细节化，以帮助该国教师找到一个统一和灵活的平衡点。

国家标准和课程设置的细化程度差异很大。在大部分的东亚国家，它们往往是很详尽的。然而在芬兰，正如上文所说，它们正日渐变得简洁。在所有的国家中，它们都是指导方针。但没有一个国家将它们细化到所需的上课计划这个层面上。他们通常给老师相当的自主权，同时也要求教师遵守应使用的材料、教学法和教学进度。

需要指出的是，在这个方面，美国还有一些这几个国家没有的东西，但这东西是否有作用还不完全明了。那就是这些成绩优异的国家无一采用的每一年级的国家测验。这些国家只在门槛阶段进行全国测验，甚至很多国家也不是在所有的门槛阶段都进行州级或国家级的测验。他们一般只是在小学或初中教育结束之时以及高中结束时进行这种测验。在这些国家里，学校和教师会定期对他们的学生进行测验评估，以作为对高质量教学不可或缺的帮助，但这些测验并不是用来问责的，比如用来决定教师的奖惩，或者是对学生进行分流。

美国基本没有这样一种强有力的、成功的教学体制。在很长的一段时间里，美国人相比于那种与课程相挂钩的测试更倾向于"课程中立"的测试。实际上，这种测试保证了以一种老师没教过的课程来衡量学生能力。师范学院没有义务向未来的教师培养如何教授国家课程或州课程的课，因为根本没有这种东西。由于国家没有课程框架，教科书厂商便将海量的话题收录进教科书中，他们知道任何一个给出的话题都可能被各种不同年级的老师用来教学。又由于有如此多的课题要被包含在课文中，所以他们对这些话题也就只是浅尝辄止。现在联邦政府要求在许多年级要有英语和数学的测试，并且让这些考试成绩变成高利害。由此，和那些成绩优异的国家一样，将课程重心从教授其他无关主题转移到教授相关的主题上来。然而这些国家在它们的国家政策上都对复杂技能的掌握和高层次问题的解决给予足够重视，而美国却在近几年以牺牲掌握更为高级的技能为代价，强调对基础技能的掌握。同样，我们继续倾向于用计算机执行的、大量基于单项选择题的测试。

数学和英语的共同核心州立标准和这两个科目评估所做的工作将开始处理这些问题。但即使这项工作完成了,美国相对于我们的竞争对手仍将有着巨大的差距。在这两个学科里,我们仍然没有一个清晰的课程序列规划。这两个学科测评机构正在赌注,赌计算机是否能够准确地测评学生对复杂技能的掌握情况以及他们的创新力和创造力,这些都是我们国家未来经济发展不可或缺的能力。但目前,没有一个成绩比美国好的国家在做、甚至考虑做这种事情,因为他们对以计算机是否能充分地衡量出他们最感兴趣的技能和知识的掌握情况,持有深深的怀疑态度。如果美国的这种做法是正确的,那么我们应该在准确率、及时性和评分的效率上大大赢过我们的竞争者。如果我们是错误的,这将会影响我们对更重要能力的衡量,并将很有可能把我们的课程导向我们终将后悔的方向上。

无论如何,如果我们只对数学和英语(可能会加上科学)进行跨州测量比较,我们将不会有在其他学科上跨州的课程设置与评估,而这种评估在许多其他国家却有很优秀的典范。尚不清楚是否会有坚实的课程和教学材料来支持数学和英语的测验,更不用说其他学科了。同样尚不清楚的是,我们的师范学院会以什么样的方式来培养教师,以教授新的共同核心州立标准衍生出来的课程。

所有这些都不是为了否定共同核心州立标准所代表的巨大成就。但重要的是,我们需要看到前面几章所述的那种复杂的、一致的和强有力的教学体制,是花了很长的时间去发展和改进的。几乎没人怀疑此类教育体制是这些国家取得优异成绩的重要原因。虽然共同核心州立标准已经实施,但美国在这个被认为是最重要的教育改革领域依然是大幅落后于其他国家,所以我们依然要继续、扩张和促进我们的教学系统。

**教师素质**

**什么是"教师素质"**

现在有很多关于教师素质的讨论,但是许多人并不清楚的是,关于教师素质其实大家已经形成了许多共识。从我们研究五个国家的经验来看,一个高素质的教师需要具备三方面的能力或者素质:一是拥有较高的一般性智力水平,二是对所任教科目有很高的理解,三是具备与学生接触并帮助他们理解所教内容的出色能力。

一些美国的法律事务所只从少数的高水平大学招聘律师,而其他的事务所则更愿意招聘当地的夜校毕业生。前者之所以从最优秀的大学招聘不是因为他们认为这些大学在传授具体的专业技能上做得更好,而是在用大学选拔体制来帮助他们筛选出那些具备其他一些他们认为可能更为重要的素质的应聘者。其实,他们寻找的是那些具有很高一般智力水平,并且具有相应动力、韧性和能力去考取并完成高等法律学院课程的应聘者。他们清楚这样的人能够很快地在工作中学会各种工作所需要了解的知识。他们清楚在所有其他情况同等的情况下,这类人可以在广泛的任务中超越他们的竞争对手。他们能够在较少被监督的条件下完成工作。他们将会做出更好的成绩,也能更快地独当一面。日本人管这一串素质叫"实用智力"。所有产业所有种类的公司都会提高实用智力的标准,因为他们认为,为了确保在市场上的竞争优势这样做是值得的。

当一个国家处于前工业化阶段或者即将步入大工业时代的镇痛期,工人们几乎不需要高级技能,大部分学生也只需掌握一些基础知识就可。但是当它处于先进的后工业经济阶段时,就需要有更大比例的劳动者能够掌握各学科的基本思想。他们需要更多的高级知识。他们要能够娴熟地结合各种不同领域的知识,来解决他们老师从未教过的问题。而要做到这点,他们就必须掌握比以往更深入、更高级的核心课程中的学科知识。再者,仅仅掌握深入的学科知识还是不够的,他们还必须能够快速结合已有的与新的知识,快速分析问题,并且从独特的角度、以不寻常的方式结合他们所需的知识来得出创造性的、且通常是独一无二的解决方法。很多情况下,他们还需要有好的审美观。

但是如果他们的老师缺乏这些能力,那么学生一般也就不大可能学到这些东西。因此,成绩优异的国家正花费大量的力气去提高他们教师的学科知识以及他们分析和综合所掌握知识的能力。

然而,一个人可能会很擅长物理但仍然是个很差劲的物理教师。要想擅长于教学,一个人必须有能力与学生接触、吸引、激励他们,轻松地与他们沟通,深入他们的大脑并挖掘出他们不懂的东西,最终找到一个方法帮助他们搞明白。这不仅仅是内容传授的问题,它也是帮学生弄懂什么是"正确的东西"以及它为什么重要,尽管这么做并不容易。这么做是为了说服一个学生,当她的父亲刚刚进了监牢而她正流落街头,她拥有哪些能让她考上大学或者留在高中的品质。这么做意味着我们可以是一个朋友、一个导师或者一个领路人。

这里研究的大部分国家在所有这些方面去提升教师的素质都已经做了很大的努力。他们所采用的策略有时很相似,有时又很不同。

**师范生的生源质量**

那些关心员工素质的组织都明白,影响员工质量的最重要因素就是他们所选择的"人才储备池"的特征。如果有更好的选择,没有一家私企愿意从最无能的大学毕业生中聘用专业人员,更不用说整个产业了。

有三样东西直接影响着一个国家的教师应聘者素质:一是潜在的受聘者眼中,教师行业和他们想进入的其他行业的现状比较,二是与其他可接受的行业相比的薪水如何,三是工作状况,或者说这项工作的组织方式是更像专业的工作还是更像蓝领工作。

那些在教育上做得好的国家,都会用一系列的关联策略来处理以上提到的各方面问题,同时也在想方设法满足要求,争取聘用到那些具有很高实用智力、对学科知识掌握很深而且有很好教学能力的教师。

**教师教育资格标准**

要提高进入师范专业的标准,在哪儿都是一样的办法。如果教师的资格标准很低,那么那些本来能够进入该专业的人会因为觉得教师这个行业只是对那些没有能力做好其他事情的人们才有吸引力,从而不愿意从事这份职业。如果这些学校和专业很容易进入的话,那么学院或大学的声音便是——他们是低等级的。因此凡是有希望当上官员或更高级学校教师的,都不愿意在这一级学校中教书。提高录取标准,会吸引更高质量的生源,并会造就高质量的科系,从而造就高质量的毕业生。

所以在考虑决定录取哪些学生进入教师职业这个阶段时,所谓的质量主要就是体现在三方面。一是申请者是否在那些通行的、被高度认可的普通智力测量(如美国的ACT 和 SAT)中取得高分;二是在将来任教学科上是否获得了高分或者高等级;三是看他们是否具有相应的特质,使他们能够在有效地与学生接触,激励和支持学生学习。

日本人在明治维新之后,就一直对进入教师行业的资格有着高标准要求,上海也提高了师范生的入学标准。在新加坡,年轻人要进入师范学院都要参加建立在英语模型上的高难度结业考试——A 等级考试,这种做法已经存在很长时间了。在过去,为了吸引更多的人当老师,学生在这些考试中只要获得很低的分数就可以了。但是在近几年情况已经变了,他们必须获得中等水平的成绩才有资格成为教师。或者,如果应试者持有理工学院的毕业证书,也可以来应聘老师。理工学院文凭在新加坡的高等教育系统中是处在最高等级的,在美国相当于是高级别的大学学位,所以,这是一个更好的筛选标准。另外,成功的应试者还必须通过一项要求很高的面试。这项面试由全国各学校教师组成的小组委员会主导,由在位或已退休的学校负责人担任主席。这个委员会承担着发现应试者是否有成为一名好教师需要的热情、献身、沟通技巧、同情心和气质的责任。每八个人中只有一人能够在整个过程中脱颖而出。

在芬兰,应试者要进入被广泛认可的师范学院必须通过两个阶段的审核。第一阶段是履历审核。要通过这个阶段,他们必须在全国大学入学考试中有非常高的分数,在高中毕业证书上有很高的平均绩点,并且在高中阶段有很多在学校外取得成就的记录。在第二阶段,他们要通过好几个考试或评价。首先,他们必须通过一个有关教学的书面考试;其次,他们还会被安排到一个设计好的情境中,一个有经验的观察者会评估他们的社会互动与沟通技巧;第三,他们还要经历一个面试。面试中除了一般考察项目之外,还要求他们解释自己之所以决定当老师的原因。他们只有在通过了所有这些筛选才能被准许进入师范专业。十个人只有一人能被芬兰的师范学院录取。

由此可见,两个在2009年的国际学生评估项目中取得最好成绩的国家,在师范生的筛选上都采取了非常严格的标准。他们的筛选都非常重视我之前提出的用于定义教师素质的所有三个要素。采用这些严格方法的结果就是,在新加坡,只有前30%的中学毕业生才有机会就读教育学院,而芬兰的该比例则为20%。

但在美国,我们看到的却是另一番情景。大学理事会在2008年报告称,当升入大学的高中毕业生被问到他们想学习的专业是什么的时候,那些想要从事教育的学生在SAT考试中是排在倒数第三的。他们数学与阅读的综合分数低于全国平均分的57分。

这对于我们来说并不令人惊讶,因为在美国大部分本科生和研究生层次的师范学院都被广泛认为很容易考进。它们在大学中的地位常常是所有学院和院系中最低的。那些成绩优异的国家,在不久前也常常是这种情况,但是最近开始改变,师范学院开始有了很高的地位。

当然这个宽泛的概括也有例外——"美国援教"这个项目就招收了许多美国最精英大学的高水平毕业生,把他们专门分配到学校去教那些贫困的学生。美国每年都有大量的新教师空缺,但援教的参与者只是填补了其中非常小的一部分。而且在很多情况下,大部分表现优秀者都在他们满足了最初的要求后,就没兴趣继续当教师了。美国援教的许多参与者都把援教看作是相当于维和部队的一次任务,并非把它当做一个真正的职业机会。美国援教的经验明确说明了要吸引最优秀最聪明的人来教书是行得通的,但是该计划自身并未提供一条道路来为学校及时地配备足够多高能力的教师。美国援教计划并不能建立一套有效的机制,以吸引一流应聘者,并教授未来的教师他们在学校中要想成功需要知道的东西。

事实上,美国教师的质量并不是一直以来都是很低的。我们有理由相信,曾经美国的教师入职标准也很高。我们也有理由相信,美国教师队伍的问题并不是说它长期以来就很低,然后现在需要提高。实际上,在较长的时期,美国的教师队伍大部分都是由接受过良好大学教育的女性担当的,而美国在大半个世纪里都是受益于我们有一支好的教师队伍的。当时,这些接受了大学教育的女性的职业选择是很有限的,大多都是局限于护理、秘书工作和教师。许多女性选择了教师,是因为这样能让她们在孩子们返校回家时也可以在家。由于当时女性的职业选择很有限,所以美国实际上享受了双份的福利。一方面,有一支高能力的教师队伍,另外一方面,这些老师还愿意在不好的工作环境下领着低于市场平均的工资工作。不过,那些曾经经受了如此待遇的教师现在正成批地辞职。这其中一个非常重要的原因就是,现在女性有很多专业工作岗位可以选择,甚至在一些致力于学生进入顶尖专业岗位的专业学院中,女生已经比男生还多。女性正在利用这些机会来改变自己的职业选择。所以,当我们目前最需要优秀的教师队伍时,美国教育学院的学生正处能力最差的时期。

如果我们有着更高水平的生源来申请入学师范学院,学院就可以更具选择空间了。这就是为什么我们有充分的理由相信师范教育的准入标准一直都在滑落。当时婴儿潮时代出生的人们正慢慢离开学校的时候,很多人就预测接下来的婴儿匮乏期将会导致随着整个同生群体数量的剧烈变少,而导致大学生群体的缩小。然而,尽管同生群体的数量确实下降了,但是学生群体的大小却没有变化。整个数据暗示了大学做了一个关乎宿命的决定,那就是降低他们的标准以填满教室。我们有各种理由来相信,这种情况不仅发生在我们的师范学院身上,也发生在其他学院。但与此同时,女性和少数群体从事更高级工作的机会大大地增加了,这些群体中的才俊不再必须报考师范学院,这就意味着师范学院的申请者质量将遭受两方面的打击。此外,分析家正注意到因为财政危机的原因,整个国家向师范学院递交申请人数大幅减少。曾经,教师被视为对商业周期最有免疫力的职业,而被很多学生看成铁饭碗,但现在大家注意到教师正在以很大的数量被解雇,所以现在老师也丧失了这个优势,甚至很多人已经开始把当老师视作一场非常有风险的赌博。

综合起来——接受过大学教育的高水平女性和少数群体放弃了教师这门职业,婴儿潮之后入学标准的降低和许多有能力的学生由于大范围的教师裁员而避开当老师的决定——我们可以看到在美国前方的危险。如果我们要得到一支很差的教学队伍,那我们就什么都不用做。不作为、无作为将会是这样的结果。关键是这样的趋势正在反转。当那些成绩优异的国家在收获果实的时候，我们没资本再继续坐吃老底了。

**吸引一流的学生**

我们的大多数竞争者都有正式的政策，保证教师的报酬能够处于公务员报酬制度的前几位，或者能够和私营机构中的其他专业岗位，如工程师，看齐。他们的目标是确保年轻人在做职业选择时，能够把教师看作是一个与其他那些最具吸引力的职位具有不相上下薪酬水平的职业。相对来说，芬兰的教师似乎比其他前几位国家获得的薪水要少一些。但因为和大多数其他国家相比，芬兰每个人的薪水都是很固定的，而且教师的地位颇高，所以他们仍然有着很优秀的教师应聘者。

2011年3月在纽约召开了一个由部长Arne Duncan主持的全球教学专业峰会。在这次会议上，新加坡教育部长提到薪酬政策的目标应该是当有能力的年轻人在做职业决策时，不再需要考虑薪酬的问题。其他成绩优异国家的部长们都广泛同意这个要点。

然而，美国与新加坡部长提的标准相距甚远。根据美国大学与雇主协会的数据显示，全国教师的平均工资起薪是30377美元。与之相比，计算机工程师的起薪为43635美元，会计师为44668美元，而注册护士为45570美元。而那些龙头行业，薪资水平就更高了。不仅仅教师赚的钱比要求同样高学历的职业赚的钱少，而且调查数据还表明60年来教师的工资水平正在越来越落后于其他同样要求大学学历职业的平均薪水。拥有大学文凭的工人平均薪水目前都比教师的平均工资高50%，我们要达到新加坡教育部长提到的标准确实还有很长一段路要走。

保证教师的起薪和平均工资有竞争力是很有必要的。但是要让薪酬问题成为刺激人们的教师职业选择，我们还有很多事情要做。这些问题其他国家已经着手在解决而我们却没有。

比如，上海就已经免除了师范教育的学费，并对申请师范专业的学生提前录取。这就使当老师成为一项非常有吸引力的职业选择，尤其是对那些有着很好教育背景的贫困地区学生而言。尽管中国的教师薪酬从国际标准来看是很低的，但是中国的教师能够通过办补习班取得大量额外的收入。另外政府也向自愿支教边远地区的教师提供补贴。这些好处加上其他的倡议，结果是教师现在成为了中国位列第二或第三的最受欢迎职业。

很显然，如果薪水不够多，那么提高师范学院的准入门槛，提高教师职业入门标准,以及不在教师空缺的时候降低标准等做法,都必将在不确定的将来使教师人数变得非常短缺。

事实上,就其本身而言,全方位的教师报酬远比现金报酬要来得有竞争力得多。因为美国的教师报酬大体上与公务员相似,都是偏重于退休福利的。Costrell 和 Podgursky 报告称在 2008 年,雇主对教师退休计划的分配是其收入的 14.6%,而对于私企的雇员来说这个比例为 10.4%。而且,自从第一次数据收集以来的四年间,这个差距也翻了不只两番。这种做法的问题在于,尽管它的确能更好地吸引有经验的教师在超出他们预期的时间后继续留下执教,但却使那些正处于建立新家庭阶段而需要大量用钱的年轻人对当老师失去了兴趣。

现金报酬的用法也是很重要的。大部分美国教师都很快就拿到了最高的工资。即使有时候会根据老师的教学质量做出一些区分(事实上很少是这样做的),但也是微乎其微。而有些国家,正在对老师的职业发展进行重构,他们会根据教师在业务或者行政系列中的职级变化,随着权利和责任的增多,而给予相应的薪酬。一些国家,再次得提到新加坡,因为这是一个很好的例子,甚至以各种方式给予特别有影响力的教师高达 30% 的补贴。此外,不只是中国,很多国家都会向愿意在边远地区工作或条件不好的教师们支付更多的工资。

**机构设置**

在 20 世纪 70 年代,芬兰的教师培养主要是在地位相对较低的大学完成。现在,他们所有的教师都在国家的重点大学受教育。这并不是简单地把之前的师范学院变成大学来实现,而是把有希望成为教师的人送往在高等教育系统有着最高地位的机构组织学习。

多年前,新加坡的准教师也在一个独立的、相对地位较低的学院受过教师培训。后来,新加坡设立了国立教育研究所来培训他们的教师。最近,政府又将国立教育研究所并入了南洋理工大学。南洋理工大学和世界顶级的研究型大学都有合作伙伴关系,是新加坡高等教育系统中的顶尖机构,并且被认为是有着全球最佳的商业学院之一。现在国立教育研究所本身就是一个重要的研究机构,与此同时,它还是新加坡高等教育系统中地位相当高的一名成员。

所以,许多这些成绩优异的国家都不仅仅是提高了它们为进入教师培训的高等教育机构设立的标准,还把师范教育从低级的机构移至顶尖的机构。这带来的效果是进一步提高了教师的地位,提升了人员的素质,提高了教育研究的质量,帮助向将来的教师传播高质量的研究,并创建一支教师力量,这些教师一旦当上了学校老师,便更无法忍受陈旧的工作形式。

虽然现在美国的教师教育不再是在师范学院中完成了,但依然主要是在二三流的、低等级的机构中完成,而这些机构的前身很多就是师范学院。即使有些教师教育是在一些主要的大学中完成,这个专业也经常被看作是与其他一些女性化职业一样的低等级。虽然教育研究院大部分设置在一些主要的研究型大学里,但许多为学校管理和教育研究提供培训的机构,却不为普通教师提供专业培训。这与许多领头国家在十多年前就放弃了的做法非常相似。

**教师教育与入职教育的内容**

我在此已经结合了两样通常被分别提及的工作,即准教师们在上岗前受到了哪些关于教师行业的培训以及在上岗后又受到哪些培训。我这么做的原因是一些成绩优异的国家将重点放在了职前教师教育,而其他国家则更侧重于强调在教师入职后、于工作场所所用的见习期形式的指导来传授职业技能的精髓。

先来考虑芬兰所采用的第一种方法。芬兰人要求他们所有的老师,包括小学教师在内,都要有硕士学位。小学教师主修教育学,但是他们必须辅修至少两门小学课程的学科。这些辅修课是在大学的人文科学学院而非师范学院内完成的。更高级别的教师则必须主修他们将要教的科目。在完成欲教科目的本科学习后,他们教育学的学习不是被包含在五年教育计划中,就是在全日制硕士学习期间完成的。已经拥有这样一张硕士文凭的应聘者还必须拥有另一张教育学的硕士文凭。在芬兰若想当老师,除此之外没有其他的办法。显然,芬兰人非常重视让老师真正掌握了他们要教的科目,并给予他们当进入课堂时就应该具备的教好那些科目所需的技能。

现在来考虑上海所采用的方法。在上海,整套教师教育课程中的90%的都是围绕着学科内容——教师未来所要教授的科目的掌握而设计的。一位数学学科的师范生要学习与将来继续升读数学专业研究生的学生一样难度的数学课程——这是一套要求非常高的课程。显然,上海当局至少与芬兰人一样下定决心,要求他们的老师在他们完成本科生学业时能够在任教学科上,掌握与要在该领域开始工作的人(如物理学家、化学家或数学家)一样多的知识。这是对他们中学教师的要求,而对他们未来的小学教师要求亦是如此。

在这点上与美国政策和做法的比较是非常说明问题的。这两个国家的小学教师精通数学、科学或者社会研究和语言,而美国那些正准备成为小学教师的人却不是这样的。大部分美国小学老师对数学或者科学都知之甚少,而且他们中的很多人对这些学科还感到非常不适。这在芬兰或上海看来,这样的老师是极其罕见的。此外,我们的中学老师对数学和科学知识的掌握也比那些国家的竞争对手少得多。

还有一个事实是,在美国,一旦一个人成为了一名老师,那么不管她之前学的是什么方面的知识,她都能被分配去教一门她从未学过的学科。关于这点,有个小轶事很值得回味。几年前,Bill Schmidt,一个著名的美国人,过去几年一直在研究领先国家的成绩,并领导着一支美国团队,致力于国际数学与科学趋势(TIMSS)研究项目的研究。一天,他正和来自其他国家的同事们参加一个会议,在这个会议上,他提出研究中应包含一个背景问题,以询问每个国家有多少数学和科学教师是在他们没受过培训的情况下教这些科目的。当他滔滔不绝地说着这么做的好处时,在场所有国家的代表脸上都表现出了一丝震惊的表情,唯独美国的代表们例外。这个做法没有实现,因为教师并不被允许教别的学科,没有问这个问题的必要。这个话题就没再被提起过。显然,在所有的工业国家,只有美国允许它的教师教授他们从未接受过高度训练的科目。

这些差异累积下来的结果就是更大的差异——从第一学年到最后一学年,与美国学生相比,上海和芬兰的学生将会接受对学科知识有着更完全掌握的老师们的教育。这产生的结果是不可估量的。

有关教师所需要具备的教学法素养,无论在芬兰还是中国,都是一个很重要的问题。但他们两个国家所采取的政策或方法,却截然不同。

芬兰人非常重视在未来的教师上岗前发展他们的教学技能。显然,芬兰人认为让将来的教师在进入教师队伍前拥有很强的教学法背景非常重要。他们提供了很强的研究背景,这些研究背景是以建立在教学的基础上的,并且他们还培养教师很强的研究技能。所有的教师应聘者都必须完成一份研究论文。将来有期望当上教师的应聘者被认为要掌握很多有关学科的教学法。他们在师范教育的课程中很强调发展应聘者分析学生问题,并学会如何针对这些问题基于相关研究选择合适的解决方法的能力培养。在整个过程中有一项很有力的"临床"元素,包括了一学年在特级教师的紧密监督下的实习教学。

与芬兰人花了不少于五年时间训练一个教师,并将那段时间几乎均等地用于学科内容学习和教学法培训的做法不同的是,中国人将入职前培训的90%时间用于让教师们深入掌握他们准备教授的科目知识,而将剩下10%的时间用于指导教学理论、学习心理学以及很多年没有变过的、很多人认为已经严重过时的教学方法。

乍一看，好像芬兰人重视教学法的教育而中国人不是。但事实并非如此。在上海，一位新教师入职第一年的工作，一般是在老教师的密切监督指导下完成的。学校会免除这些负责指导和监督新教师的老教师全部或者大部分工作量，以帮助他们更好地完成这个职责。通常，这些老教师会去听新教师的每节课，并给出他们的指导意见。反过来，新老师也要学习老教师上的许多堂课。

让我们回想一下，芬兰人坚决认为有必要让将来的教师尽可能多地学会分析学生在掌握难点时遇到的困难，以及如何确定正确的技巧和方法去解决那些问题。他们在教师入职前花了很大的力气去培养他们这方面的能力。但是中国人并不会比芬兰人少关心教师们掌握教学艺术的问题，只不过他们用了一种很不同的方法来完成这个目标。他们非常相信师范毕业生入职后要有一段高要求的见习期。

这两个国家都花了巨大的资源去发展教师的教学技能。不可否认的是美国的师范学校也开设方法课程，但是美国的教师经常抱怨他们在这些课上所学的内容在真实的课堂中非常没用。大家一致认为，芬兰和中国所下的功夫是他们得以成功的关键。他们给予未来的教师和刚入职的教师具有更大帮助的第一课堂经验——在有资历的教师手下，他们能够培养起识别学生在学习相关科目时碰到的特定问题的能力，并指出哪些研究方法可以合适的解决这些问题。

这种对分析和"开处方"技能的培养，对高效课程的培养和在老教师严厉指导下根据学生的实际需要调整教学计划的特别重视，在美国是找不着的。除非在某些需要特殊教育的情形下，否则通常很少有人会将注意力放在分析和"开处方"技能的指导上。美国应聘教师典型的实战经验通常是低质量、太过简单的，和他们教学计划的其他部分毫无关联，并且是由那些整体上来说不配被称为"有资历的老师"授予的。一旦从教育学院毕业并被当地的学校聘用，美国的教师们就常处于一种"自生自灭"的境地，几乎没有来自有经验的老师或导师的帮助。又一次，在这方面，我们与上海和芬兰同僚们的经验有着非常巨大的差异。

然而，值得指出的是，美国医师的培训则与之前介绍的作为芬兰和上海教师培训基础非常相似，体现了他们的每个重要要素。美国的医师要求在包括医学、心理学和病理学的学科有深入的背景知识。他们的训练自然需要临床并由资深从业者提供。这种训练的核心是一种被称为"巡诊"和"住院医生实习期"的见习模式。他们培训最重要的方面是发展出一种建立在相关研究的牢固知识基础上诊断和开处方的能力。这项训练是在顶尖的研究型大学中专业学院进行的，而非那些三流、低等的机构。

正当我们大多数最顶尖的竞争者都大把地将这些特征用在教师职业教育时,美国却没有采纳任何一项做法。

**入行资格和标准**

每当教师短缺问题在美国显现,政府的反应几乎总是免除那些规定在公立学校教书所应具备的最低要求的条款。而当出现土木工程师短缺时,我们却依旧需要确保他们有资格设计安全的大桥。同样的,当出现医生缺乏的情况时,我们也不认为医生不再需要达到当医生的最低要求。在那些领域,或者几乎所有真正需要专业技能的领域,一旦发生人才短缺,薪酬就会上涨,直至市场饱和、短缺消失。

社会缺乏对教师和教育的尊重,这种迹象再明显不过了。最终,人们更看重的是在孩子们面前要够温和,而不管那位教师有没有资格来教书。成绩优异的国家并不这么做,他们也不必这么做。他们有很多极具资格的教师应聘者,这些人往往比空缺的职位数还多。

**课程与教师专业发展**

大多数美国人都不会自然地将这两个话题结合起来——但这可能恰恰是我们的一个大问题,因为这种结合在许多成绩优异的亚洲国家的教育学者看来是很自然的。

考虑一下日本课堂学习的方法。在日本的学校,全体教师一起努力设计新课或者重新设计现有的课,以使它们变得更吸引学生。一旦设计完成,那门课就由其中的一位老师上,由其他的老师批评评价,再进行修订,直到全体都对这些课感到满意为止。从那以后,一位能力特别强的老师将会为其他老师演示这门课要怎么上,反过来,当那些老师在上这门课的时候给予批评和评价。自始至终,评价的过程都要用到最新的研究成果。最擅长领导这项工作的教师经常会被要求向其他的学校,甚至是其他地区和省份的教师演示他们的课程。这样一来,教学发展和专业发展就合并在一起了。通过获得最新最好的研究,专业发展成了整个提高学校教育过程中完整的一部分。事实上,日本的老师在入职前培训都会接受有关研究能力等培训,因为老师们在这个本土的、教师引导的专业发展过程中,经常需要对某些策略或者方式方法是否有效做出精致的判断,而要做出这样的判断,没有相应的研究技能是不行的。

在美国,教师通常是被研究对象而非研究过程本身的参与者。专业发展的话题经常是由中央的行政长官选定的,而非由那些想要根据自身需求改善教学方法的教师选定。正因为专业发展的话题一般不是教师他们自身会选择的话题,所以他们常常认为参加的专业发展没什么特定的帮助。

日本的模式当然不是那些成绩优异的国家所采用的唯一模式,但是它暗示了我想到的可能性。这种可能性指的是如果教师们被视为高能力的专业人士,那么他们应该在定义好的方法、改进这种方法、保持最新的发展与时俱进等方面处于领导地位。这些主要由专业人士自身主导,而不是由负责他们工作的管理人员领导的。

纵观世界,运营得好的公司和政府机关不仅慎重考虑怎么遴选最有竞争力的员工,还会认真考虑如何向他们最好的人员提供机关或者企业最诱人的职业发展前景,一个会不断提升责任和权威的职业发展前景以及与此相关的报酬。一般而言,他们会认真地培养最有潜力的员工,让他们向职业阶梯的下一步做准备,在每个阶段向他们提供下一个工作所需的训练,配备能够帮助他们发展正确技能的导师等等。

这正是新加坡为职业教师所做的工作。先尽全力确保他们有非常有能力的人员储备,可从中招聘他们的教师,再录用其中最好的,接着给予最高等级的培训。这还没完。教育政策制定者已经为新教师仔细拟定了几条独特的职业发展道路。对于每条路线他们都设计了相匹配的训练计划,一步一步地帮助这些新人爬上职业阶梯。系统会选拔出那些有着最好的资格、最高的评分、并在为下一职位做准备的训练中表现最好的人员。新加坡以这种方式认真培育它的人才储备,把最昂贵的训练留给最有准备好好利用它的人。

当新加坡的教师被第一次录用时,他们可以在三个可能的职业发展阶梯中做出选择。其中一个是通向首席特级教师的职位,这个发展阶梯要经过几个中间步骤——高级教师、主导教师、特级教师到最后的首席特级教师。这是教学的路线。而想要在行政管理职业生涯发展的教师要经历组长、系主任、副校长、校长、教育集团负责人、副局长、局长到最后的教育总长这个最高点,这是当领导的路线。还有另外一条路线——高级专家路线,主要是培养教育部一些行政部门的专业管理人员,如课程与教学设计,教育研究或者统计等部门。那些在这方面具有很高潜力的候选人,可以有机会获得奖学金在新加坡或者世界其他地方的一流大学进行深造学习。为了给他们提供在教育部工作所需要的相关经验,政府会精心设计一些岗位,然后把他们轮流安排到这些岗位工作。

可以很公平地说,美国或者任何一个州都没有一项政策是专门用来提升教师储备池质量的。我们常常是有谁来应聘就录用谁。这个教师储备池是自我选择的。除了少数的一些例外,我们并没有为那些在职业生涯中有发展需要的老师规划发展路线。显然,我们也没有制定政策,规定那些积极进取的教师如果想要进步,那么必须完成的哪些培训或者进一步的教育。与新加坡政府不同,我们甚至没有确定我们要寻找的教师需要哪些素质才会使他们能够进一步发展。

关于教师素质的这一部分是本章中最长的篇幅之一,这么长的篇幅很容易丢失主线。不过,我们还是有这样的主线的。那就是我们看到了两种景象:一个是美国的教育,另一个是有着世界上最高效教育系统的国家的教育。它们是非常不同的。

在美国一个很流行的看法是,我们不需要从大学毕业生中选择最优秀的来担当教师。我们现在的做法给人感觉就是,我们相信这些毕业生只需几周的训练就足够完成教师的工作了。这一迹象无疑表明我们并不把教书当做是一种专业来看。如果教师获得了更多培训,这些培训一定是在地位很低的机构中完成;如果他们不获得较多的培训,他们就没什么大不了的。一旦发生了教师短缺,我们就迅速降低本来就已经很低的入职标准,以希望招到更多的教师。我们在庆祝给了教师10000美元签约奖金的同时,也在担心我们录用的老师是否具备资格,接着我们就开始怀疑我们为什么不能吸引高水平的求职者,或者简单地说,更多的求职者。我们在起薪上几乎不作为,这些薪水根本不够允许一个年轻的大学毕业生以普通的方式来供养一个小家庭。在许多地方,当老师仍旧是一个没有出路的职业,没有升职的道路,除非转行不当老师。我们把老师作为研究的对象而非做研究的人员。我们老是说要开除最差的老师——好像那是我们最大的问题似的——却只字不提该做什么来录用好的教师。这么一来,我们几乎什么都没做到,反而毁了整个教师行业的士气。我们经常是一边在干这些有损教师素质的事情,而另一边却对担忧教师的素质。

所以,没人会惊讶于我们有教师素质问题。

当我们看那些在教育排行榜上高居榜首的国家时,我们会发现他们并不只是把教育说成是一项专业,而且是真正把它作为专业来对待。这些国家给教师们薪酬的方式,与其他行业是一样的,他们也很认真地对待教师的专业训练。教师的专业训练时间通常都比较长,并且是在高声望的机构中进行的。进入这些机构的标准很高,即使是拔尖的学生也都同样要面临非常激烈的竞争。这些训练计划模仿了医生和其他被高度尊重的专业人员受训的方式。在被录用后,他们由非常有能力的人员细心指导。在提升系统的过程中他们是核心,而不是该过程的对象。另外,他们的职业预期取决于他们的专业贡献。似乎成绩优异的国家在将他们的教师从蓝领工人转变为与其他职业同等的专业人员这条道路上已经走得很远了。所以这些国家享受着比美国更好更优异的成果有什么稀奇的吗?

当然,如果教师这个工作真的抛弃了泰勒式的工作组织,而向一个真正具有专业特征的职业转变,那么这也会对我们的教师联合会和他们的合同产生重要影响。美国的劳动法是牢固地建基于大工业生产模型之上,并假定工人和管理层将陷于永恒的冲突当中的。国家劳资关系法案也以此作为假定,并据此提出了相关的运作规则。虽然国会的法案最初只是想用于私营部门,但最终却被应用到了大多数州的国营部门,于是就出现了很多给现在的美国带来如此多麻烦的各种工作条款和合同规定。那些规定可以而且应该做出改变了。随着政府决心要给教师提供其他专业人员一样的薪酬、专业责任和自主权,教师就会越来越需要一份符合专业工作条件的合同,而不是以前的那种蓝领式的合同。在新的合同中,教师要负起把教学标准提高到世界一流水平的责任,要为学生的成绩负责,要负起事情没做完就应该一直做下去的责任,也负有评价同事工作质量的责任,负有解雇不符合高标准的教师的责任等等。

教师们不得不放弃分配和预留额的工龄权利和其他蓝领工作环境的印记,他们也不得不接受一些教师将获得比其他教师更高的薪水,老师之间由于表现不一样而拥有不同的权责的做法。这是教师开始成为一个专业岗位中的部分内容。当然,作为交换,他们将会再一次赢得公众和同辈们很高的尊重,像工程师、建筑师和医生那样得到薪水,并享受着与那些成绩优异的国家的同事们享有的,相同的在社区和国家很高的身份地位。

**校长素质**

在其他大多数工业化国家中,学校的领导人被称为"head teacher",因为他们在管理学校的同时会继续教书。通常他们是因为出众的教学能力而被任命的,他们仍然被视为教师,但有了额外的责任。

而在美国情况不是这样的,这可能是因为大多数国家的学校都比我们的小,也可能是因为美国的学校通常有更少的自主权,在郊区和市区尤为如此。而且要把情况汇报给区级教育行政部门,这些部门又比其他大多数国家的同等机构要大得多。拥有一个中间级、更大更接近学校的管理层,从其他国家的经验看来,会产生更多详尽且频繁的问责,对信息的请求以及更顺从于学校的领导。那样同样会使得对学校的领导成为一项全职工作。

这种不同所造成的一个结果就是,那些在教育上做得最成功的国家几乎没有一套专门针对校长应该有哪些入门要求的制度,因为他们就是把校长看作是那些在教学上非常优秀的老师,也没有对他们有一套专门的培训。不过,这种情况正在开始改变,因为很多领头的国家现在正意识到他们能够通过更好的校长选拔、培训和认证制度,把现有的水平往前发展一步。

与前面所说的大多数优秀国家的一般做法不同,新加坡对待校长的培训非常地认真严肃。他们会为那些致力于成为学校或者地区教育行政部门领导的候选人,提供一套不同于教师的专门发展道路。校长职位的候选人必须参加一个为期六个月的培训项目,这个项目包括课程作业、督导实习和跟随导师等多项内容。新加坡政府对校长应该具备哪些素质有一个清晰的定义,然后他们会根据这些明确的要求来考核这些候选人在这些任务中的表现。计划中的跟随导师分为两个部分进行,每个部分一个月时间。一些有抱负的校长会跟随那些因为出众的领导才能被教育部精选为校长的前辈们学习。这个过程会具体由一位来自国立教育研究所的人员来协调。

**教学**

关注不同教学策略的相对有效性,本身来说就是很重要,但是它的重要性还来自于另外一个原因,那就是影响学生成绩的还有其他方面的因素。

日本的那章介绍了一种教学方法,它可以合理地被描述为全班教学或者大组教学,但绝不是讲课。我们叙述了老师是如何为课堂布置一项任务,在正在解决问题的学生当中一排排来回走,找出用了与众不同的方法解决问题的学生,叫这些学生到黑板上一个个描述他们解决问题的方法。目标不是关注在正确的解决方法上,而是激发一次关于用不同方法解决问题的扩展课堂讨论。这种由学生参与的方法讨论是为了帮助他们明白,为什么正确的解决方案行得通,帮助他们在学习中达到一个更深的理解程度。因为这种方法的成功依赖于识别出大量不同的问题解决方法,所以日本的教师需要较大的课堂规模。这种教学方法不只是日本特有的,在很多其他东亚国家也有(在所有可用于提高学生表现的方法中,减小课堂规模是最昂贵且最没效率的。通过增加教室规模以提升成绩的教学方法可以省下一大笔钱,而这笔钱又可以用来提高学生的成绩,从而创造出一个非常大的累积效应)。

但是芬兰采用的教学方法和日本的又不同,特别是在高中级别上。尽管近来日本人也逐渐开始把学习和教学分开,并逐渐强调学习(强调在学习过程中更多地激发学生的学习动机),日本的教师依然会紧紧根据文部科学省颁布的国家课程设置来教学,而该课程设置会把要求等都一一说明得很清楚。可是芬兰近几年却一直朝着一种要求学生在学习过程中承担更多责任的教学方式下大力气。芬兰人一直在减少他们课程指南的长度,通过把高中课程进行模块化等办法来为学生提供更多的选择,并允许学生组合他们自己的课程。

一种新型的学习和教学方式上与这种课程设置趋势能够相得益彰。这种教学方式就是逐渐抛弃全班教学,倾向于以个人和小组为单位的、基于问题与项目的学习。在这个意义上,芬兰的学生选择并设计他们自己的项目,决定怎么样去处理它们,是一种学生自主的学习方法。在这过程中,老师成了引导者,而不是学习过程的控制者。教学的目标也不只是学科知识和技能的掌握,还要让学生学会如何提出一个可解决的问题,学会确定与这个问题有关的信息源,学会分析这些信息,然后综合已学到的知识设计出一套解决方案,最后把这套解决方案与人做交流。这就是一个训练有素的学习过程,这个过程致力于培养学生能够想出成熟并富有创造性的办法来解决各种新奇的问题。久而久之,这就成为了芬兰教育的目标。这对教师在如何开发大班课程能力方面要求不是很高,但它要求教师能够在学生学习过程中能启发、推动、监控学生的学习,并与学生一起学习。它要求教师能够创设一种类似于研讨会一样的学习环境,而不是把它弄得像传统课堂一样。它还要求教师们具有足够深厚和灵活的智力技能和知识水平,以便跟随并引导学生朝着不可预知的方向前进。

但是我们急于补充的是,这种基于问题或项目的自我导向学习,也很容易导致学生对课程内容做不到深度的掌握。一旦学生无法掌握相应的核心课程知识,那么这种基于问题与项目的学习就容易导致学生在课堂上只收获一些表面的知识。而这种做法之所以在芬兰行得通,那是因为芬兰学生在低年级时就能够牢固地掌握这些核心的课程知识。

## 以促进教育公平为目标的设计

**学校财政**

长期以来,地方对学校财政的控制一直是美国式教育的一种象征,并已经是我们体制根深蒂固的一种特征。其实在很多州允许一组市民筹钱去建立他们自己的教育税区。这么做的结果就是富有的家庭凑在一起建立自己的税区,不必征多高的税率就能维持一个很好的学校;贫困的家庭则只能挤着住在低档住宅区里,由这些人构成的税区即使征收很高的税率,收到的钱也不足以维持一个高水平的学校。在这样的体制里,最富有的家庭里的孩子拥有最好的教师,享有最好的可用教育资源。而贫穷的家庭则分配到最差的教师以及其他资源最差的那部分。

没有一个成绩优异的国家具有这样的学校财政体系。这些国家正在一直改变地方政府负责的学校财政政策，即使它们曾经采取了这样的方式，现在也正朝着能够使所有的学生都达到高标准的体制迈进。那并不意味着对所有的学生提供同样的经费，而是意味着有差异地提供经费，尽可能确保能全面取得高成绩。

上海是一个很有意思的例子。直到最近，上海一直有一套重点学校制度。重点学校是一种精英学校，这些学校的生均经费要几倍于普通公立学校。但现在，这套制度也正在逐渐瓦解。

也许从美国的角度来看最有意思的例子是加拿大。在二十多年前，加拿大大多数省份的小学和初中的学校财政制度与美国很像，教育经费主要都是由当地社区居民所筹集，省里只是提供部分的钱，用于调节由此带来的各地在生均经费上所造成的差异。在这种机制下，各地生均经费差异是不可避免的。但在大约二十年前，这一切开始发生了改变。保守的政府为了响应市民对当地飞涨的税率的抱怨，迈出了改革的第一步——稳步降低对本地税收的依赖，提高总预算中由省里支出的比例。如今，在该国最大的省份，只有极少数公共教育的钱是由本地筹集的，几乎所有都是来自于省政府的支出。毫不奇怪，在这种情况下，由本地筹款所带来的巨大不平等也已经消失了。而且加拿大也像其他成绩优异的国家一样，正朝着一个促进所有学生达到高水平的教育体制迈进，这意味着将更多的钱花在不好教育的孩子身上，而在容易教育的孩子身上花更少的钱。

**中等教育的组织**

当我们追溯大多数工业国家的历史时，总是看到有这样一个时期，在这一时期它们的小学都是综合性的（也就是说，几乎在所有的班级中都混杂着来自各社会阶层的学生），而在初高中则不是这样。后来，随着各国中学教育的发展，各地都出现了针对不同类型学生的学校——劳工阶层的孩子、工匠和店主的孩子以及贵族的孩子（或者晚些时候出现的专业人员以及大企业业主和经理的孩子）。

一些国家从入学的标准来看是属于综合性的，但就如美国一样，虽然这些中学是综合性的，但在学校里面，却对学生进行分流，为不同社会阶层的孩子提供不同的学习轨迹。这样一来，就与那些为来自不同社会阶层的学生设立不同学校的国家是一样的。每个国家会有所不同，但一些早的国家可能会在四年级结束后就对学生进行分流。

第二次世界大战后在斯堪的纳维亚国家,为所有学生都提供综合性基础教育的做法被延迟到如今的九年级或十年级。来自所有背景的学生都进入这些学校,学习相同的课程。在这些国家和其他一些国家,学生到了16岁教育才分轨。

不可避免的是,随着之前那些分流教育做法的合并以及越来越多的决定认为所有学生都应该大体接受相同的教育,就出现了一场关于如何设定教育标准的全国性大讨论。在拥有高成绩教育体制的国家内,那场讨论的结果往往是把之前仅适用于高水平学生的标准,作为每个学生都需要达到的共同标准。

正如我们先前看到的,一个多世纪以前这样的一场争论已经在日本发生过了。新加坡放弃了小学的分轨教育,但是他们小学之后的最低类别学校的标准,仍然比经合组织成员国的平均标准水平要高出很多。尽管美国管高中叫综合性学校,但是它仍旧为不同社会背景的学生提供设置为不同挑战级别的不同的课程。共同核心州立标准的实施可能会改变这样的情况,但是到目前为止只有极少数的美国高中期望他们的大多数学生达到国际上对九年级或十年级学生要求达到的学术水平,而这却正是成绩优异的国家期望他们的学生所应达到的。

**固定的标准、灵活的支持**

在那些要求九年级或十年级的学生能够达到国际先进水平的国家中,通常只有极少数的学生会落后或超前于其他学生一个年级或以上水平。事实上,对照这些要求非常高的标准,除了接受特殊教育的学生,所有的学生在学校都能每年取得一个年级的进步。这就要求对不同的学生给予不同的支持,而不像美国那样,被设计为按照一条很长的能力曲线去挑选学生。在一个几乎所有学生都被认为要达到高水平的体制中,标准是固定的,但是为确保每个学生都能达到终点线而对他们提供的支持是各不相同的。

正如之前已经解释的那样,这就意味着财政资源的分配要使得需要更多帮助的学生获得更多的资源。这也意味着最落后的学生分配到最好的老师,就像新加坡的做法一样。在新加坡还有一种情况就是,需要帮助的学生获得更多的教育时间,如放学后、周末以及暑假的时间。

在芬兰和许多亚洲国家,教师都训练有素,他们能够快速且准确地判断哪些学生开始要掉队了,并且拥有必需的技巧,能够将那些学生拉回正轨。在一个分类的体制中,那些技巧并不十分重要。但是在一个要让所有的学生都达到、并一年又一年都保持在高水平的体制中,那些技巧是尤为需要的。

**低效的学校**

有时候表现得不好的往往不是学生,而是学校。但芬兰似乎没有这个问题。在那儿,学校之间的成绩差异是全世界最小的。上海解决这个问题的方法是:让好学校来接管差学校,或者派遣好学校的得力员工到差学校从事管理岗位,或者把差学校的骨干教师送到好学校工作学习,在他们学习到相应的技术和经验后回到原来学校,带领其他老师改进教学质量。上海的教育也以学术成绩和实际条件来衡量一所学校,关闭那些在成绩和条件两方面都无法继续开办下去的学校,把他们的学生和教员送往其他学校,同时建立新的设施来取代那些条件差的。其他的亚洲国家和城市都有类似的政策。

## 以提升教育效能为目标的设计

**管理范式**

多年来,美国的决策者一直在摇摆是要追求质量还是追求公平。而我们发现,其他的国家已经找到了如何把两者都做好的办法。如果是美国教育者,他们就会感叹道,如果能够同时拥有这两者那该多棒,就是经费不足。所以,也许最重要的发现是其他国家不仅找到了如何取得更高质量和更大公平的方法,而且找到了如何在实现这个目标的同时还在开销上大大小于我们的办法。他们的方法就是通过采用了一种非常不同的学校教育的工作组织方式。

20世纪早期在管理学方面的权威是泰勒,下半个世纪这个人变成了德鲁克,他们所传达的信息是非常不同的。

泰勒发明了科学管理的方法。在泰勒的时代,正值大规模工业生产的高峰期,受惠于以很低的成本就能生产出大量相同部件的复杂而昂贵的机器,过去只能由皇室和贵族获得商品和服务正逐渐走入寻常百姓家。在大规模生产出现之前,绝大部分复杂的产品都是由工人一次一个地生产出来,而且每一个物件都要求很强的技能。但是在大规模生产体系中,只要更少的人——主要是设计机器和流程的工程师——需要掌握高水平技能。其他大多数工人——从照看机器的人到组装部件制成成品的人,再到职员和雇农——只需要基本的识字能力即可。泰勒强调要最有效率地运用这种机制的办法就是,观察做这些低水平工作的人,找出谁的效率最高,然后确保每个人都按照相同的方法去做。工人们就像他们装配的可交换部件,每个人的能力都一样,技能并不是非常重要的。所需的管理工作,只是保证有人在做,并且是有效率地在做这项工作就行了。

大规模生产的方式对于美国工业的影响,要远远地大于其他主要的国家。正是在它的顶峰时期,我们确立了目前的美国教育形式。虽然工业在很长一段时间一直在进步,但是美国教育工作的组织结构却没有随之发展。

在20世纪70年代,德鲁克认为大规模生产的时代已经到达了它的极限。他说,未来属于那些信奉知识工作和知识工人的公司和国家。他说的"知识工作和知识工人"指的是"专业工作和专业工人"。他还说,只有绝大部分工人都具有很高的知识水平,拥有能够根据情况恰当地把这些知识应用到他们每天所遇到的各种挑战中的能力,并且他们所从事的都是那些需要他们发挥如上这些能力水平的工作时,先进工业社会才可能维持高水平的生活水准。工人们面对的挑战将会是各不相同,因此就要求他们具有很强的判断力,能够分析出用哪种最好的方法去解决每个挑战。

在这样的情境中,泰勒的方法将无法奏效。工人们不再是可以互换的了。因为同样的原因,对他们的管理也应该做到更专业。经理们不能像以前一样仅仅告诉工人们该做什么、怎么去做,而是需要雇佣并训练高质量的员工,设立目标,用各种方法支持工人,然后让他们各司其事。工人们呢,他们自己将会成为工作中的专家,必须要学会如何最好地去应对各种挑战,而且能够彼此证明自己是做到了最佳。

在知识工作的世界里,优秀即会被奖励。德鲁克说,工厂里的蓝领工人期望在正常的工作一天后,能够得到一天正常的工资。但对知识工作者来说,他们期望的是在超常地工作了一天之后,能够得到一天超常的工资。所有领域的专业人员都是这样。

虽然程度可能不一样,但所有拥有高效教育体制的国家都一直在朝着德鲁克提出的管理范例前进,而很少会向美国这样在学校管理体制里这么地拥护泰勒模式。在美国,学校的管理方式还非常盛行泰勒的管理范式。它依然影响着我们对教师工作的认识,影响着我们组织学校的方式,影响着我们谈论责任的方法,影响着学校与工会的关系,影响着我们应对教师短缺的方法,影响着师范学院在我们教育系统中的地位以及其他很多很多。回忆一下,我们曾说过,我们现在的教师很大部分都是在这样一个背景下进入教师群体的,即当时有一大批受过良好大学教育的女性和少数族裔,但他们可选择的职业很少,所以才选择来当老师。而现在的情况发生了很大的变化,优秀女性和少数族裔可选择的工作机会很多。所以,一旦这些老师退休,我们要想招聘到足够多优秀的教师,那么我们就必须以德鲁克所提倡的管理范式来改变之前泰勒模式的管理方式。

当然,这正是表现优异的教育体制这些年一直在做的事情。芬兰和加拿大的安大略省就是一个在组织管理方式上如何把老师看作是专业人员,而不是蓝领工人的一个典范。在它们的例子中,管理层行使逐渐少的管理并提供逐渐多的支持,结果是得到越来越好的成绩。

**问责与自主**

问责问题其实是刚才提到这个问题的一个例子罢了。在泰勒式的管理体制中,每个级别的工人都对他们的监督人负责。很多时候,工人是按时记工的,而有时候是按件记工的。但在专业的工作环境中,虽然也有向上的述职,但更多的是同事之间的述职问责。在专业人员看来,只要工作没做完做好,那么无论投入多少时间都是需要的。专业人员有一股强烈的问责感,认为一定要让同事相信他们在这一天里是做到了最优的。他们知道在一天结束之时,他们的同事和上级都会对自己的专业贡献作出非常精致的判断,这些判断会决定自己的职业前景以及薪酬水平。

我们可以认为泰勒式的工作地点强调的是垂直问责,而专业的工作地点强调的是横向问责。在泰勒式的工作场所,我们总是对谁是工人、谁是管理人非常清晰。而在专业的工作场所,通常专业人员是像伙伴一样组织起来的,某个工人可能既是经理甚至是这个企业的所有人。虽然有时候工人不会是这个企业的所有人,但对这些专业的工作环境来说,他们都是会有很强的横向问责的色彩,员工既是工人又是经理的情况还是非常普遍的。

这些泰勒式管理体系和专业体系之间在问责制上的差别取决于工作的性质。如果一项工作能够被半熟练的、本质上可互换的人完成,并且这项工作能被凭借自己的高级知识、并从细节上处于指导工作地位的监督人有效地管理,那么一个自上往下的问责制可能会运作得最好。但如果一项工作是德鲁克感兴趣的那种类型,那么处于最适合做出有关如何提供服务评价的人,将会是那些实际上在做这项工作的人,并且他们将不得不拥有广泛的判断力来决定这项工作该怎么做。那些在泰勒式工作场所行得通的激励手段,在专业的工作场所将行不通。专业人员,正如德鲁克指出的那样,更多地是期望能够通过得到同事认同的专业规范来驱动。无论要求是什么,他们都会做。他们明白,如果不这么做的话,他们可能失去的不只是工作,还有他们非常珍惜的同事们的尊敬。

不断增加的横向问责另一方面是不断增加的专业自主权。如果有一个最好的方法来完成某项工作,那么管理层的任务就是确保这项工作就是按那种最好的方法来完成的。但如果完成某项工作要考虑到当时的具体情境,那么专业人员必须能够自由地决定在这种情况下应该怎么做。之所以要这样做,一个重要的理由就是,在这种情况下,管理者除了相信专业人员之外,没有其他更好的办法了。

但学校是小社会,它强调合作分工。一些老师相比于其他老师更擅长于整体工作中的某一方面,就像一些律师更擅长招揽新客户,一些律师更擅长于研究与写作,而另一些则更擅长于对簿法庭一样。当这些不同的技能和能力集中在一个队伍时,律师事务所才会运作得最好。能够判断每个员工贡献多寡的最佳位置是这个队伍的队长之类的高级职员。在这样一种工作环境中,每个人都有充分的专业自主权,但是每个人都对队伍中其他成员的工作质量和及时性负有责任。一所学校也同样如此。

在那些拥有最成功教育体系的国家都有一个普遍的趋势,那就是脱离泰勒管理模式,转向与专业工作相适应的问责制度。日本人非常强调组员要为小组赢得荣誉而不断努力,这给组员带来了很大的压力,他们要能够向组内其他同事保证自己的工作努力程度以及质量。近几年,日本教育部也开始谨慎地向学校提供越来越少的明确指导,并在有关课程如何实施以及其他问题上给予学校职工更大程度的自由。在新加坡和中国也有类似的趋势。

芬兰于20世纪70年代的改革产生了一套非常细致且受人羡慕的课程体系。但之后,他们也开始不断缩减课程的细化程度,教育部也废除了芬兰的督查团。所有的这一切都发生在一个没有全国性考试的国家内,所以不管是学校还是老师都不可能用那些考试成绩数据来对他们的工作表现问责。所有的这些政策都体现了芬兰人对他们的教师是高度信任的。同时,芬兰学生的高成绩也是对芬兰教师持有对彼此工作质量和努力的问责程度的证明。

加拿大安大略省是另外一个例子,与芬兰很像,现有的管理部门已抛弃了前任者的政策,支持给予教师充分自主权并信任他们能做出正确工作的政策,也因此收获了学生表现有了巨大进步这样一个重要的回报。

### 动机

动机的构成方式能够对效能产生重大影响。也许最好的例子就是大多数成绩优异国家所采用的用校外考试成绩作为门槛的制度在学生成绩上所带来的积极影响。在那些把校外考试成绩作为门槛的国家,学生都有很强的干劲去攻克很难的课程并在学校中刻苦学习。但在美国,除非一个学生是想进入精英大学,否则他或她很快就会意识到,取得高分和取得低的分数都没有什么差别,因为结果是一样的——进入一所普通学校,哪怕他们的目标是进入一所开放式大学。这就告诉我们的学生一个信号,那就是高中是一个与朋友瞎混的地方:只要你不逃学,如果你认真对待学习,那么你想要做多好就做多好。当然,他们不知道的是,如果他们没有做得足够好来成功完成他们最初的大学学分课程,那么他们将不得不修重修课程,当他们累积不断地欠下"债",他们将得不到学分。而当他们认识到这些时,却为时已晚。

美国的政策制定者假定,只要有研究成果表明 X 方法比 Y 好,那么我们的学校老师都会乐意采用。但事实上,如果这些老师一旦认为采用 X 这种方法会遭致一些利益群体的反对,那么他们是不乐意采用这样的方法的。如果管理者要终止一项与当地承包商签订的高代价的合同,转而与一个全国性的承包商签订一个代价更低的合同,那么他必然会陷入大量的麻烦中,哪怕他这样做是能够降低一大笔费用,而且可以把这笔节省下来的费用用于建设。实际上,比起为学生做什么样的工作,老师更关心怎么避免麻烦。学校没有动力去满足少数人和低收入学生的需要,因为一旦这些人的成绩提高,那么相应的经费也就会抽走。如果学校的管理者找到一种能够花更少的钱但提供同样服务的方法,那么他们的回报就是能减少他们的预算。教育学院院长报告说如果他们提议提高他们学校的入学标准,那么人文系的教职工将可能会否决这个措施,因为这将意味着他们系里的学生会变少。一些贫民区学校中,在校内认真学习的少数族裔学生会被人说成是"装白"而被人鄙视。一些为学生任劳任怨的教师会因违反工会协议被他们的同事们排斥。有些教师会因为向学生传授一些无法用标准化测试来衡量的高级技能,而没有按统一要求上课而遭致处罚。这些都是降低而不是提高成绩的诱因,我们的教育体系充满了这样反常的动机。

其他成绩高的教育体系拥有的反常动机远远少于美国。(前面的)案例章节已经指出在成绩优异的国家,所有的学生,而不只是那些去了精英大学的学生,都有着强烈的动机去攻克很难的课程并刻苦学习。日本的教师有很强的动机去努力工作并表现优异,因为所有的单位都是信奉这样一种价值观的。新加坡人向老师提供大量的福利让他们完成出众的工作。在成绩最好的国家,师范专业并不是仅仅被当成本科学校的摇钱树等等。

总的来说,如果你对教育系统的表现不满意,那么抱怨这些参与者总是比较简单的。但有可能的是,如果你面对相同的激励情况,你其实也会跟他们做得一样。如果你想要从体系中取得更好的成绩,那么首要用来寻找机会来突破的地方便是动机构成。如果你发现了一大堆反常的动机——产生你不想要的行为的动机——那么就改变它们吧。美国的最佳竞争者正是做了那样的事。

**从学校到工作的过渡**

投资教育其实是一种赌注,认为给学生更好的教育就会有特定收获。这些收获包括了他们能够更好地支持自己以及他们的家庭,拥有更高的生活水平。但受过高等教育与过着好生活这两者间并没有直接的联系。学生需要能够很好地从学校过渡到工作,而这个过程要比许多人所想象的要复杂。

这个过程涉及很多方面的问题,其中包括如何将学术技能转变成工作所需要的特定技能,这就要求我们能够在有经验的老员工指导下进行大量的学习。还包括如何寻找机会来获得这种经验,通常这意味着要想办法接近一些非正式的人际关系网,这些关系网能够为我们提供工作、实习或者学徒机会。另外,它还需要掌握许多在平常的学校教学大纲中不包括的技能和知识。

一些国家有特定的制度来帮助他们过渡,而许多国家并没有。美国就是属于后者。我们许多高中和大学毕业生的家庭都没有能力帮助他们找到愿意向他们提供(职业)阶梯入门时所需技能的社会关系。许多年轻人就因此缺乏那些对职业成功非常重要的相关技能、态度和品性。于是就导致很多年轻人失业、犯罪,从而毁坏了自己的人生。

芬兰和新加坡都有很多在高中阶段成功向学生传授职业技能的高度成熟的路径。在日本,有一些指定的高中,能够向声望很高的雇主提供大批非常优质的毕业生,这些毕业生工作后也能够得到很多在职培训进修的机会。通过这种方法,日本也达到了近乎相同的目标。这些机制各不相同,但是这些国家都把如何为所有的孩子提供一份好工作,为国家经济增长提供优质劳动力作为教育体制的一个重要组成部分。这里要说的其实是,一个国家即使拥有高质量的教育体系,但如果它没能成功创造一个成熟的从学校到工作的过渡机制,那么这些教育体制所提供的劳动者素质可能仍然是很低的。

**一个单一的、强有力的领导核心**

在NCEE研究过的每个高成绩国家都有一个明确的政府机构来负责管理中小学教育。在加拿大,这个政府机构不是在国家层面(加拿大政府对学校负有的责任甚至远少于美国联邦政府),而是在省级层面。在芬兰、新加坡和日本,则是国家教育部在负责。而在中国,由于很多不同的原因,上海相对独立于国家教育部。

在这当中的许多国家,教育者都把能在教育部任职视为职业生涯的顶点。教育部是整个教育体制的看守者,他们要为未来的教育发展负责,要领导各种全国性讨论,以更好地塑造教育系统。教育部不仅自己这么认为,别人也这么认为。这些教育部通常不必颁布许多刚性条例,因为人们非常尊重他们的非正式指导意见。

在这样的国家,教育部有义务和能力来考虑整体教育系统的设计,考虑激励机制的设计,考虑各机制之间的协调性,以及考虑这些设计是否能够解决国家面临的问题。

在美国没有这样的政府机构。没人期望或想要美国教育部为美国扮演那样的角色。当然,也没有一个城市、学区扮演这种角色。同样,没有一个州的教育厅有着与那种典型的国家教育部可比的作用。

那并不是因为我们的州教育厅缺乏扮演那种角色的宪法权力。大多数州都在法律上赋予教育厅这样一个职责,那就是为他们的市民提供一个"全面且有效的教育"。但是经过了两个世纪的实践,结果却是地方教育管理机构拥有了大量的权利,这在其他国家都绝无仅有,并且这种权力基本上是很早以前就被州政府下放了的。

这样的结果就是,在美国没有任何一级政府自认为或者被认为是权力下放的终点,是应该为教育效能负最终责任的机构。这也导致了美国的教育改革采用了一种与其他有着最高效教育体系的国家不同的形式。当对比其他国家时我们会发现,美国教育改革似乎就是在已有一大堆的教育改革方案上加上一些新方面的过程。我们不断地提出新方案,声称它们会流行开来,但现实是,它们虽然受到了一些关注,但却很少能继续保留下去。当其他国家在仔细斟酌新政策,努力把它融入到现有的政策中,以提高而不是降低内部协调性时候,美国仅仅只是增加了另一个计划,然后抱着最乐观的希望。

**体系、内部协调性、一致性与权衡**

经过20年对那些教育做得最好国家的成功因素的研究,我深信,各个国家教育表现中的绝大部分差异都可以被归结为这么七个因素:

1. 积极学习借鉴世界先进教育
2. 优质的师资
3. 把教学体系和能够测量复杂思维技能的外部考试对应起来
4. 要求所有学生都达到高标准的决心
5. 用专业而不是蓝领的方式来管理工作
6. 为最难教的孩子投入最多资金的经费制度
7. 整个教育体系内部的协调性

如果要我让这个列表更为精炼,那我会选择第二点和最后一点。

系统内部的协调性是非常的重要,但它为什么这么重要,却不是谁都可以看清楚的。我们的教育研究传统已经教会我们孤立地思考单向教育改革的效果。我们运用统计学方法创造一个虚拟的环境,假设在其他所有条件都保持不变的情况下,我们感兴趣的干预措施会导致哪些我们感兴趣的结果。但我们想知道的是,为什么甚至是最强有力的干预措施,最终几乎都是显得那么微不足道呢。

现实是,我们在教育当中关心的成果是无数种变量相互作用的结果,这些变量都以我们无法看得见,也无法在电脑中模拟的方式相互作用着,从而产生了我们看到的结果。每一个我们用极其复杂的研究手段评估效果的改革方案,实际上在真实的学校和体制中,都只是很多影响因素中的一个罢了。任何一个改革计划,不管它的设计和实施如何的好,它都只能对学生的成绩起着很小一部分的作用。应当明白,不管怎样,单单变换一个变量,并不能非常大地影响结果。真正能起巨大效果的是体制本身的设计,而这却非任何一个人能去做的。

视察普通学校有点好比考古练习,发掘过去几十年沉积在学校一层又一层的改革措施——这是社会科教材编写委员会在十年前选中的一段文字。那时有一种风靡一时的教学方法,是由 Jack 和 Judy 从他们最后一个任期的专业发展培训中带回来的,六年前行政部门推广这种方法,受到了校长的中意。那位校长去年升职了,换了一位理念非常不同的校长。但这些方法并没有完全离去。立法者增加一部又一部的法律,法庭做出自己的判决,州部门发布一个又一个的条款——所有这一切都一直在增加,直到它看起来像是阻挡在出城州际公路上的一块沉积岩。

这也难怪我们的体制充满了消极和反常的动机。没人曾经想过所有这些一层层的法律、条款、法院判决、教科书选择、专业发展计划和更多的东西怎么样配合在一起，因此也难怪它们不会很好地相适应。课本与课程设置不合、课程设置与评价不合、评价与师范学院教给老师们的东西不合，这些东西又与课程框架无关，因为课程框架根本不存在。

作为美国人，我们只能想象，如果我们拥有这样一套教育体制，那结果会是怎么样。这套教育体制就是，它的各部分都能够合理地结合在一起，能够彼此相互促进，而不是永远在针锋相对。这正是生活在一个由非常不信任政府的人民组成的国家所得到的最终结果。这群人认为教育是一个让当地来做决定最好的领域，因为当地人最明白他们的孩子要成功需要的是什么。

但实际上，教育的地方控制也只是说说而已。实际上教室里上什么内容是由教科书出版商控制的，几乎到了所有人都是这样的程度。对于测验，地方也只能从国家测验公司选择全国性测验。教育学院的课程更多地受到国内其他教育学院课程的影响，而不是授予他们教育权的州政府的影响。地方教育管理其实是一种妄想，但也没有其他的控制者。

我们的前辈们从未想过这么一个世界：有一天，在一个非常复杂的全球经济体里，他们的后辈们要与生活在其他大陆上的孩子直接竞争工作机会。这就要求我们要有一套由具备罕见专业知识的人士来设计和监督教育体制。所以，我们现在所遇到的问题是，我们的教育机构并没有做好相应的准备去应对这些挑战。

与管理新加坡教育体系的人进行对话，就好像在倾听一个故事，故事中设计师们就像工程师那样，会一步步、一个个方面去建立一个从未有过的最有效的系统。那确实正是他们所做的，结果就是他们的教育从 50 年前的二三流水平上升到了今天的一流水平。同样的，一波波的访客拜访了芬兰，找出了是什么样的关键政策让他们一跃到了世界一流地位。没有人认为芬兰人到达今天的地位与政策因素无关。和新加坡人一样，似乎芬兰人也以合乎逻辑的方式去工作。芬兰政府在过去的五十多年里，采用了一套能够把一个以小型乡村经济为主的国家在短短的五十年时间上升到世界领导地位的教育体系。在每个阶段，这些国家都拥有最实在的教育体系。

只有当我们把教育体系作为一个相互协调的整体来看待时，才可能分析和权衡在任何体系中都会出现的矛盾。

看看日本，师生总比例和美国是差不多的，但是班级大了许多，留给老师更多的时间去计划和发挥更高效的课，并与个别学生和小组一起学习。

看看芬兰，那儿随着教师质量的提高，政府给予他们更高的自主权和问责权。如果芬兰人已经对教师的质量持怀疑态度，那么减少课程标准的具体细节，基本上免除基于测试的问责制，并解散督查团都是没有任何意义的。然而当他们成功培养出一支世界上最高质量的教师队伍时，这一切都变得是必要的。对于一个高成绩的国家来说，相信自己的教师是很重要的，但是前提是它拥有能够信任的教师。

最重要的权衡无疑是在与质量投入相关的领域内。

美国的大规模生产体系主要关心的是尽可能地降低成本，质量是第二位的。美国的生产线会生产出很多需要被丢弃或者重新制造的部件和成品。可是在20世纪中后期，日本人借用了美国的一些在本土没有被听取的点子，开始重新设计他们的生产系统以确保在过程的每个阶段，质量都成为其中的一个部分。这带来的结果是成品达到了高质量标准，同时又在整个过程中只产生极少量的损耗。他们用事实说明了将质量从一开始就看成是制造的一部分，比到了生产线的末尾再因缺乏质量做弥补要好得多。

美国制度建立在大规模生产模型上所付出的部分代价，就是我们忍受着一个异常高的损耗率。然而在教育领域里，被损耗和丢弃的是我们的孩子。我们可以从一系列数据中看到这点。我们有一个很高比例的小学毕业生无法进行流利阅读，高中辍学的比例也很高，有很高比例学生，虽然进入了大学但要进行矫正补习，同样，中途辍学而且再也没拿到学位的学生比例也很可怕。

这在拥有最佳成绩的教育体系的国家中并不存在。这些国家已经学会了如何在产出前先将质量作为其中的一部分，并自始至终向整个教育过程扩散。我们举一个有启发性的例子就足够了。美国现正在"抄底"它的教师，把他们送往地位低的训练机构，以差劲的方式培养他们教学，不趁他们正在学习技能的入职前几年帮助他们，并且给予很少的薪酬。所以，我们就不要感到奇怪，为什么会有这么多老师没做好工作，也不应该惊讶于有这么多的教师要改行。大约有三分之一的教师在头三年内离职，大约有一半在头五年内离职。这些比率远远高于其他的行业。

想象一下如果他们平均待上个十年而不是三到五年，那会怎样？我们对师范学院学生的需求量将减少到现在的一半。这样我们就能够有钱去大幅改良他们的培训，然后用另外剩下的钱来让他们在获得第一份工作时获得更好的支持。如果还有多余的钱,我们就可以去提高他们的工资。于是,我们就可以用和现在相同的钱,来得到一支世界一流的教师队伍。这与汽车行业所采用的方式很像。汽车公司也发现,完全能够用生产低品质汽车的钱去生产高品质汽车。

再考虑另外一个例子。大多数成绩优异的国家都让他们的学生在初中结束时或者十六七岁的时候通过共同课程。我们却还在努力让学生到高中教育结束时做到同样的事情。假设我们改进教学体制,我们将能够节省高二、高三学年的花费。当然,我们并不会真正地省下钱来,因为我们需要拿那些多余的钱去做出那些能让所有的学生在十六岁时达到目标的改进。但现实是,我们30%的学生中途辍学,剩下的学生有很大一批会在不高于八年级或九年级的文化水平时就离开学校。我们竞争者的辍学率大概在10%左右,而且他们的学生离校时平均文化水平远高于我们。所以正如我们的竞争者所做的那样,通过把浪费在高中后两年的钱明智地花在前几年上,我们就可以得到比现在用同样的钱得到的更好的结果。

我之所以相信高质量的教师、公平的资助和内部协调的体系是高度成功的教育体系的关键,是因为这些因素会带来其他的优势。任何一个从具有高水平应用能力的人才中录用教师的国家都会很快发现,要想留住这些老师,不得不让他们在高品质、高地位的大学中得到培训,一旦他们被雇佣就给予他们很大的支持,给他们提供得体的薪水和专业的工作环境,以及相当重要地相信他们能做正确的事。

任何一个想要真正做到内部协调,并且认真研究世界先进做法的国家,都会马上做这么一些事情:实施高质量的、基于课程标准的考试,并用它作为进一步入学的门槛;开发优质的课程框架;公平地资助他们的学校;明智地权衡怎么花钱。任何一个朝着真正平等的学校财政体系方向前进的国家,事实上都已经作出决定,要把每个学生都带到高水平的学业标准。如果认真地把先进国家的做法作为标杆来研究,那么每个人都会学到这些关键的方法。

## 不吠的"狗"

在 Arthur Conan Doyle 最著名的夏洛克·福尔摩斯的一个故事中,起决定性作用的线索是一只不吠的狗。在本案例中,这只不吠的狗是美国教育改革的主要议程。

不管是本书的研究者还是 OECD 的 PISA 项目数据的分析者,都没有发现任何证据能证明:那些领跑世界教育排名的国家所实施的教育改革,同美国教育改革有半点相像,除了共同核心州立标准以外。

美国的教育改革措施还包括市场机制(如特许学校和教育券),支持教育领域的企业办学模式,用标准化考试成绩来评价教师和学校的绩效。在美国当前重视的教育战略中,只有一条能和成绩最佳的国家匹敌,那就是发展以国际测试作为基准的学生成绩标准和高质量的考试。

这并不是说所有这些措施都不能导致大规模、大幅提高成绩。但是没有一个拥有最佳成绩记录的国家是运用了这些策略而成功的。

在这里需要重点澄清的是,许多国家都对美国目前所做的、试图通过研究来确定高质量的教学以及好的教师的影响因素感兴趣。他们明白这些信息对于设立高质量教师培养计划的准入标准、培养方案、入职标准以及教师评价标准都非常有帮助。但是他们也担心使用标准化的测试数据作为评价和奖励教师的主要根据会产生许多反常的动机,而且他们同样担心,有很多重要的学生表现情况用标准化的测试无法捕提到以及优秀学生的表现是许多成年人共同努力,而不是个别教师单独努力的成果。

# 第七章　一份给美国的行动方案

Marc S. Tucker

前面说了这么多,但这对美国意味着什么呢？在本书的最后一章,我延续上一章的分析,并来回答本书开头就提出的一个问题:如果我们的改革要借鉴那些世界上最优秀国家(他们学生成绩是世界最好的)的改革经验,那么我们应该怎么做？

基于前面各章所提出的一些关键思想,我设计一个行动方案。准确地说,这份方案不是给美国,而是给各个州的。

## 把那些高绩效的国家作为标杆来学习

- 你务必要知道他们的领导人想做什么,现在已经做得怎么样了以及他们是怎么做的。
- 把你自己的州与这些最好的国家做一个比较,特别是那些与你的改革目标类似的国家。
- 细致地研究这些最好的国家所采取的政策和实践,分析他们是如何获得这些理想的结果的。
- 经常做这样的标杆研究,因为他们也是不断发展的。

## 以提升教育质量为目标的设计

- 明确你的发展目标,并争取得到公众和专业人士的认同。
- 建立世界一流的教学体系以及门槛
  - 确立少量的几个门槛——不要多于基础教育结束、初中结束以及高中结束(能够符合大学入学以及工作准备的要求)。
  - 为每一个门槛创建标准,确保这些标准能够彼此合理嵌套,并且是世界一流的。
  - 为基础教育有序推进创建符合逻辑的课程框架(每个学科在每个学年的学习

主题)。
- 为各学年创建课程(宽泛的指南,而不是教案),课程的抽象程度应该与教师的素质成正比。
- 基于标准和课程,为每个门槛设置考试。
- 对教师进行培训,帮助他们更好地为来自不同背景的学生教授这些课程。
● 建设一支世界一流的教学队伍
- 通过严格的筛选过程,提升教师入职标准。教师必须在一般智力、任教学科知识的掌握以及与年轻人打交道的能力等方面,达到先进国家标准。
- 不再把教师教育的工作交给二三流的机构来承担,而是交给主要的研究型大学来承担。
- 坚持做到这点,那就是要让教师对自己所教学科知识的掌握水平,能够相当于那些在这个学科中获得本科学位并准备就读这个学科的研究生学历的毕业生的水平。
- 确保未来的教师在诊断学生问题,以及提出适切解决办法上具有非常卓越的技能。
- 基于临床模式来设计教师培养方案,让学生能够在优秀教师的时刻督导下,掌握大量如何在真实环境中处理问题的临床经验。
- 根据先进国家水平来提升教师资格标准,而且要做到无论在哪种情况下,都不能因为教师不足而降低这个标准。
- 确保对新教师的补贴能够与那些非女性化的专业相当。为优秀教师提供特别津贴,吸引他们到贫困地区任教,也为一些紧缺专业的教师提供特别津贴。把专业发展职级与收入联系起来。
- 为新教师提供至少一年的适应期。在此期间,为他们配备优秀的教师来指导他们,也可以因此减免这些指导老师的教学任务。
- 为教师提供多元的职业晋升途径。一种是通向学校行政,另外一种则在教学体系里。但无论哪一种都应该是基于实绩,而且职级的晋升应该与责任和收入紧密结合在一起。
- 建立一套优秀教师的识别和培养系统。对于那些虽然工作不久,但却表现出了在未来能够成为优秀教师或者管理者素质的教师,提供各种相应的培训和机会。

- 探索那种能够在更大的班级规模中实现世界一流教育的教学方式。班级规模是重要的,因为它是影响教师成本的主要原因,而教师成本又是影响整个教育成本的主要原因。日本的经验告诉我们,我们可以在提高班级规模的同时来提高学生的成绩。这些经验可能在美国也行得通,可能行不通。所以,非常重要的是去研究这是否真的可行,以及如果可行,那么就尽可能地去做。

## 以促进教育公平为目标的设计

- 政府要承担学校财政的全部责任,并且要实施一种有权重的学生财政支付制度。根据这套制度,全州有一套统一的教育财政计算公式,这套公式保证每个学生都有相同的基数。但那些需要特别帮助才能达到高学术水准的学生,可以获得一些额外的财政支持。需要额外财政支持的学生,可能是那些来自低收入家庭的学生,或者是那些在家不说英语的学生以及那些在某些方面丧失能力的学生。
- 让所有的学校(从幼儿园开始到初中毕业结束),都成为真正的综合学校,为所有的学生开放,不管学生的种族、民族、性别以及家庭背景如何。而且能够做到不分流,具有把所有的学生都带到同样学术水平的许诺和责任感。
- 确保学校对每个学生都有相同的高期待,并为那些需要特别帮助的学生提供额外的帮助(这就是为什么我们需要一个有权重的学校财政制度)。
- 识别那些在为所有学生提供高水平教育方面做得不好的学校,并把它们关闭。把这些学生安排到好学校,从好学校中派出骨干教师到薄弱学校去担任领导职务,并且把薄弱学校的教师送到好学校去接受培训,或者直接由好学校来接管薄弱学校。

## 以提升教育效能为目标的设计

- 以如下这样的目标作为改革方案的一个概念框架:把教学从一个被女性化了的、在泰勒式工作管理环境下工作的职业,转变成为一个专业型的(或者说是知识型的)、在彼得·德鲁克所说的适合专业人员的组织管理环节下工作的职业。
- 寻找机会,争取从一开始就增强教育系统的质量,而不是到后来才以很高的代价来应付这些问题。

- 考查整个州的财政情况,看看有没有机会通过调整、平衡主要的预算项目来提升生产力。
- 对州教育厅作出必要的改革,使之有相应的能力和地位来推动、领导本州的教育系统走向卓越。
- 考查本州的"从学校到工作"的转换系统,看看它是否真的是世界一流。世界一流的系统应该能够为所有的学生都提供高质量工作经验和在职培训的机会,让学生有接触那些能够提供好工作的人际圈的机会,以及获得进一步的高质量教育和培训的机会,这些机会能够为他们提供能够得到行业认可的资格证明。
- 确保你的系统是相互协调和匹配的。

## 但那是不可能的!现实一点说,我们应该如何开始?

显然,你会这样说:前面所有所说的听起来都很好,而且你也解释了,这些事情的确都在别的地方,别的人已经在做了。但我们美国不能这样做,至少在我这个州不行,在看得见的将来都是如此。因为我们的教育有太多的利益纠缠,教育由地方管理的传统太根深蒂固,这样做会有太多的师范院校会被关闭,各种团体会有太多的抗议和反对,优秀教师也太少。总之,有太多的"太"。

我们现在学习的这些国家或者省市的教育系统,都是经过了30到100年建设才达到如今这个程度的。没有一个是十年或者二十年就建设好的。所以,如果美国想迎头赶上,那我们就必须尽快开始,而且必须辛苦工作很长一段时间。

但在我们等待长期回报的同时,我们应该做什么呢?

直到现在,我们对加拿大都提的不多,这是因为现在才是最适合讨论加拿大的时候。安大略省政府没有断言说,他们的改革方案需要用新的教师队伍替换已有的教师队伍。他们认为,这没有必要。他们的领导人自我追问,如何才能从现有的教师队伍中,得到更好的结果。他们想出来的答案是,与被以前行政系统妖魔化的教师工会讲和,也与被妖魔化程度更甚的教师讲和,邀请他们参与改革设计,共同来思考如何才能更好地提升学生的成绩。他们坚持高标准,但是他们努力地倾听教师的观点,知道教师需要哪些支持才能提升学生的成绩。他们认定,他们所能做的最好的策略就是依靠现有的教师队伍,并提升他们专业技能和责任感。他们主要关注这样一个问题,那就是可以为教育系统的各个层级教师做什么,以提升他们的能力。只要是可能,政府就会为此提供各种帮助。这些教育官员信任教师,而教师也对这种信任给予了回报。

早期的加拿大对学校财政制度进行了重新设计,使之变得更加的公平。这个政策改变,意义极其重大。有了这个基础,领导人就可以一个省一个省地改造教育系统,最后让整个国家在教育水平上进入了世界前十。

这些改革措施并没有导致所有能力水平的学生都拥有相同的进步幅度。这些措施的最大受益者是处于后半部分的学生,他们在改革后有了巨大的进步,但对那些之前就已经成绩不错的学生来说,他们的进步要少很多。改革之后,学生在基本技能上有了很大的进步,但他们在高级技能上的进步更大。事实上,出现这种情况,也是完全是可以预期的。因为,依靠同一批教师,花费大量的精力来提升他们的能力,那些原来很差的学生在改革后会有更大的进步,这一点都不奇怪。

通过提升现有教师队伍的专业能力,安大略省政府让学生成绩分布曲线从左边移到了中间,而中间和右边的部分没有太多的改变。他们面临的下一个挑战是让整个分布曲线都移向右边,这样所有的学生成绩都会有一个大的变化,而且最差学生的成绩也不会相差那些达到世界一流水平的最好学生太远。我在本章开始部分就定义的世界一流教育的特征,就是这样一种状况。要实现这样一个目标,加拿大还必须向其他最优秀同行们学习一些策略和办法。

这就是我的合作者们以及我个人认为对美国有意义的地方。就以加拿大的这种办法开始,与此同时,也可以在其他任何看上去有可能的地方着手突破。各个州所采取的具体措施会各不相同,这要取决于各州的政治环境,各州的优势以及弱势。但以这样一种方式持续努力一段时间,会让我们发生很大的变化。

需要清楚的是,这不是说,我们可以跳过一些那些做得最好的国家所走过的路。例如,与其他许多最好的国家一样,加拿大也把他们的教师教育机构转移到了大学。如果希望将来在安大略省做教师,那么高中毕业生就必须完成未来任教学科的本科课程,以及完成另外至少一年的专业教育学位课程。小学教师也是这个要求,他们必须精通一个或两个小学学科课程。中学教师则必须拥有至少两个学科的学历,而那些认为自己可能成为某个学科专家的候选人还必须获得荣誉学位。要进入这些能够提供这些学位的大学,学生在高中时的绩点分必须在3.2或3.3以上(最高分是4分)。如果以人均来计算,加拿大的大学数量要少于美国,那些能够提供教师教育的大学的地位也要比美国类似大学的地位高。所以,加拿大教师的工资也要比美国高。

客观地说,加拿大在这一轮改革之前的基准水平,比现在美国的状况要稍微好一些,但还属于可触及的范围。美国的各州可以合理地设置自己的改革进程,首先是争取达到加拿大当时的水平,然后是加拿大现在的水平,接着是争取世界上最好国家的水平。这是一个非常具有进取心的改革进程,但却是可以分阶段来完成的。

## 联邦政府可以做什么

在美国,没有人希望有一个全国性的教育系统。即使有人要求各州必须采用如上提到的这些改革方案,那也是不可能成功的。不管采取什么样的监督措施,那些对上面提到的这类教育系统持不同意见的州,都是不可能全面实施它的。让所有州都来实施这样的改革方案,也是不大可能的。在这样的逻辑背景下,联邦政府的角色大概就在于为那些愿意实施这些方案,但现在又缺少资源去做的州,提供各种相关的资源和支持。

前面提出的改革日程,在很多地方其实与国会以及奥巴马政府对教育所做的许多评论和意见是一致的。教育部部长 Duncan 要求我们积极关注那些在教育上做得比我们好的国家,并向他们学习,这事实上已经改变了一个在美国延续了半个世纪的传统。高端逐鹿计划事实上已经以某种形式设计出来并通过了。这种形式与本书提出的一样,强调规划的全面性和协调性,而不是像医疗保健计划那样,这里挖个洞那里挖个洞。通过"共同核心州标准"的计划,各州都迈出了重要的一步,开始实施所有高绩效国家都采用的国际基准标准。而且这也得到了奥巴马政府的热情支持。开发各种与这个标准相匹配的考试,并用高端逐鹿基金来支持它,这样一个建议也将使美国逐渐建立起一套有力而相互协调的教学系统。目前,只有最优秀国家才拥有这样一套教学系统。而且,总统要求所有的高中都要为学生做好升读大学或者工作的充分准备,以及再次提出大学教育要能够达到领导世界的水平,这也说明我们在教育改革目标的认同上取得了一个重要的进步。而这也是所有教育上做得很好的国家的一个共同特征。政府也在如何提高教师质量方面提出了许多建议和改革方案,这些改革举措很多都与优秀国家的做法一致,他们也正是依靠这些举措来为改革提供了大批高质量的教师。

所以,舞台已经设置好了,是到了该在这些基础上有所作为的时候了,也是到了坚定地基于那些在教育上做得最好的国家的成功经验和原则,制定出一个雄心勃勃的全面改革计划的时候了。

本书写于中小学教育法案修订听证的前夕。我的合作者与我本人建议，修订后的法案应该有条款明确规定，将建立一笔基金，用于实施本章所提出的改革方案，各州通过竞争获得这笔基金。我们保证，各州在如何设计实施方案上都会有很大的自由空间。对联邦政府来说，这可能也是适合的，那就是在竞争之前，通过举办一些活动，让各州更好地熟悉那些做得最好的国家是怎么做的。同时，邀请那些对别国教育改革策略非常了解的人，那些研究这些优秀国家教育经验的人以及对各州教育现状了解的人作为评审员，评阅各州所提交的实施建议书。在第一轮经费分配完之后，政府可能会希望再支持第二轮、第三轮。

我们不会对这样一份实施方案必须包括哪些特征或内容做出规定，也尽量淡化实施日程安排和截止日期。每个州都应该能够自由地决定，他们在采取有关策略时，如何更好地利用自己已有的优势以及如何减少不利因素的干扰。他们的策略需要反映他们自己的政治和历史条件。评审的过程也应该更多的是看各州的决心，以及他们利用其他最优秀国家所积累起来的经验的能力，而不是挑毛病。让各州都能够让读者相信，他们完全理解其他国家正在做的事情，以及他们正在尽可能地以符合自身条件的方式来学习其他国家的经验。

## 各州可以做什么

真正的权力在于州一级。无论联邦政府是否积极介入教育，对前面所提出的改革方向而言，州具有全部的权威来决定是否往这个方向走。如果没有能干的、坚定的领导来统一大家对主要工作思路的共识，要让改革得到成功实施，那是不可想象的。在本书所描述到的所有国家或地区中，几乎都有这样一个特征，那就是某个领导人或者政党能够长期地领导着大家往一个方向努力。要在美国做到这点，并不是那么容易，但也并非完全不可能。

在我的合作者以及我本人看来，这份改革议程是可行的。它已经在新加坡、芬兰、日本和加拿大等不同国家被证明是可行的。这不是一份民主党或者共和党的改革议程，也不是保守派或者自由派的改革议程。既然它要求改变我们在美国做事情的方式，那么它或多或少地对各方都提出了同等的要求。它要求我们做出类似于进步主义时代那般巨大的改变。让历史见证，既然美国在过去能够做出这些改变，那么在今天我们也依然能够做出这样的改变，如果我们选择这么做的话。

## 参考文献

Allegretto, S., and L. Mishel. 2008. *The Teaching Penalty: Teacher Pay Losing Ground*. Washington, DC: Economic Policy Institute.

Asia Society. 2010. *Canada: School Improvement Without Rancor and Rankings*. New York: Author.

Auguste, B., P. Kihn, and M. Miller. 2010. *Closing the Talent Gap: Attracting and Retaining Top-Third Graduates to Careers in Teaching*. New York: McKinsey.

College Board. 2008. *2008 College-Bound Seniors: Total Group Profile Report*. New York: Author.

Costrell, R., and M. Podgersky. 2009. "Teacher Retirement Benefits." *Education Next 9*, no.2:59–63.

Economic Policy Institute. 2004. *How Do Teachers Wages Compare? Methodological Challenges and Answers*. Washington, DC: Author.

Education Trust. 2008. *Core Problems: Out-of-Field Teaching Persists in Academic Courses and High-Poverty Schools*. Washington, DC: Author.

Franke, R., S. Ruiz, J. Sharkness, L. DeAngelo, and J.P. Pryor. 2010. *Findings from the 2009 Administration of the College Senior Survey: National Aggregates*. Los Angeles: Higher Education Research Institute, University of California.

Gitomer, D. 2007. *Teacher Quality in a Changing Policy Landscape: Improvements in the Teacher Pool*. Princeton, NJ: Educational Testing Service.

Heilig, J., and S. Jez. 2010. *Teach for America: A Review of the Evidence*. East Lansing, MI: Great Lakes Center for Education Research and Practice.

Higher Education Research Institute. 2010. *Findings from the 2009 Administration of the College Senior Survey (CSS): National Aggregates*. Los Angeles: Graduate school of Education and Information Studies, University of California.

Hurley, E. 2006. *Teacher Pay 1940–2000: Losing Ground, Losing Status*. Washington, DC: National Education Association.

Lykins, C., and S. Heyneman. 2008. *The Federal Role in Education: Lessons from Australia, Germany, and Canada*. Washington, DC: Center on Education Policy.

Markow, D., and M. Cooper. 2008. *The MetLife Survey of the American Teacher: Past, Present and Future*. New York: MetLife.

Ministry on Education. 1997. *Towards Thinking Schools*. Singapore: Author.

Ministry on Education. 2001. *Guidelines for Curriculum Reform in Basic Education*. Beijing: Author.

Ministry of Education, Culture, Sports, Science, and Technology (MEXT). 2010. *Education Reform for the 21st Century, National Council of Education Reform and the Process of Its Reform*. Tokyo: Author.

Ministry of Trade and Industry. 1986. *The Singapore Economy: New Directions*. Singapore: Author.

National Association of Colleges and Employers. 2010. *Salary Survey*. Bethlehem, PA: Author.

National Center for Education Statistics (NCES). 2006. *Characteristics of Schools, Districts, Teachers, Principals, and School Libraries in the United States: 2003–04 Schools and Staffing Survey*. Washington, DC: Author.

National Science Foundation (NSF). 2010. *Science and Engineering Indicators: 2010*. NSB 10–01. Arlington, VA: Author.

Norrie, K., and S. Lin. 2009. *Postsecondary Education Attainment and Participation in Ontario*. Toronto: Higher Education Quality Council of Ontario.

Ontario College of Teachers. 2011. *Thinking About Teaching*. Toronto: Author.

*Ontario Focused Intervention Partnership 2007–2008*. 2007. PowerPoint presentation. Literacy and Numeracy Secretariat, Ontario Ministry of Education. www.decs.sa.gov.au/quality/files/links/Powerpoint_Results_Without.ppt.

Orland, M. 2011. *School Turnaround Policies and Practices in Australia, Canada, England, and New Zealand: Overview and Implications*. San Francisco: WestEd.

Sclafani, S., and E. Lim 2008. *Rethinking Human Capital in Education: Singapore as a Model for Teacher Development*. Washington, DC: Aspen Institute.

# 关于主编

Marc S. Tucker,美国全国教育和经济研究中心主席,创建了"国家学校领导研究所"、America's Choice 有限公司以及"美国劳动力技能委员会"。他也是卡耐基教育和经济论坛的主任,这个论坛创建了"专业教学标准全国委员会"。他也是许多著作和报告的合作者,包括《为生活而考虑:教育和国家的财富》(*Thinking for a Living: Education and the Wealth of Nations*)(Basic Books,1993,与 Ray Marshall 合作),也合作主编了《主要挑战:问责时代的学校领导和管理》(*The Principal Challenge: Leading and Managing Schools in an Era of Accountability*)(Jossey-Bass,2002,与 Judy Codding 合作)。

# 关于作者

Kai-ming Cheng,香港大学教育学院讲座教授,校长的高级顾问。他接受过数学专业训练,担任过学校教师和校长。最近被任命为中国课程改革咨询委员会成员,也是香港教育委员会成员。他在香港自1999年开始的全面教育改革中发挥重要影响。

Linda Darling-Hammond,前美国教育研究协会主席,美国国家教育科学院成员。她也是国家教学和美国未来委员会执行主任。在斯坦福大学期间,她创建了"斯坦福教育领导研究所"和"学校再设计网络"。

Jal D. Mehta,哈佛大学教育研究院助理教授。目前正在准备《在正义和秩序之间》(*Between Justice and Order*)的书稿,研究在20世纪人们是如何不断地对美国学校进行理性化的。他也正在撰写一本《受惩罚的梦》(*The Chastened Dream*)。这是一本关于社会科学、社会政策和社会进步之间关系的书。

Betsy Brown Ruzzi,是NCEE下属的"国际教育标杆研究中心"主任和副主席。在NCEE,她是"新美国劳动力技能委员会"的副主任,并帮助创办了"国家学校领导研究所"。在加入NCEE之前,她曾为多位国会议员工作过。

Robert B. Schwartz,是哈佛大学教育研究院的学术院长,教育政策和行政实践的弗朗西斯·凯佩尔讲席教授。在过去四十年,他在教育和政府担任过多个职位,包括高中教师和校长、基金会官员以及Achieve有限公司的主席。

Vivien Stewart,高级教育顾问,亚洲协会"孔子课堂计划"的主席。卡耐基基金会的教育项目组主任,也是联合国的高级教育顾问。

# 索引

action plan for U.S. 给美国的行动方案
  benchmarking the best, 211 以最好的作为标杆来研究
  Canadian model, 214-216 加拿大模式
  design for equity, 213-214 以促进公平为目标的设计
  design for productivity, 214 以提升教育效能为目标的设计
  design for quality, 211-213 以提升质量为目标的设计
  federal government's role 联邦政府的角色, 216-218
  states' role 州的角色, 218
Agency for Scientific and Technical Research, Singapore (A*Star) 118-119 科学与技术研究代理(A*Star)
Alberta, 146, 147 阿尔伯塔
applied intelligence, 178 应用智力
assessment and accountability 评价和问责
  elements and best practices, 211-212 要素和最佳实践
  in Finland, 66-67 在芬兰
  grade-by-grade national testing in U.S., 176 每一年级的国家测验
  instructional systems and gateway exams use, 174-177 教学系统和门槛考试的应用
  in Japan, 24, 85, 86-88, 95-96 在日本
  in Shanghai, 21-22, 24, 35-36, 44 在上海
  in Singapore, 119-120, 129, 132, 134-135 在新加坡

Canada 加拿大
  central leadership importance, 160 中央领导的重要性
  cultural support of education, 145-146, 158, 159 对教育的文化支持
  education as part of a strategy, 160-161 教育作为策略的一部分
  education policies as a success factor, 146-148 作为一个成功因素的教育政策
  education system described, 142, 144-145 描述出来的教育系统
  education system flowchart, 143 教育系统流程图
  immigrant education, 149-151 移民教育
  lessons learned, 158-161 学到的东西
  minority-language accommodations, 144 少数语种的融合
  model overview, 161-162 模型概览
  PISA rankings, 141 PISA排名
  professional accountability, 160 专业问责
  school funding, 145, 148-149 学校财政支持
  system coherence and alignment, 159 系统的协调性和一致性
  teacher and principal quality, 159-160 教师和校长质量
  teacher training, 142, 148 教师培训
  welfare state structure as a success factor, 146 作为一个成功因素的福利国家结构

Center for International Educational Benchmarking, NCEE, 1-2 国际教育标杆研究中心

Centre for Research on Pedagogy, Singapore, 123 新加坡教学法研究中心

China. See also Shanghai 中国。也可参见上海

 Civil Examination system, 21-22, 25 科举考试制度

 class sizes, 29, 班额

 constructivist learning, 31, 建构主义学习

 content of teacher education and induction, 187 教师培训和实习的内容

 culture of education, 24 教育文化

 curriculum reform focus, 30-31 课改焦点

 disparity in competence amongst teachers, 28 教师间的能力差异

 framework and system for teacher training, 29-30 教师培养框架和制度

 teachers' salaries, 28-29 教师工资

Civil Examination system in China, 21-22 中国的科举考试制度

Common Core State Standards, 170, 176, 177, 209, 217 共同核心州标准

Costante, Kevin, 146, 154

Council of Ministers of Education, Canada (CMEC), 146 教育厅长委员会

Cultural Revolution, China, 25-26, 中国的文化大革命

Curriculum 2015, Singapore, 120 新加坡"课程2015"

Curriculum Development Institute of Singapore, 118 新加坡课程开发研究所

Darling-Hammond, Linda, 64-65, 129

Deng Xiaoping, 36 邓小平

Drucker, Peter, 5, 198 彼得·德鲁克

Duncan, Arne, 2, 182-183

Education Partnership Table, Ontario, 156 安大略省教育合作小组

education spending. see school funding 教育开销。参见学校财政支持

Elmore, Richard, 146

equity in education

 low-performing school attention 197 低效的学校

 school finance, 194-195 学校财政

 secondary school organization, 195-196 中学组织

 standards and flexible support, 196-197 标准以及灵活的支持

 examinations. see assessments and accountability 考试

Finland 芬兰

 assessments and accountability 66-67, 71-72, 201 评价和问责

 background 52 背景

 challenges ahead 68 70 面临的挑战

 commitment importance 70-71 承诺的重要性

 comprehensive school system Creation 54-55 综合学校系统创建

 culture of schools 58-60, 61-63, 71 学校文化

 education system flowchart 53 学校系统流程图

 education system in 1950, 52, 54 1950年的教育系统

 growth in upper-secondary education attendance 56-57 高中教育入学率的提升

 instructional system 72 教学系统

 lessons learned 70-73 学到的东西

 national curriculum development 56 国家课程开发

 national economic picture and education 57-

58 73　国家经济图景和教育
nature of the reforms 73-74　改革的本质
new teacher preparation programs development 56　新教师培训方案开发
PISA ranking since 2001 51　2001年以来的PISA排名
school organization 72-73　学校组织
special education approach 59　特殊教育方法
spending decisions 72　花费决策
success factors 31-63 73-74　成功因素
teacher recruitment and training 62,63-65　教师招募和培训
teachers and principal quality 71　教师和校长质量
teachers duties 65-66　教师的职责
trust in the system as a success factor 61,74　信任作为系统成功的因素之一
Friedman, Thomas, 4
Fullan, Michael, 153,156-157
Fundamental Law of Education, Japan, 101　教育基本法

Glaze, Avis, 156
Goh report, 117
Guppy, Neil, 147
Gurria, Angel, 2

High Skills Major, Ontario, 157　高级技能课
Hogan, David, 123,130
homework　家庭作业
　　student engagement in Shanghai, 33-34　上海学生的学习投入
　　student motivation in Japan, 96-97　日本学生学习动机
Ho Peng, 120

immigrant education　移民教育
　　in Canada, 149-151　在加拿大
　　in Finland, 68-69　在芬兰
　　international comparisons, 7,8　国际比较
　　in Japan, 95　在日本
　　in shanghai, 37-38　在上海
　　in United States, 7,8　在美国
Imperial Rescript of Education, Japan, 83　教育敕语
Institute for technical Education, Singapore (ITE), 118,127　技术教育协会
international benchmarking　国际标杆研究
　　characteristics of top performers, 172　优秀国家的特征
　　designing for equity (see equity in education)　以提升公平为目的的设计
　　designing for productivity (see productivity in education)　以提升效能为目的的设计
　　designing for quality (see quality in education)　以提升质量为目的的设计
　　economic themes motivating other countries, 171　激励其他国家的经济主题
　　by Singapore, 131　新加坡
　　as a strategy for improvement, 12-13,172-173　提升策略
　　study methodology (see study methodology)　研究方法
　　value in using, 169-170　使用价值
international comparisons of education systems, see also individual countries　教育系统的国际比较
　　academic performance, 7-10　学业表现
　　automation's effects, 4-5　自动化影响
　　distribution of finances and performance, 11　投入和成绩的分布
　　immigrant population and performance problems, 7,8　移民人口和成绩问题
　　impact of low expectations, 10-11　低期望的影响

pressure on governments to educate children, 5-6　政府在教育儿童上的压力

shift to knowledge work, 5　转移到知识型工作

socioeconomic status as a predicator of education achievement, 10　预测教育成就的社经地位

　spending patterns and academic achievement, 11　开支模式和学业成就

spending per pupil, 6-7　生均教育花费

teachers' salaries correlated to student performance, 11　教师收入与学生成绩相关

wages vs. skill levels globally, 4　工资和技能水平全球化

International Summit on the Teaching Profession, 182-183　全球教学专业峰会

ITE (Institute for Technical Education, Singapore), 118,127　技术教育协会

Japan

　accountability and assessments, 95-96,105-106　问责和评价

　cost and finance, 94-95　成本和财政

　creativity and innovation challenges, 97-101　创造性和创新性挑战

　cultural changes causing concern, 99　文化变革

　culture and education, 80,83-86,102,105　文化和教育

　curriculum, standards, and assessment, 86-88　课程、标准和评价

　　curriculum tied to professional development, 189-192　专业发展课程

　education system creation, 82-83,106　教育系统创建

　education system flowchart, 81　教育系统流程图

　equity for populace, 95　公平

　incentives for students, 103　激励学生

　instructional system, 88-90,103-104,193　教学系统

　international benchmarking, 102-103　国际标杆研究

　legislation addressing curriculum, 100-101　有关课程的立法

　lessons learned, 102-106　学到的东西

　level of knowledge and skill typical of graduates, 79　毕业生的知识和技能水平

　merit-basis of advancement, 85　基于实绩的进步

　organization　组织

　parent involvement, 92　父母参与

　political history, 80,82　政治史

　reaffirmation of traditional values, 101　重申传统价值

　resources, 103　资源

　school-to-work transition approach, 104-105　学校到工作的转换方法

　societal commitment to education, 102　社会对教育的重视

　special education approach, 104　特殊教育发展

　standards for entry into teaching, 180　进入教学行业的标准

　student motivation, 96-97　学生动机

　teacher professional development approach, 104　教师专业发展方法

　teacher quality, 92-94　教师质量

　time spent learning, 91-92　学习时间

　traditional values' influence, 83-86　传统价值的影响

　valuing the group over the individual, 97-98,201　把集体看得比个人重要

　workforce strengths, 98　劳动力素质

Kennedy, Gerard, 153, 155-156, 161

King, William Lyon MacKenzie, 149

Law of compulsory Education, China, 26　义务教育法

Law Song Seng, 127

Learning Gap, The, 89, 94

lee Hsien Loong, 120

lee Kuan Yew, 116, 117, 130

Lee Sing Kong, 124-125, 130

Levin, Bob, 148, 153

Literacy and Numeracy initiative　阅读和算术计划

 Ontario, 152, 156

Luukkainen, Olli, 61, 66

McGuinty, Dalton, 151, 152, 153, 154

moral education in Japan, 87　日本的道德教育

National Center on Education and the Economy (NCEE), 1-2　全国教育和经济研究中心

National Education Goals Panel (1990), 174　国家教育目的委员会(1990)

National Institute of Education, Singapore (NIE), 123, 184　国立教育研究所

National Labor Relations Act, U.S., 191　国家劳工关系法案

Ng Eng Hen, 120

OECD (Organisation for Economic co-operation and Development), 2　经合组织

Ontario　安大略

 accountability and autonomy, 201　问责和自主

 Central leadership importance 154, 160　集中领导的重要性

 Commitment to education and children 158　对教育和儿童的承诺

 Conditions facilitating success 152-154　成功条件

 Context 151　境脉

 Cultural support 159　文化支持

 Economic versus sociological theories of action 158　经济学和社会学的行动理论

 Education as part of a strategy 160-161　教育作为策略的一部分

 Focus on specific goals 154-155　关注具体目标

 Lessons learned 159-161　学到什么

 pace and focus of reforms, 214-216　改革的进度和焦点

 Professional accountability 160　专业问责

 Programmatic initiatives and results 151-152　纲领性的计划和成就

 Strategy of sustained improvement 155-158　持续改进的策略

 System coherence and alignment 159　系统的协调性和一致性

 Teacher and principal quality 159-160　教师和校长质量

Outline of Medium and Long-term Plan (China), 40-41　中长期规划纲要

Period of Integrated Study, Japan, 100-101　综合学习时间

PIRLS (Progress in International reading Literacy Study), 113　国际阅读素养进步研究

PISA. See Programme for International student Assessment

productivity in education　教育中的效能

 accountability and autonomy, 201　问责和自主

 central leadership, 203-204　统一领导

 incentives for students and teachers, 201-203　学生和教师的动机

 management paradigm followed, 197-199　管理范式

school-to-work transition approach, 203 学校和工作的转换方法

Tayloristic workplaces, 198, 199, 200 泰勒式工厂

professional development 专业发展
  curriculum tied to in Japan, 104, 189–192 日本的教师专业课程
  in Finland, 66 在芬兰
  professional accountability in Canada, 160 专业问责
  separated from curriculum in U.S., 189 在美国，与课程分离
  for teachers in Shanghai, 36 在上海，为教师
  for teachers in Singapore, 128–129, 190 在新加坡，为教师

PISA
  about, 2, 3–4, 8–9, 10 关于PISA
  data on immigrants in Canada, 149–150 有关新加坡移民的数据
  Finland's ranking since 2001, 51 2001年后芬兰的排名
  limitations in survey data, 11–12 调查数据的局限性
  Singapore's ranking, 113 新加坡排名

Progress in International reading Literacy Study (PIRLS), 113 国际阅读素养进步研究

quality in education 教育中的质量
  instructional systems and gateway exams use, 174–177, 193–194 教学系统和门槛考试的使用
  principal quality, 192–193 校长质量
  setting clear goals and, 173–174 设定清晰的目标
  teacher quality (see teacher quality) 教师质量

Revised Law of Compulsory Education, China, 27 新义务教育法

Sahlberg, Pasi, 55, 58, 70
Sarjala, Jukka, 55, 56, 69
Sato, Teeechi, 80, 92
Schleicher, Andreas, 2
Schmidt, Bill, 186

school funding. see also teacher's salaries 学校财政支持
  in Canada, 145, 189, 195 在加拿大
  design for equity, 213–214 以促进公平为目标的设计
  in Finland, 72 在芬兰
  international comparisons, 6–7, 11 国际比较
  in Japan, 94–95, 103 在日本
  in Singapore, 122 在新加坡
  spending patterns and academic achievement, 11 开支模式和学业成就
  in U.S., 6–7, 11, 194–195 在美国

Shanghai. See also china
  about, 24 关于
  assessments and accountability, 44–45 评价和问责
  central leadership importance, 43–44 统一领导的重要性
  challenges ahead, 39–40 面临的挑战
  class sizes, 29 班额
  coherent and comprehensive approach use, 43 协调和全面方法的使用
  constructivist learning, 31 建构主义学习
  content of teacher education and induction, 185, 187 教师培训和实习内容
  cultural heritage supporting education, 24, 32–33, 41–42 支持教育的文化传统
  Cultural Revolution, 25–26 文化大革命
  curriculum and textbooks reorganization, 34–35 课程和教科书重组
  curriculum reform focus, 30–31 课改焦

点

disparity in competence amongst tearchers, 28 教师间能力的差距

education system flowchart, 23 教育系统流程图

examination redesign, 35－36 考试再设计

expansion of access to education, 27－28 扩大教育范围

goals set for success, 40－41 设定成功目标

instruction and learning importance, 42－43 教学和学习的重要

key schools concept, 37 重点学校的概念

lessons learned, 40－45 学到什么

lifelong learning structure, 28 终身学习结构

migrant children's education, 37－38 外来人口子女教育

neighborhood attendance, 37 就近入学

pedagogy reform, 35 教学法改革

post-revolution education reconstruction, 26－27 文革后教育改革

strategies to strengthen weak schools, 38－39 加强弱校的措施

student engagement, 33－34 学生投入

teachers' compensation, 28－29, 183 教师薪酬

training framework and system, 29－30 培训框架和系统

Shanmugaratnam, Tharman, 119, 125

Singapore 新加坡

Alignment between policy and practices 122－124 政策和实践一致

Assessments and accountability 119－120, 129, 132, 134－135 评价和问责

Background 114, 116 背景

Central leadership importance 134 统一领导的重要性

Coherence of education system 133－134 教育系统一致性

Commitment to equity and meritocracy 124－126, 135 对公平和精英政治的承诺

Continuous improvement commitment 130－131 持续改进的承诺

Education system features 120－121 教育系统特征

Education system flowchart 115 教育系统流程图

Education system rankings 113 教育系统排名

Education viewed as a national priority 121－122 教育被看作是国家优先考虑的事

Future challenges 131－132 未来的挑战

International benchmarking 135 国际基准

Lessons learned 133－135 学到什么

Math, science, and technical skills focus 126－127 关注数学、科学和技术技能

Phases of education system 116－120 教育系统阶段

Quality in teachers and training 134 教师和培训的质量

Success factors 122－130 成功的因素

System aligned with economic development 133 系统与经济发展一致

Teacher recruitment and training 127－130 教师招募和培训

Teachers' salaries 128 教师的工资

Vision and leadership importance 133 愿景和领导力的重要性

Vocational education 127 职业教育

spending on schools. see school funding 学校教育开支

Stenvenson, Harold, 89, 94

stigler, Jim, 89, 94, 96

Strong Performers and Successful Reformers, 2 佼佼者与成功的改革者

Student Success initiative, Ontario, 152, 157 学生成功项目

study methodology 研究方法
    clinical research model basis of education research, 13 教育研究的临床研究模型基础
    complexities inherent in education research, 13-14 教育研究的复杂性
    dimensions of education, 16-17 教育的维度
    identifying superior performance, 15-16 识别优秀者
    industrial benchmarking model, 12-13 产业标杆研究模型
    limitations in survey data, 11-12 调查数据的局限性
    theoretical framework, 15 理论框架

Taylor, Frederick Winslow, 198 泰勒
Tayloristic workplaces, 198, 199, 200 泰勒式工厂
teacher quality 教师质量
    attracting top students, 182-184 吸引顶级的学生
    content of teacher education and induction, 185-188 教师教育和入职教育内容
        curriculum tied to professional development, 189-192 专业发展课程
    institutional settings, 184-185 机构设置
    licensure and standards for entry, 188 入行资格和标准
    practices in successful countries, 191 成功国家的实践
        professional development and (see professional development) 专业发展
    quality of entrants and, 179 新入行者的素质
    teachers' unions and, 191-192 教师工会
teachers and training 教师和培训
    in Canada, 142, 148 在加拿大
    in China, 28-31 在中国
    core changes needed, 171 所需的核心变化
    elements of a world-class teaching force, 212-213 世界级教师队伍的要素
    in finland, 56, 62, 63-66, 180, 184, 185, 186-187 在芬兰
    in Japan, 92-94, 189-192 在日本
    in Singapore, 127-130, 184 在新加坡
    in U.S., 180-182, 184-188 在美国
teachers' salaries 教师收入
    correlated to student performance, 11 与学生成绩相关
    correlation to quality of new teachers, 182-184 与新教师质量的相关
    in Finland, 72 在芬兰
    in Japan, 92-93 在日本
    in Shanghai, 28-29, 183 在上海
    in Singapore, 128 在新加坡
    in U.S., 183-184 在美国
teachers' unions, 191-192 教师工会
Teach for America, 181 美国援教计划
Teach Less, Learn More, Singapore, 120, 123 教得少学得多
textbooks in Japan, 87-88 日本的教科书
Thinking Schools, Learning Nation, Singapore, 119, 123, 132 思考型学校、学习型国家
Third International Mathematics and Science Study (TIMSS), 97-98 第三次国际数学与科学趋势研究
Tokugawa ear, Japan, 80
Trends in International math and Science Study (TIMSS), 113, 186 国际数学与科学趋势研究

United States 美国
    academic performance, 7-10 学业表现
    action agenda for individual states (see action plan for U.S.) 给每个州的行动

纲要

content of teacher education and induction, 184-188　教师教育和入职教育内容

curriculum separated from professional development, 189　脱离专业发展的课程

distribution of finances related to performance, 11　与成绩相关财政分布

federal government's role in education, 204, 216-218　联邦政府在教育中的角色

immigrant population and performance problems, 7, 8　移民人口和成绩问题

impact of low expectations, 10-11　低期望的影响

industrial benchmarking history, 169-170　产业标杆研究的历史

lack of attention to teacher selection and retention, 190　对教师挑选和保留缺乏关注

licensure and standards for entry, 188　入行资格和标准

perverse incentives imbedded in the system, 202　系统内的反常动机

practices that have led to improvements, 209　提升策略

reliance on computer-scored tests, 177　对计算机评分测验的依赖

school finance model, 194-195　学校财政模式

school-to-work transition approach, 203　学校到工作的转换方法

secondary school organization, 196　中学的组织

socioeconomic status as a predicator of education achievement, 10　预测教育成就的社经地位

spending per pupil, 6-7　生均花费

standards for entry into teaching, 180-182　教学的入行标准

state governments' role in education, 218　州政府在教育中的角色

summary of shortfalls in system, 205-209　系统存在不足方面的概要

system versus other countries', 205　与其他国家教育系统的比较

Tayloristic workplaces as the model for schools, 199　以泰勒式工厂为模型的学校

teachers' compensation, 183-184　教师薪酬

teachers' salaries correlated to student performance, 11　教师收入与学生成绩相关

unprecedented use of grade-by-grade national testing, 176　对每年级国家测验的空前使用

view of teacher quality, 190-191　对教师质量的看法

U.S. Department of Education, 204　美国教育部

Valijarvi, Jouni, 67

Watanabe, Ryo, 86, 88

Winsemius, Albert, 117

working Tables, Ontario, 156　工作小组

World Is Flat, The (Friedman), 4　世界是扁平的

Young, Rhonda Kimberly, 152

# 译者后记

学术性著作翻译其实是一件很"不合算"的事情。其一,在很多大学的评价体系中,这类翻译活都不算"工分"的,如果拿本翻译成果去评职称什么的,估计还要被人嘲笑。其二,翻译多半是件吃力不讨好的事情,而且在现实中也的确存在这种现象,那就是很多英语著作,直接看英文还能明白是什么意思,但翻译成中文后就怎么也看不懂了。但这些人之所以还要这么做,一般都是因为他们看到了一本他们自己认为是好书的书,然后有一种强烈的责任感,认为应该让更多的中国读者来分享这本好书。这种感觉是如此之强烈,以至于他们觉得即使不算"工分"也要冒风险把它翻译出来。

那说到这本书,是什么让我觉得这本书如此有价值,应该让更多中国读者看到这本书呢?我觉得,除了这本书可以让更多中国读者了解到新加坡、日本、芬兰、加拿大以及美国等重要国家的教育改革状况之外,这本书可能还会刺激和逼迫中国读者更多地反思我们自己的教育改革。因为他们可能会从中看到很多与他们之前所想象的不一样的东西。我觉得其中最有冲击力的可能有两点。

第一,我们怎么突然成了我们偶像的偶像了?

一直以来我们都有这样一个思维惯性,那就是我们教育改革的目标和方向应该是学习西方发达国家的先进教育理念和实践。但看了这本书,你可能会觉得很纳闷,这世界是怎么了,我们心目中的偶像怎么天天在唠叨如何学习我们的教育了?在我看来,这不是一个无足轻重的新现象,而是一个对中国教育可能具有颠覆性意义的重大问题。

纵观我国的教育改革史,我们一直是本着学习者的态度,以模仿和借鉴其他国家的做法为目标的。这就是为什么那些凡是能够跟我们国人说说国外教育是怎么样的人,在教育改革的问题上总是天然地就具有话语优势。这种做法有一个明显的好处就是,我们对于自己教育改革的方向和目标是清楚的,那就是追赶发达国家的做法。但现在,这种方向感很快就要消失了,因为当我们打开窗户看其他国家的教育改革时,忽然发现世界各地的教育改革都在学习中国的经验和做法了。于是,应该学什么,往哪里改,开始真正成为了一个大问题了。以前我们都可以说"这样做是世界潮流,我们要跟上这个潮流,而不可逆潮流而动",但现在我们却经常尴尬地发现,当我们正在努力向某个改革方向前进时,真实的世界教育改革潮流却正在大踏步地正对着我们的前进方向而来。我们在努力地追赶世界潮流,但时局变幻太快,人家开始掉头,我们一下子变成了逆潮流而动了。举一个简单的例子,当我们学习西方不断地给老师更多的课程决策权时,却发现西方国家纷纷在往反方向走,不断地要用绩效来考核教师,收紧教师的自主决策空间。

这个时候我们应该怎么办呢?是坚持已有改革方向,逆世界潮流走下去,还是一如既往地遵照国外的做法,赶紧掉头,沿着新的世界潮流?我相信,在今后,类似这样的方向之争,路径之争会越来越多,也会越来越激烈。我还相信,这本书将会直接或间接地推动这样的争论。

第二,我们对国外教育会不会有很多错误的想象?

很多读者之所以选择看这本书,可能是因为你们想了解一下西方学术界是怎么来描写和总结我们的教育。看完后,有读者可能会感到些许的不满意,觉得他们对中国或者上海教育的描写不尽全面、客观。正如任友群教授在序言中所谈到的那样,西方学术界对我们中国的教育也同样存在着种种想象。对于这本书来说,这可以说是一个不足,但对我这个主译者来说,我恰恰认为这是这本书值得翻译出来的一个重要理由。我想让我们读者切身体会一下,要准确、全面地介绍一个国家或者地区的教育是如何的复杂,借此也可以反思,我们之前对国外教育的种种介绍可能也存在着种种错误的想象,以后当我们听别人介绍国外教育如何如何的时候,也能多个"心眼"。

正如前面部分所说的,长期以来我们都是学习人家是怎么做的。而由于大部分人是没有机会现场地去考察这些国家的教育的,只能依赖部分专家学者的介绍。但这种经过中国人理解和翻译的外国教育情况介绍,在多大程度上是准确和全面的呢?有些读者可能偶尔会有怀疑,但一般也无法去验证。而要体验这种国别教育介绍的准确性程度的最好方式是,让一个对中国教育有研究的外国专家来介绍中国的教育。但我们知道,这样的机会也很少,因为其他国家学习中国教育的积极性似乎远比不上我们学习他们的积极性。

而上海在2009年PISA中的表现,让这一切开始改变。《超越上海》这本书就给了我们一个很好的机会来体验和验证,要对一个国家或地区的教育进行全面、准确、深入的描写是多么难。对中国教育的介绍,主要是集中在第一章。而这一章的作者程介明是长期生活在香港,能够流利说中文,对中国大陆教育应该说比较了解的香港大学教授。而且,他在撰写这一章时,还专门来上海访谈了很多对上海教育非常了解的人。有如此之好条件,我们部分读者都可能会觉得不尽满意,那么我们某些仅仅出国几天,光看看英文文献,然后就跟我们介绍国外教育如何如何的人,岂不是更不靠谱?而我们的教育改革在多大程度上就是建基于这些并不怎么靠谱的国外教育情况之上呢?我希望读者们看完这本书之后,头脑中能够自动迸发出这样的疑问。

我第一次看到这本书是在2012年的4月份。当时,我作为任友群教授的课题组成员,赴加拿大的温哥华参加美国教育研究协会(AERA)2012年年会。在此之前的几个月,任友群教授收到了AERA的通知,说经过严格的评审,AERA通过了他的申请,他领衔的团队被安排在2012的AERA年会上做一个专题报告会(symposium),分5个报告集中发表整个团队的研究成果。据我所知,这应该是我国学者实施的完全以我国基础教育研究为内容的课题历史上第一次取得整场专题报告的机会。在AERA开会期间,我去逛了年会的书展,在一个非常显著的位置看到了这本书,就随地翻阅了这本书。几乎同时,任友群教授在逛书展的时候也看到了这本书,而且还一口气买了好几本,说是送给其他人也看看。回到上海后,他问我是否有兴趣把这本书翻译成中文,放在华东师范大学出版社出版,让更多的读者看到这本书。于是,才有了这本书。所以,本书能够得以出版,首先要感谢的是任友群教授。他为这本书的出版,费心费力,从选题到版权联系以及出版,无一不是他用心帮扶的结果。

本书虽署名是我主译,但其实是一个团队合作的结果。本书第二和第四章的翻译初稿,由詹艺完成,第三和第六章的翻译初稿由黄睿完成,第五章的翻译初稿,由刘志伟和詹艺共同完成。我对这些初稿进行了审阅,并做了部分修改。

这本书的翻译能够得到上海市教委原副主任尹后庆先生的大力支持,答应为本书专门撰写一篇序言,我感到非常的感激和开心。

我们也感谢美国"全国教育和经济研究中心"(National Center on Education and the Economy, NCEE)的Mark Tucker主席,他能非常爽快和友好地答应为本书撰写中文版前言。

本书能够得以及时的出版,也离不开华东师范大学出版社彭呈军老师及其团队的高效和专业的工作,在此我们也表示感谢。

图书在版编目(CIP)数据

超越上海:美国应该如何建设世界顶尖的教育系统/(美)塔克主编;柯政译.—上海:华东师范大学出版社,2013.6
 ISBN 978-7-5675-0910-8

Ⅰ.①超… Ⅱ.①塔…②柯… Ⅲ.①教育-研究-世界 Ⅳ.①G51

中国版本图书馆 CIP 数据核字(2013)第 137150 号

# 超越上海
### 美国应该如何建设世界顶尖的教育系统

| | |
|---|---|
| 主　　编 | 马克・塔克 |
| 主　　译 | 柯　政 |
| 策划编辑 | 彭呈军 |
| 审读编辑 | 许环环 |
| 责任校对 | 王丽平 |
| 装帧设计 | 王碧娴　陈军荣 |

| | |
|---|---|
| 出版发行 | 华东师范大学出版社 |
| 社　　址 | 上海市中山北路3663号　邮编200062 |
| 网　　址 | www.ecnupress.com.cn |
| 电　　话 | 021-60821666　行政传真 021-62572105 |
| 客服电话 | 021-62865537　门市(邮购)电话 021-62869887 |
| 地　　址 | 上海市中山北路3663号华东师范大学校内先锋路口 |
| 网　　店 | http://hdsdcbs.tmall.com |

| | |
|---|---|
| 印 刷 者 | 常熟高专印刷有限公司 |
| 开　　本 | 787×1092　16开 |
| 印　　张 | 15 |
| 字　　数 | 253千字 |
| 版　　次 | 2013年7月第1版 |
| 印　　次 | 2019年4月第6次 |
| 书　　号 | ISBN 978-7-5675-0910-8/G・6628 |
| 定　　价 | 29.80元 |

出版人　王　焰

(如发现本版图书有印订质量问题,请寄回本社客服中心调换或电话021-62865537联系)